台湾研究系列

本书获2022年福建省财政厅"台湾警政与司法制度研究"专项资金资助（项目编号：闽财指【2022】639号）

台湾百年警政研究

TAIWAN BAINIAN
JINGZHENG YANJIU

张淑平 著

九州出版社
JIUZHOUPRESS 全国百佳图书出版单位

图书在版编目（CIP）数据

台湾百年警政研究／张淑平著. -- 北京：九州出
版社，2025.1. -- ISBN 978-7-5225-3468-8

Ⅰ. D693.65

中国国家版本馆 CIP 数据核字第 2025SB4158 号

台湾百年警政研究

作　　者	张淑平　著
责任编辑	习　欣
出版发行	九州出版社
地　　址	北京市西城区阜外大街甲 35 号（100037）
发行电话	（010）68992190/3/5/6
网　　址	www.jiuzhoupress.com
印　　刷	鑫艺佳利（天津）印刷有限公司
开　　本	720 毫米 × 1020 毫米　16 开
印　　张	15.75
字　　数	246 千字
版　　次	2025 年 4 月第 1 版
印　　次	2025 年 4 月第 1 次印刷
书　　号	ISBN 978-7-5225-3468-8
定　　价	56.00 元

序 言（一）

孙亚夫

2020年11月，我到厦门参加一次两岸关系研讨会。会议日程最后一次大会发言时，福建警察学院一位女教授发言，谈了她们学校对台研究特别是台湾警政研究的情况，也谈了对大陆和台湾统一后台湾警政和社会治理的想法，对我触动很大。我感到，我们的人民群众都非常关心台湾问题和祖国统一，各个有关单位都结合自己的工作研究台湾情况、对台工作和祖国统一的问题，福建警察学院结合自己的主要业务，研究台湾警政制度及其运作，而且取得一定成果。这也从一个具体的角度说明，解决台湾问题、实现祖国完全统一确实是中华儿女崇高的愿望，是人心所向。我发言时把上面这些想法说了出去。会后我再次见到这位女教授，记住她名叫张淑平。

我从事对台研究工作30多年，没有看过专门研究台湾警政的著作。据了解，长期以来，在大陆，有关台湾警政的情况散见于研究中国警察史的著作，还没有专著。可以说，张淑平教授写的《台湾百年警政研究》，填补了这方面的空白。

1683年清朝政府统一台湾，开始在台湾实行维持社会秩序的保甲制度。1895年日本霸占台湾，引入警察制度，并与台湾的保甲制度结合，建成所谓"警保制度"。《台湾百年警政研究》这部著作以研究始至日据时期的台湾警政演进的历史为主线，应用历史学、政治学、法学、警察学跨学科交叉研究的方法，按照清治时期、日据时期、光复时期、威权时期、转型时期五个阶段划分，系统展示了台湾长达330余年的社会治理和100余年的警政历史脉络，深入分析了其各个阶段的基本特征。总的来说，这部著作分期合理，每个时期内容完整，重点也很突出，是一部开创性的著作。

引人注目的是，这部著作专辟一节，写了从1990年9月达成"金门协议"开始、特别是 2009 年 9 月达成《海峡两岸共同打击犯罪及司法互助协议》以来的两岸警方司法互助，这就从单纯写台湾警政制度及其运作，发展到写两岸警务交往，也就是从写台湾岛内政治发展到写两岸关系。这是一个重要的视角，扣住了对台工作的实务问题，也扣住了人们关心的两岸关系发展问题。两岸警务双方交往，增进了彼此了解，促进了共同打击犯罪，为探索"一国两制"台湾方案积累了警务方面的实践经验。

《台湾百年警政研究》具有重要的学术意义和现实意义。学术意义在于填补了这个领域研究的空白，现实意义在于使我们对台湾警政有了较之以往更全面的了解。从长远看，有了这样的研究基础，可以使我们探索"一国两制"台湾方案时，对于统一后台湾警政制度安排的思考，更贴近台湾社会的历史和现实，更贴近台湾警政和社会治理的实际，以利于统一后台湾社会安定、长治久安。

这几年，有感于福建警察学院的盛情，我两次到访这所高校。在那里，我看到学院领导同志非常重视对台工作，也非常重视对台研究特别是台湾警政研究。学院里有一批教师也都在研究台湾问题、台湾警政问题和对台工作。我从他们身上能够感受到，由于地理、血缘、语言、文化、历史等方面的原因，福建人民对台湾有一种特殊的情结，对台湾人民有一种特别浓厚的同胞感情，对对台工作特别重视，近些年来认真学习贯彻习近平总书记关于福建对台工作的重要指示，努力在福建探索两岸融合发展新路、建设两岸融合发展示范区中做出实际成绩。这样的氛围，十分有利于对台研究工作的开展，推动对台研究取得成果，催生出像《台湾百年警政研究》这样的著作。

由此想到加强对台研究工作的问题。近些年台海形势严峻复杂，而且发展很快、变化很大。美国出于其全球战略考虑，对我们进行全面围堵打压，并企图"以台制华"，"台独"分裂势力则"倚美谋独"，对我们构成重大挑战，对两岸关系造成严重伤害。同时，我们贯彻新时代党解决台湾问题的总体方略和习近平总书记的重要指示，对"台独"分裂行径和外部势力干涉予以坚决反击，充分展现出维护国家主权和领土完整的坚强决心、坚定意志、强大能力。台海形势中分裂与反分裂、干涉与反干涉的较量尖锐激烈，这给我们深入思考继续推进两岸关系和祖国统一提出新课题。为此，我们要以新时代党解决台湾问题的总体方略为指导，加强对台研究工作。基础研究、理论研究、战略研究、政策研究、策略研究、具体措施研究，等等，都要研究新课题，守正创新，开拓进取，继承发展。基础研究中的基本资料整理实际上是很重要的，对于从历史到现实、宏观到微观的资料，都要全面系统整理，到需要使用的时候都准备好了。总之，我们应当对台湾政治、经济、科技、金融、法律、文化、教育、卫生、社会治理、外事、军事，直至社会生活各个方面，都进行研究，为赢得反分裂反干涉斗争作出贡献，为形成"一国两制"台湾方案打下坚实基础，为实现祖国完全统一做好万全准备而不断努力。

2023 年 10 月 30 日于北京

（作者系海峡两岸关系协会副会长、全国台湾研究会副会长）

序　言（二）

熊一新

张淑平教授撰写《台湾百年警政研究》一书，我早有期待。且知其历经十余年思考与构思，为此多年奔波于各档案馆、图书馆之间，历经三年艰辛写作，其甘如荠，终于成稿。本书有别于传统警政研究之进路与范式，犹如一股清泉，为涉台警政研究注入新活力，读后感触颇深，写出与读者共享。

其一，本书首次全面、深入地梳理了台湾百年警政的历史脉络，阐述了台湾各个特定历史时期警政样态与基本特征。近年大陆涉台研究十分繁荣，成果丰硕，研究领域涉及政治、经济、文化、历史、法律乃至军事等等。2019年，习近平总书记提出两岸要共同探索"两制"台湾方案，丰富和平统一实践后，有关"两制"台湾方案的研究迅速成为涉台研究的热点，研究领域不断拓展，研究内容更加务实，但有关台湾警政、警察制度及台湾社会治安治理的研究却极为少见，系统、深入的梳理与研究更是付之阙如。究其原因，一是警政、警察与社会治安治理研究往往出于传统保密之要求，资料、文献、数据较难获取，给相关研究尤其是实证研究带来一定难度，二是一般认为涉台警政研究主要为对策性研究，而基础性理论研究由于周期长、见效慢，得不到应有重视，致使涉足这一领域的学者极少，相关研究成果极度匮乏。

从海峡对岸看，2013年虽有由"中央警察大学"与"警政署"合编的《台湾警政史》（章光明教授主编）出版，但该书仅以转型时期至今台湾警政为研究对象，时间跨度短，最为重要的是双方"问题意识"完全不同，其思维角度、关注的问题，尤其是解读的立场与本书完全不同，自然在内容上也大相径庭。本书作者以严谨的学术态度、全新的研究范式，全面展示了台湾百年警政的历史画面，系统阐述了台湾警政演化的历史动因，深刻分析了台湾警政的阶段性特征，并科学预示台湾警政的历史走向。本书的出版在台湾警政研究领域具有开创性的意义。

其二，本书是台湾警政跨学科研究的范例。所谓跨学科研究，指的是运用不同学科的理论、方法和观点，对具有复杂性、整体性和交叉性，仅靠单一学科知识、方法难以解决的理论或实践问题进行研究，以寻求更好的理解或解决的科学活动。跨学科研究首先取决于研究对象的复杂性。台湾警政研究涉及众多不同的领域，并且其综合性、整体性和复杂性超过了具体单一学科所能处理的能力范围，与政治学、法学、史学、警察学等学科关系密切，需要运用多学科的理论和方法，构建更加综合的视角和架构，即用新的范式来整合其研究活动。

张淑平教授的专业背景是法学，其研究领域涉及行政法、刑事诉讼法，并拥有律师资格和十年兼职律师职业经历，长期参与福建省人大常委会、福建省人民政府行政、经济立法工作，现为福建省人大常委会和福建省人民政府立法咨询专家，福建省法学会立法学研究会副会长，具有扎实的法学理论功底和丰富的立法、司法实务经验。2006 年张淑平教授在福建警察学院由法律系调至治安系从事教学与科研工作，专业领域也由法学领域转向警察法学、警察制度与社会治安治理领域。作为特约专家，张淑平教授曾参与公安部治安行政立法工作，并长期参与福建省公安厅组织的警务改革与执法规范化等相关研究工作，被聘为公安部全国治安系统法治专家、福建省公安机关理论研究人才库专家、福建省公安厅执法规范化专家组成员。2008 年，张淑平教授参与公安部中国警察协会主持的"两岸合作打击跨境犯罪研究"课题研究，并担任第一主笔人。该课题研究成果 2013 年在由中国警察协会、台湾刑事侦防协会、香港警务处、澳门警察总局在台北共同举办的"第八届海峡两岸暨香港、澳门警学研讨会"上受到两岸学者的一致好评。2014 年，福建警察学院成立全国第一家"两岸警务合作研究中心"，并由张淑平教授担任研究中心主任。2019 年，研究中心更名为"台湾警政研究中心"，这也是目前大陆高等院校唯一专门设立的从事台湾警政、司法制度与社会治安治理研究的机构。至此，张淑平教授的研究领域扩展至涉台法学、台湾警政与司法制度研究。张淑平教授代表作有《海峡两岸刑事司法互助研究》，她主持完成多项涉台警务、涉台社会治安治理省部级课题与重点专项课题，并担任福建省人大涉台法律研究中心理事与福建省公安专业人才库台港澳警务联络人。

张淑平教授学术研究领域的两次迁移，源于其作为闽籍学者浓郁的家国情怀与独特的闽台情结，以及期盼祖国统一的强烈历史责任感与使命感，更得益于作者经年的多学科知识积累与储备。本书虽然以"史"为主线，重点却为台湾"警政"相关制度，但也不局限于台湾的警政制度。即把台湾相关历史作为百年警政的背景，把台湾警政史放置在台湾历史中来分析和论述。因此，本书是"台湾史""警政专史"与"警政专论"高度融合的论著。作者充分借鉴前人研究成果，研究更加深入、更加全面，并有所突破，特别是作者对台湾当下警政体制与制度的分析，可谓深入浅出又鞭辟入里。如对台湾警察制度草创时期"警察政治"性质与危害的探讨、对日据时期台湾"六三法""三一法"及"法三号"本质的解读、对光复时期"行政长官公署制"的分析、对台湾现行"大法官释宪制度"与警察权关系的阐发、对台湾地区警政现状与特点的把握等，都显示了作者跨学科研究的专业素养。

其三，以史论政，揭示了"警政"对未来台湾社会治安治理的重要意义。"欲知大道，必先为史"。本书的价值重在"资鉴"。对于史学的价值和治世作用，历史上的思想家均有过精辟的论述。马克思曾经指出："我们仅仅知道一门唯一的科学，即历史科学。"这是马克思主义的创始人对于史学价值所作的经典论述。习近平总书记2019年在纪念《告台湾同胞书》发表40周年的重要讲话中指出："回顾历史是为了启迪今天、昭示明天。祖国必须统一，也必然统一。这是70载两岸关系发展历程的历史定论，也是新时代中华民族伟大复兴的必然要求。"习近平总书记的重要讲话，充满了强烈的历史责任感与坚定的民族自信心，体现了对祖国统一历史规律的深刻把握。

中华民族的古圣先贤对于史学的治世功能也有许多独到见解。孔子修《春秋》便意在整饬礼崩乐坏的世道。司马迁著《史记》也绝非为史而史，他志在"述往事，思来者"，把过去和未来贯通起来，以"启迪今天，昭示明天"。唐代刘知几更把历史看成"有国有家者，其可缺之哉"？可见中国历代思想家何等重视史学的"资政"、借鉴和预测未来的作用。

个人认为本书的资鉴作用主要有两个方面。首先，台湾警政史揭示，在未来台湾社会治安治理中，特别在维护社会稳定和国家安全方面，警政具有举足轻重的作用。如本书所言，"警察之制，无国不有，与武备两相骈立"。当代各国军队和警察始终是构成国家机器的主要强力成分。"无警察则政令法度，俱归空文"。因此，国无论东西，"警政乃内政之灵魂"。从现实来看，在香港"修例风波"中，香港警方在打击暴恐活动、恢复宪制秩序和法治方面起到了中流砥柱之作用。历史和现实均证明，警政建设在"两制"台湾方案中关乎社会稳定，事关社会治理，须高度重视之。其次，应加强对台湾警政及相关制度的研究。这是着力探索"两制"台湾方案的必要条件。党的二十大报告提出，要"推进同台湾各党派、各界别、各阶层人士就两岸关系和国家统一开展广泛深入协商，共同推动两岸关系和平发展、推进祖国和平统一进程"。要达此目标，唯有深入研究了解海峡对岸社会政治、经济、文化等现行制度、历史根源及未来发展。然而，如前所述，本书出版前，大陆警学界对台湾警政研究几近空白。

反观海峡对岸，1961 年即在"中央警官学校"开设以研究大陆警政及"培育'国家'安全与警政治安之专业人才"的"公共安全系"，2000 年增设"公共安全研究所硕士班"。该校举全台警学界之力，对大陆警政、安全制度进行了长期系统之研究。开设的专业课程主要有，大陆政治问题研究、大陆公安研究、大陆司法制度研究、大陆武警制度研究、大陆情报专题研究、两岸刑事司法制度研究、两岸治安专题研究、大陆人民来台安全管理机制、警政哲学、国土安全研究等。从课程设置来看，其"公共安全系"实为"大陆警政与治安系"。目前大陆尚无一所公安院校开设以台湾警政与治安为主要研究领域的专业，更无相关课程开设。因此，为了推动两岸融合发展，加快探索更加务实全面的"两制"台湾方案，在公安院校设置涉台警务相关专业，开设涉台警务相关课程、培养涉台警务相关人才就显得刻不容缓。

"行远自迩，笃行不怠"，期待通过本书对台湾百年警政的探索与介绍，为关心祖国和平统一，积极探索"两制"台湾方案的广大读者朋友提供指引、参考和启迪，也期冀张淑平教授再有佳作问世，繁荣这一涉台重要领域的研究。

2023 年 6 月 1 日于北京

（作者系中国人民公安大学教授、中国警察协会学术委员会原秘书长、福建警察学院原院长）

目　录

1

第四编　转型至今（1990 至今）

绪　论

一、研究对象与范围

虽然，警察与国家一样古老，但是近代意义的警察，始于"逊清末叶，前此只有警察之实，而无警察之名"。①

（一）"警政"考释

"警政"自清末始办，此后该词便被广泛使用，目前仍被台湾地区普遍使用，后人考释其内涵，众说纷纭，莫衷一是。

以下两个表述，可谓化繁为简、言简意赅：

一曰："警政"是对有关警察的国家和政府事务的统称，是现代国家基本政务之一。

二曰："警政"，为警察政务或警察政策之意。

本研究的对象是台湾警政，因此，我们关注台湾学术和实务界对"警政"的见解：根据台湾"内政部警政署"和"中央警察大学"编印的《台湾警政发展史》（"中央警察大学"出版社，2013年），警政分为警察组织、警察教育、警察政策、警察业务、警察勤务、警察法制、犯罪侦防、犯罪资讯科技、警察后勤等九个议题。台湾现行"警察法"则从警察任务、组织、职权、人事、教育、经费、设备共七个方面进行规范。——两者虽然都没有对警政进行内涵的界定，但以外延的视角切入，基本上给出警政一词所包含的范畴。

---

① 李士珍著：《警察行政研究》，北京：商务印书馆，1943年，第1页。

（二）研究的时间跨度

台湾历史有其特殊性，即其"历史发展过程中的中断性"。[①]

1683 年，康熙王朝统一台湾，由此开启中国中央政权对台湾的有效统治。1895 年，因为甲午战败，清政府与日本签订《马关条约》，将台湾割让给日本，台湾从此被置于日本殖民统治之下。1945 年，中国人民抗日战争暨世界反法西斯战争胜利，国民政府收复并全面接管台湾。1949 年，国民党政权败退台湾，为了"光复大陆"，开始对台湾实施长达 38 年的"戒严"，台湾进入威权时期。1987 年，迫于内外压力，国民党当局解除"戒严"，台湾社会迈向政治"民主化"、经济自由化和社会多元化阶段。

清朝统治台湾的 1683 年至 1895 年间，台湾社会尚未有近代意义的警察和警政，与大陆一样，当时维持台湾社会秩序的主要是保甲制度。1905 年10 月，光绪皇帝发布建警谕旨，兴办"警政"，建立全国性的警察体制时，台湾已进入日据时期。日本殖民台湾的初期，即引入其师从于法国的警察制度，并与当时台湾的保甲制度相结合，建成世界范围内罕见的"警保制度"，以此强化其对台湾人民殖民统治的基础。警政以法律为依据，光复后，国民政府接管台湾，将清末民初大陆刚刚兴起的警政迁移到台湾，并以其为"体"，重建台湾警政。但台湾地区警政现状至今仍有日本殖民遗留的些许影响。

鉴此，为完整叙明台湾警政的发展历史，本书对台湾警政的研究始于日据时期，并且将清朝统治时期的保甲制度作为导论的一部分。本研究拟跨越四个阶段：日据时期（1895—1945）、光复时期（1945—1949）、威权时期（1949—1990）、转型至今（1990 以后），时间跨度为百余年。

二、研究意义

复旦大学历史与地理研究中心葛剑雄教授说，在台湾归属于清朝之前，"没有任何外国统治者在台湾建立过政权，这是不争的事"，此言不差。[②]

---

① 陈小冲著：《日本殖民统治台湾五十年史》，北京：社会科学文献出版社，2005年，第 5 页。

② 葛剑雄：《唐代以后我国疆域的沿革与启示——中国疆域变迁问题初探（下）》，载《秘书工作》，2008 年第 4 期。

近代以来，世界各国，"警察之制，无国不有，与武备两相骈立"，"无警察则政令法度，俱归空文"。① 当今世界，全球化日益加深，信息科技飞速发展，人类将进入人工智能时代，但无论世界如何风云变幻，也无论东西方，警察始终是社会秩序的守护者、是社会安定的中流砥柱。"警政乃内政之灵魂"，"东西洋各国，罔不注重"。②

2019 年 1 月 2 日，习近平总书记在出席《告台湾同胞书》发表 40 周年纪念会上发表重要讲话，指出：祖国必须统一，也必然统一。这是 70 载两岸关于发展历程的历史定论，也是新时代中华民族伟大复兴的必然要求。为此，他提出五点主张指出要"探索'两制'台湾方案，丰富和平统一实践"。

2019 年 6 月，香港地区出现了以"反修例"为由严重损害香港和国家根本利益、破坏"一国两制"的暴力活动，且长时间持续，香港的宪制秩序和法治遭受前所未有的冲击，但也警醒我们深入思考"两制"台湾方案的具体实践问题。

历史和现实的经验均表明，警政建设在"两制"台湾方案中举足轻重。"对于哲学社会科学的发展来说，时代和现实的需要，往往比千百个理论家冥思苦想具有更大的推动力"。③

三、研究思路

本研究原拟仅聚焦台湾警政，但由于台湾历史的特殊性带来的诸多特点，除了专事对台研究的学者外，对于台湾历史，大众多或所知不详。再者，警察制度是政治制度的一部分，所谓"不溯前因即难知后果"，理解一个国家或者地区的警察制度如果不与其社会制度、历史背景相联系，则不免失之偏颇和狭隘，也缺乏全局视野。鉴于此，本研究各章节均由"台湾

---

① "光绪二十八年日人川岛浪速之上庆亲王书"，转引自邓裕坤：《现代警察研究》，内政部警察总署，1947 年，第 8 页。

② 金毓黻主编：《奉天通志》（影印本 4），卷 143，《民治二·警察》，第 3322 页。转引自：刘锦涛著：《中英创建近代警察制度比较研究》，北京：法律出版社，2014 年，第 9 页。

③ 王晓秋著：《近代中国与世界——互动与比较》，北京：紫禁城出版社，2003 年，第 221 页。

史略"和"警政要点"两部分构成，即台湾警政四个阶段均以先梳理特定时期台湾社会政经背景，再着墨其警政要点为基本结构。

（一）台湾史略部分

按照中国历史的分期，本研究跨越了台湾的近代、现代和当代，对于台湾史的研究，两岸学者以维系民族精神于不坠的"英雄怀抱"，穷其来源，研究著述繁盛。笔者非史学出身，拙作也不是史学专书，因此，仰赖前人研究之现成，将百年台湾社会历史演进予以浓缩，撷取对台湾警政影响至深或起决定作用的精要，结合自己的钻研心得，呈现给读者。

（二）警政要点部分

由于"警政"内涵丰富，外延也不失为宽，对各个时期台湾警政面面俱到，固然是一种理所应当的研究思路，但由于台湾警政研究属于台湾研究中的专题研究，是一个不被主流学术界重视的支流，巨细靡遗地展开精细化研究并非当务之急，先从略为宏观的角度着手可能更务时需。基于这样的思考，本研究不侧重各时期警政的各项议题，而是在各个时期的史略之后，择其警政要点阐明。

四、相关文献梳理

（一）台湾史研究文献

出生于台南、"以儒学立身，以史学成家，以文学名世"的前辈连横先生（1858—1936）"少受庭训"，以为台湾著史为己任，穷其半生精力，"博采群籍诸档，集数百部文献之所载，又访询老者，参证旧闻，佐以实地考察"，于1921年撰成的《台湾通史》（商务印书馆）第一次将台湾"起自隋代，终于割让（指清政府割台）"共1290余年的政治、经济、军事、文化、地理等方面的历史演变进行系统书写，被叹为"三百年来海上之杰作"，是了解台湾早期历史的必读经典。①

大陆对于台湾历史的系统研究，始于厦门大学。1979年全国人大常委会发表《告台湾同胞书》后，厦门大学最早将台湾史纳入历史系的研究和教学中，并于1980年率先成立全国第一个台湾研究机构——台湾研究所。

---

① 该书1921年版本现已不可得，本书采2005年广西人民出版社出版的《台湾通史》。

其次是 1984 年中国社会科学院设立台湾研究所，也开展台湾历史的系统研究。随后，两个研究所逐渐发展为大陆涉台研究和交流的南北重镇。此间，福建社会科学院、福建师范大学和北京、南京等地高校也都相继开展台湾史研究。[①] 陈碧笙教授的《台湾地方史》（中国社会科学出版社，1982 年）是大陆第一部台湾通史，著名历史学家陈孔立教授主编的《台湾历史纲要》（九州出版社，1996 年），简明扼要，集系统性与权威性与一身。近年出版的田珏、傅玉能主编的《台湾史纲要》（福建人民出版社，2012 年），则侧重于 1949 年后台湾的政治、经济、社会、文化和对外关系。

对于台湾日据、光复、威权等几个时期专史的研究，特别是日据、光复时期的台湾历史是台湾史研究中较为薄弱的环节。陈小冲的《日本殖民统治台湾五十年史》（社会科学文献出版社，2005 年）、褚静涛的《国民政府收复台湾研究》（中华书局，2013 年）、孙代尧的《台湾威权体制及其转型研究》（中国社会科学出版社，2003 年）则是其中有代表性的力作，既有学术价值，也蕴涵丰富的史料价值。[②]

（二）台湾警政研究文献

近代以来，与警政对台湾社会的重要性形成强烈反差的，是对台湾警政的研究在两岸远未受到应有的重视，好在针对某一个时期或者阶段的研究专书并不鲜见。[③]

本研究涉及的台湾警政专史，时间上纵贯五个时期 150 多年，学者的研究在不同时期的分布差异悬殊。

1. 以保甲与近代警政为研究对象的文献

中国的保甲制度历史悠久，保甲制度又是古代、近现代中国社会基层治理的主要制度，因此研究保甲制度的文献可谓洋洋洒洒、不胜枚举，但针对台湾保甲制度的研究则物以稀为贵，目前仅能从相关研究著述中寻其

[①] 　陈小冲著：《日本殖民统治台湾五十年史》，北京：社会科学文献出版社，2005年，第 1 页。

[②] 　另有日本的铃村串宇著《台湾全志》（1922 年），伊能嘉矩著《台湾志》（1928年）。

[③] 　"关于警察史的研究，在一般学者的心目之中，总觉得算不上一门大学问，故多不屑一顾"。参见王家俭：《清末民初我国警察制度现代化研究（1901—1928）》，北京：商务印书馆，1984 年，第 2 页。

蛛丝马迹，早前闻天钧的《中国保甲制度》（商务印书馆，1935 年）等既是论著，亦有文献史料之功。

国民政府光复台湾后，将其在大陆实行的警政制度带到台湾。因此，清末民初警察制度对审视台湾现当代警政不可或缺。1949 年前，有几部介绍中国警政历史沿革的著述，但不是针对警政史的专门研究，部分著作是当时警察学校或培训机构的教材，总体缺乏系统性和理论性。① 新中国成立后，百废待兴，学术研究一度沉寂。1985 年中国社会科学院法学研究所法制史研究室编著了一部论述中国历代警察的论文集《中国警察制度简论》（群众出版社，1985 年），内含近代警察机构、刑事侦查、治安管理等问题。后该书主要撰稿人韩延龙先生继续利用大量档案资料，于 1993 年编撰《中国近代警察制度》（中国人民公安大学出版社）一书，系统论述中国近代警察的创建、形成和发展，是大陆第一部有关警察制度发展的学术专著。2000 年，在《中国近代警察制度》基础上，韩延龙、苏亦工扩写而成《中国近代警察史》（社会科学文献出版社，2000 年），其内容更全面，考证更精细，是一部研究中国近代警察史的力作，内容涉及清末警政的创建，民初警政的发展和南京国民政府的警政建设等，为认识近代警政的沿革提供了较好的参考。林维业、李文海、林国合共同编写的《中国警察史》（辽宁人民出版社，1993 年）以较大篇幅厘清了中国警察制度的发展脉络，对各时期的阶段特征进行了总结，是一部通史性著作。董纯朴的《中国警察史》（吉林人民出版社，2005 年），也是一部通史性著作，分古代社会治安、近代中国警察、现代中国警察、新中国警察、港澳台警察等五编，其最大亮点为辟有港澳台警察史专章。2006 年，北京警察学院万川教授领衔著述的《中国警政史》（中华书局）出版，论述了自先秦至 20 世纪末中国的治安形势、警政思想、警政机构、警政措施，史论结合，也是一部很有分量的警政类通史。此外，还有孟庆超的《中国警察近代化研究》（中国人民公安大学出

---

① 如《中国警察史》（油印本）（胡存忠主编，中央警官学校，1937 年），《中国的警察》（陈允文著，商务印书馆，1935 年），《现代警察之理论与实际》（郑宗楷编著，正中书局，1946 年），《警察行政之理论与实际》（李士珍著，中华警察学术研究社，1948 年），《中国警政概况》（唐纵主编，商务印书馆，1935 年），《警政全书》（郎士君，文华书局，1929 年）等。参见段锐、刘贝：《中国近代警政史研究综述》，载《江苏警官学院学报》，2013 年第 1 期。

版社，2006年）、潘嘉钊的《蒋介石警察密档》（群众出版社，1994年）、陈鸿彝的《中国治安史》（中国人民公安大学出版社，2002年）、黄晋祥和邹丽霞的《晚清的警政》（群众出版社，2005年）等，亦有史有论，是此一时期很有价值的参考文献。

台湾地区则有王家俭先生的《清末民初我国警察制度现代化研究（1901—1928）》（台北商务印书馆，1984年），该书对中国传统治安制度、中国近代警察制度萌芽与初创，各省警政的建立与发展有系统的梳理，比大陆《中国警察制度简论》还早一年付梓，是1949年之后，两岸关于中国警察制度研究的第一部著作。台湾学者赖淑卿在《清末警察制度的倡设与试辩》（"国史馆"，1987年）中，则详细剖析了晚清时期警察制度的运作状态，认为现代警政的举办在中国近代政治史上具有重要的时空意义；赖淑卿另有《国民政府警政制度之建立及其发展（1925—1948）》（台湾政治大学硕士学位论文，1991年）一文则以1925年为起点，详细探讨了国民政府的警政制度轨迹，认为南京国民政府改革警政的目的是试图建立一套适应近代化的城市管理制度。

2. 以日据时期警政为研究对象的文献

日本国内一直有学者对此一时期台湾的警察政治进行研究。比如伊藤英三的《台湾行政警察法》（台北晃文馆，1930年），松井茂的《警察读本》（东京日本评论社，1933年）。

海峡两岸，目前仅见中国社会科学院李理博士的《日据时期台湾警察制度研究》（凤凰出版社，2013年），作者日语专业出身，由于通晓日语的便利，又曾专程赴日查阅、考据档案资料，其著作也蕴含文献价值，是大陆仅有的研究日据时期台湾警察制度的专著。台湾学者陈纯莹专攻光复时期的台湾警政，其对日据时期台湾的警察制度也颇有研究心得。

3. 以光复时期警政为研究对象的文献

与前两个时期不同，有关台湾光复的文献以馆藏史料为主，且较为丰富，目前分散在两岸各地档案馆，有的档案部门还加以整理、编辑成书。如中国第二历史档案馆编撰的《台湾光复档案》（九州出版社，2005年），汇编了台湾光复时的大量文件、图片，可谓国民政府接管台湾史料的集大成者。陈鸣钟、陈兴唐主编的《台湾光复和光复后五年省情》（南京出版社，1989年）收录了《台湾调查委员会卅三年度工作报告》《台湾调查委员会工作大事记》《台湾调查委员会座谈会记录》《台湾接管计划纲要》《论重建台湾政制之原则》《台湾省警备总司令部接收总报告》等重要原始文件，对本书有重要参考价值。福建省档案馆和厦门市档案馆合编出版的《闽台关系档案史料（1895—1949 年）》（鹭江出版社，1993 年版）则汇聚日据和光复两个时期闽台之间互动的史料，如《福建警察学会关于发动研究台湾警政问题致中国警察学会代电》《福建警察学会关于选拔台湾警察干部致中国警察学会呈》《台湾警察干部训练班始末》等，再现了福建省在这段历史中的独特作用。

收复台湾是中华民族抗战胜利最伟大的历史成就之一，针对这段重要历史的研究，专著类主要是前述褚静涛的《国民政府收复台湾研究》，书中设有专章论及台湾警政接收与重建情况。一些论文类的研究更多关注军事接收，专门研究警政作为的仅有寥寥三篇，分别是厦门大学何妍的硕士学位论文《光复初期的台湾警察训练：以"台湾警察干部训练班"为中心》、周伟亮和郭权的《"台湾警察干部训练班"与光复初期的台湾警政》以及杨彦杰的《台干班与光复初期的闽台社会——以"云鹏家书"为中心》，主题均为"台湾警察干部训练班"。

台湾方面，"历来对台湾警政的研究，泰半围绕着'国家与社会'的主轴，多侧重在日治时期的警察制度、人员配置及沿革，或是保甲与壮丁团、理番措施等，战后台湾警政史的研究很少"，基于该认识，陈纯莹博士扎根此领域耕耘多年，著有系列文章：如《光复后台湾警政的接收与重建》（《台北警专学报》，1992 年第 5 期）、《台湾光复初期之警政（1945—1953）》（台湾师范大学博士学位论文，1994 年）、《战后台湾经济警察之研究（1947—1960）》（《人文社会学报》，2006 年第 2 期）、《走过大时代的身影：台湾警政史上的"台干班"（1945—1995）》（台湾科技大学硕士学位论文，2012 年）等，她以台北"国史馆"、国民党党史委员会、"中央研究院"等收藏的大量史料为研究基础，并融入自己对接管得失利弊的分析见解，是研究光复时期台湾警政不可多得的文献。

4. 以威权时期警政为研究对象的文献

1949 年至 1987 年间，两岸处于隔绝状态，限于新中国成立初期的百废待兴和资讯的匮乏，大陆针对台湾警政的研究几无建树。台湾方面，"戒严"体制下，言论、集会、出版自由受到严格控制，"以党领军，以军领警"，警政绝对服从于军政，警政学术研究萎缩。仅有"中央警官学校"校长梅可望博士主持编印的《六十年的中国警察》（"中央警官学校"出版社，1971 年），综述国民党当局 60 年的警察发展史迹，内容涵盖警察精神、警察组织、警察业务、警察人事、警察教育及警民关系，是台湾地区第一部、也是当时唯一一部较为系统的警政研究成果。"解严"后，陆续有吴学燕的《三民主义与警政现代化》（正中书局，1993 年）和李苏鸣、庄如顺的《台湾警察》（军事谊文出版社，1996 年）公开出版。陈宜安博士的《"我国国家体制"与警政发展（1950—1987 年）》（中国文化大学博士学位论文，2003 年）一文对台湾这一时期的警政发展有细致的考证与梳理，对威权体制与台湾警政的关系有其独到的见解。陈纯莹的论文《"我国"威权体制建构初期之警政（1949—1958）》（《人文社会学报》，2007 年第 3 期）写的也是这个时期台湾的警政。

5. 以转型至今警政为研究对象的文献

2013 年，"内政部警政署"和"中央警察大学"重新回顾检视台湾光复后之警政，共同编印《台湾警政发展史》（主编为"中央警察大学"章光明教授），该书以中国国民党党史馆、"内政部"警政署、"中央警察大学"保存的档案为史料，由"署校"两家警政专家主笔，从警察与"国家"发展、警察组织、警察教育、警察政策、警察业务、警察勤务、警察法制、犯罪侦防、资讯科技、后勤经理共 10 个方面，阐述 1949 年至 2013 年台湾警政的发展历史，时间上跨越威权与转型两个时期，是研究台湾警政较为全面的参考文献。

这一时期，岛内具有留德或留日背景的李震山、林明锵、蔡震荣、蔡庭榕、郑善印等警察法学者，则更关注台湾警察法的发展与完善、警察权的行使等。如蔡震荣的《警察职权行使法概论》（元照出版公司，2004 年）、李震山的《警察行政法论：自由与秩序之折冲》（元照出版有限公司，2009 年）、林明锵的《警察法学研究》（新学林出版股份有限公司，2011 年）等。虽然他们主要以台湾现行警察法律制度为研究对象，但从中可以窥见转型至今的台湾警政。另外，参与编写前述《台湾警政发展史》的台湾"中央警察大学"陈添寿教授的《台湾治安制度史：警察与政治经济的对话》（兰台出版社，2010 年）和《台湾治安史研究：警察与政经体制关系的演变》（兰台出版社，2012 年）则跨越了台湾警政的各个时期，从警察与政经关系这一个独特的、也是很重要的角度，探究台湾的治安历史。

五、研究方法

"工欲善其事，必先利其器"，研究方法的重要性毋庸置疑。本研究涉及史学、法学、政治学等多学科领域，内容决定方法，本研究将以两岸文献资料、历史档案为依据，以文献研究、史料考证及两者相结合为主要研究方法，另据各专题内容需要，辅以其他必要的研究方法。

史学研究最讲究第一手档案资料，但从效率、传承和避免重复研究的视角，所有研究又鼓励站在前人研究的基础上更上层楼。为研究台湾和警政历史，学者们曾经抱其艰贞，辗转于两岸和日本，埋头故纸堆，皓首穷经，不辞辛劳。前人栽树后人乘凉，本研究将妥为善用。对于警政的重要事件和原始文件，包括市政公报、警察公报、警察周刊、警察月报等，笔者也多次往返馆藏部门，翻阅、查找、摘录、考据，务使去伪存真，将本研究建立在客观的事实基础上。

福建与台湾岛隔海相望、地相连接，作为生长于斯的闽人，笔者在长期的警察法学教育与研究中，总是自觉不自觉地以大陆的警政为参照。转型时期，台湾警政又更多融入欧洲大陆国家警政建设的经验，眼界所及，也会有适当的相互比较。比较研究是社会科学研究最常见的方法，也是优质研究方法。在本研究中，不论是个别章节的直接比较，还是全书，都略带笔者比较研究的思考。

个案研究方法也是笔者十分青睐的研究方法。本研究时空跨度大，历史往往湮灭在岁月的尘埃中，而不能完全复原。真相究竟如何？宏大的叙事，所谓王化之功，实际上也不过是真相的一部分。重要历史事件、代表人物、日记等微观、个体的体验或许能为我们提供真相的另一面。

总之，在研究方法方面，笔者认同"多学方法，无意得道"。余不赘述，与读者诸君共勉之！

第一章 导 论

第一节 台湾历史概况

根据历史学家的研究，三国时期沈莹所著的《临海水土志》留下了世界上对台湾最早的记述。中国人最早命名、开发台湾，在16世纪荷兰东印度公司占领台湾之前，中国已经在台澎设治，今天的台湾更是以大陆闽粤移民开发、拓垦为主形成的移民社会。

一、荷兰占领

16世纪，正值明朝中期，随着地理大发现，葡萄牙、西班牙、英国、法国和荷兰等欧洲新兴海权国家纷纷前往非洲、亚洲、美洲拓展势力、探索资源，海上贸易开始兴盛。中国瓷器和生丝在欧洲市场非常受欢迎，荷兰人认为中国的瓷器比水晶还要美。为了攫取高额利润，荷兰东印度公司迫切需要在中国沿海建立贸易据点，他们首先选择了澎湖。

1602年，明朝末年，荷兰首次入侵澎湖，被明朝政府派兵驱退。1622年，荷兰人再次侵入澎湖，并进犯福建沿海，1624年，明政府派福建巡抚南居益出兵澎湖，取得澎湖之战的胜利，将荷兰势力逐出澎湖，收复了澎湖列岛。但被驱逐的荷兰势力转逃当时不设防的台湾南部大员（今台南市安平区），当时的明朝政府面临农民起义和东北满族势力日益强大的压力，内外交困，无力顾及台湾防务，台湾西南部遂被荷兰人占据。

荷兰人在大员修筑热兰遮城（今安平古堡）、普罗文查城堡（今台南市赤崁楼）作为殖民统治的中心，并逐步将统治区域扩大到周边。

1626年，西班牙人从吕宋入侵台湾北部，占据基隆、淡水一带。1642

年，在南部的荷兰人感觉到威胁，向北部的西班牙人发起进攻并顺利取代西班牙人占领了台湾北部。

从 1624 年荷兰入侵台湾，至 1662 年郑成功驱荷复台，荷兰人前后占据台湾 38 年，实际统治区域只有南部有限的地区和北部的基隆、淡水两港。虽然荷兰人也做了一些"抚番"、传教之事，但对台湾的统治十分残酷，殖民官吏、当时的普罗文查城代司令描难叮·弗兰西斯也承认是"基督文明的耻辱"。[①] 为反抗荷兰殖民者，1652 年 8 月，台南汉人在郭怀一带领下爆发了大规模的起义。1662 年郑成功收复台湾时，台湾汉人里应外合，给郑军有力支持。

二、郑成功收复台湾

17 世纪中叶，不论对大陆还是台湾来说，都是一个动荡的年代。1644 年，李自成的农民起义军打进北京，崇祯皇帝自缢而死，清军入关并在北京建立了清朝政权，但争夺中国统治权的斗争并未结束，以南明政权为代表的明朝残余势力、各地农民武装等抗清势力仍在神州大地上与清政权角逐，活跃于东南沿海的郑成功便是其中一支重要的力量。[②]

郑成功，原名郑森，福建南安石井人，明末著名的海盗兼海商郑芝龙长子，生于荷兰人入侵台湾的 1624 年，早年以厦门、金门为根据地，起兵抗清，被南明永历帝封为延平郡王。后因进攻南京受挫，郑成功被迫退回厦门、金门。彼时，清朝统一全国之势已成，郑成功遂筹划退守台湾，开启复台大计。

1661 年 4 月 21 日，郑成功亲率大军 2.5 万余人，战舰数百艘，从金门料罗湾出发，挥师渡海。在澎湖候风 7 日后，郑军在台湾西南部鹿耳门登陆，与荷军展开多次激战，先后将荷军围困在普罗文查城堡和热兰遮城内，历时 9 个月。城内荷军在没有水源没有外援的情况下，最终向郑成功交城投降。

---

① 荷兰首任驻台长官宋克·马丁不得不承认："我们前此在中国沿海的行为，激起了全体中国人的反抗，一般把我们看做杀人者、掠夺者和强盗，对中国人的行为，确是残酷野蛮的。我以为用这种方法永远也达不到与中国通商的目的。"转引自陈碧笙著：《台湾地方史》，北京：中国社会科学出版社，1982 年，第 60 页。

② 陈孔立主编：《台湾历史纲要》，北京：九州出版社，2006 年，第 39 页。

郑成功完成抗击荷兰殖民者、收复台湾的壮举后，即以台湾为反清复明基地，按照大陆的郡县制，在台湾设一府二县：在原普罗文查城建"东都明京"，设承天府，北设天兴县（今嘉义），南设万年县，设"安抚司"于澎湖，戍以重兵，改热兰遮城堡为安平镇。可惜天不假年，郑成功在收复台湾的次年便突患疾病而逝，年仅 39 岁。郑成功之后，其子郑经继位，改"东都明京"为东宁，升天兴、万年二县为州，并进一步完善基层行政建设。后来又经历了郑经之子郑克塽袭位治理，郑氏政权在台前后历时 22 年。

郑氏政权奉明朝为正朔，与清政府处于军事对峙状态，史称"明郑时期"。这一时期，台湾在陈永华的规划之下，引进明制的宫室、庙宇和各种典章制度，奠定了台湾在日后成为一个以汉民族文化为主的社会，而不是另一个海外华埠。

郑成功收复台湾使得台湾回到中国人手中，是中华民族反对外来侵略的成功尝试，郑氏政权在台 22 年的治理进一步奠定了台湾社会后来发展的基础。郑成功收复台湾一战正如学者所形容"决定台湾尔后四百年命运"，郑成功也因此成为民族英雄。

三、清朝统一台湾

1644 年清王朝建立时基本统一了北方地区，但对南方中原地区的统一则经历了整个顺治朝，一时无暇东顾台湾。1681 年，郑经去世，明郑政权陷于内斗，随后年幼的郑克塽即位，"主少国乱"，攻台的最好时机出现了。而且此时清政府已平定"三藩之乱"，可以腾出手攻打台湾了，康熙皇帝任命施琅为福建水师提督，开始统一台湾准备。

1683 年 6 月 14 日，62 岁的老将施琅率两万多名福建水师官兵和 300 余艘战船从铜山（今东山岛）出发，先在澎湖取得澎湖之战的大捷，后以战促和，迫使偏安一隅的明郑政权归顺。8 月 13 日，施琅率军进入台湾岛受降。

1684 年 4 月 14 日，康熙皇帝颁发谕旨，在台湾南部设置"福建分巡台厦兵备道"和"台湾府"，"台湾府"下设"台湾县""凤山县""诸罗县"（分别为今台南、高雄、嘉义），隶属福建省。1875 年，清政府为进一步经营和治理台湾，在北部增设了"台北府"及"淡水""新竹""宜兰"三县和"基隆厅"，有效管辖范围扩及台湾、澎湖全境。1885 年，台湾建省，成为中国第 20 个行省。

四、日本殖民统治台湾

早在 16 至 17 世纪，日本就曾数次出兵窥视台湾。始自 19 世纪 60 年代的"明治维新"使日本跻身列强并走上扩张之路。1895 年，甲午战争战败的清政府被迫签订不平等的《马关条约》，割让台湾和澎湖列岛，台湾从此沦为日本的殖民地，直至 1945 年，日本战败投降。日本殖民台湾的 50 年间，台湾同胞进行了英勇的抗日斗争，付出了 60 余万人的宝贵生命。

五、中国政府收复台湾

1945 年 8 月 15 日，日本接受《波茨坦公告》，宣布无条件投降，中国人民取得近代史上最重要的一场战争——抗日战争的胜利。9 月 9 日，中国战区日军投降签字仪式在南京举行，冈村宁次代表日本驻中国派遣军和驻台湾、越南北部的日军在投降书上签字，宣布无条件归还中国领土台湾和澎湖列岛。

1945 年 10 月 25 日，同盟国中国战区台湾省受降仪式在台北举行，中国受降官代表中国政府宣告：自即日起，台湾及澎湖列岛已正式重入中国版图。所有一切土地、人民、政事皆已置于中国主权之下。至此，台湾、澎湖重归中国主权管辖之下，10 月 25 日被定为台湾"光复节"。

六、国民党统治集团败退台湾

1948 年，国民党政府在内战中连连失利，眼看在大陆败局已定，蒋介石采纳了历史地理学家张其昀的建议，决定把台湾作为退守之地。1949 年，国民党统治集团退踞台湾。

第二节　保甲制度与清代台湾的基层治理

从 1683 年统一台湾至 1895 年甲午战败割让台湾，清朝治理、开发时间共 212 年。台湾的保甲始于明郑时期，清朝统一台湾后继续沿袭。

一、保甲制度概略

"保甲"之名源于宋代王安石变法的"户籍保甲法"，但保甲的历史却可以追溯至西周，而兴起于隋唐，基本定型于北宋，经宋、元、明、清，才走向成熟。

在漫长的中国封建社会，保甲制并没有统一的规定或名称，具体内涵也各有不同。"历代有时势之不同，各地有环境之迥殊，保甲制度乃随时随地递嬗演变，而保甲运用亦遂有所侧重。或重在教，或重在刑，或重捕盗，或重查户，或重农桑，或重兵役，或偏于作用，或偏于编制，自周秦两汉以迄隋唐莫不皆然。王安石始正其名，初重警察，终重杂役，至元则用以施教，明用以役民，清用以制民。"① 清朝雍正年间，保甲制度才真正在全国范围内得以统一规范和推广。

虽然保甲制度各朝各代各地均有不同，而且时行时废，但保甲制度的基本组织与职能是相似的。其基本组织是"以户为单位，户设户长；十户为甲，甲设甲长；十甲为保，保设保长"，即以户籍管理为基本手段，以保统甲，以甲统户，以户统人。保甲制度的基本职能是"保甲行而弭盗贼、缉逃人、查赌博、诘奸宄、均力役、息武断、睦乡里、课耕桑、寓旌别，无一善不备焉"，即差不多集户籍管理、治安管理、抽丁催赋、社会服务于一体。保甲制度最大的效用是能够控制被统治者称为"腹心之患"的"盗贼"之害，因此成为中国封建社会"保境安民"的最基层、最有效的治安制度。②

保甲制度的糟粕是其联保连坐制：保甲制实行连坐之法，要求户民相互监督、检举。一家有罪，株连九家，接近秦朝的什伍连坐。通过这一制度，统治者将国家的触角延伸到基层，随时随地掌握民情，在最基层的社会组织一道严密的监视网络，被历代统治者视为"治民之基"。另一方面，由于保甲制缺乏必要的人、财、物保障，保甲长利用职权之便营私舞弊之事时有发生，"或私吞配给证，或办事不力，态度腐化；或私发身份证，以捞取钱财；或私自挪用保甲经费，中饱私囊等等，比比皆是"，一些保甲组织"差不多已成了流氓地痞的渊薮"。种种弊端，以致"保甲未行，小民先受无限之苦累"，这项能够化解一定民间矛盾、消弭盗贼的基层治理措施往

---

① 参见何会源：《中国保甲制度之新检讨》，载《民族杂志》，1937 年第 5 卷第 5 期。

② 参见薛理禹：《清雍正时期保甲制的推广和完善》，载《江西社会科学》，2019 年第 7 期；闻天钧著：《中国保甲制度》，北京：商务印书馆，1939 年，第 4 页。

往沦为虐民的暴政。①

二、清末建警，近代中国警察制度的发端

清朝末年，"戊戌维新"运动中，湖南按察使黄遵宪在时任湖南巡抚陈宝箴的支持下，效仿上海租界内的外国巡捕制度，于1898年7月27日，在湖南长沙创设了湖南保卫局。

湖南保卫局由官绅合办，既维持社会治安，也担负着司法审判的职责。它并非近代意义的警察机构，却是清末时期地方举办警政的最早尝试。随着"戊戌维新"运动的失败，湖南保卫局也被裁撤，存在的时间很短暂。

从甲午惨败中痛定思痛的清政府决定师从日本，建立近代警察制度。②1905年10月8日，光绪皇帝的建警圣旨，是中国警察制度正式登场的第一声锣鼓。③但清末和民初的中国，军警不分，警察与军队、保甲组织在治安职能往往相互交织，但初建的警察体系还是显现出秩序维护的特殊功能。

三、南京国民政府时期的保甲制度与警察制度

在清末警政系统基础上，后来的南京临时政府、北洋政府以及南京国民政府进一步扩张了警察机构网络。④

辛亥鼎革，民国之初，在欧风美雨的浸润下，传统的保甲制度受到涤荡而黯然失色，舶来的地方自治开始受到青睐，南京临时政府、北洋政府一度弃保甲而推地方自治，然而中国社会基础没有发生实质性的转变，地方自治历20余载，但收效甚微。

地方自治是孙中山建国思想的精要，也是国民政府必须遵循的治国之

---

① 参见张德美：《清代保甲制度的困境》，载《政法论坛》，2010年第6期；杨丽萍：《从废除保甲制度到建立居民委员会——以新中国成立前后的上海为例》，载《党的文献》，2010年第5期；韩永周：《中国保甲制度的历史流变与利弊》，载《湖北警官学院学报》，2007年第6期。

② 清朝建警过程参见韩延龙、苏亦工著：《中国近代警察史》，北京：社会科学文献出版社，2000年，第49—53页。

③ 参见王鹰著：《自从有了警察》，北京：法律出版社，2016年，第3页。

④ 参见李可、张丽萍：《论民国时期外事警察制度及其影响》，载《江苏警官学院学报》，2015年第3期。

本，初掌政权的南京国民政府在自治与保甲之间犹豫徘徊。①

1931 年，蒋介石对鄂豫皖的中国工农红军革命根据地发动三次大规模的军事"围剿"，但均以失败而告终。蒋介石反思认为：未经训练的中国农民固守旧习，缺乏自治能力，导致自治组织始终未能健全，而中国家族组织向来发达，只有以家族为中心的家长制重建乡村组织，才可"执简而驭繁"。因此，他认为，挽救之道，在于力倡保甲。②

1932 年 8 月，蒋介石在鄂豫皖三省恢复编练保甲，延续以往历代保甲的基本组织特点，颁布《剿匪区内编查保甲户口条例》，开始"严密民众组织、彻底清查户口、增进自卫能力、完成剿匪清乡工作"。③ 经过一段时间的运行，国民党当局认为保甲制度在维护地方治安、动员基层民众和加强基层社会控制方面都有良好功效，遂决定在全国多个省份推广。

至此，古老的保甲制度在经历清末民初的短暂休克之后又复活了，并最终取代地方自治成为南京国民政府控制乡村社会的主要方式。而此时，中国近代警察制度刚刚建立，在编组保甲和实际执行过程中，警察力量也开始介入。1936 年 7 月 25 日，南京国民政府行政院公布的《各级警察机关编制纲要》还规定："在未设警察之乡村，暂以保甲代行警察事务，派巡官或警长巡回指导。"可见，此时的保甲制度与警察制度开始结合，甚至"有警察的地方就有保甲"，用"警保相联""警保合一"来形容两者的关系并不为过，"警察和保甲在一定程度上具有职能上的同一性和组织上的依存

---

① 1935 年国民党在南京召开"全国最高行政会议"，讨论办自治还是办保甲的问题。会上，国民党从现实政治利益出发，又不敢公开违背孙中山的"国父遗训"，最终作出"寓保甲于自治之中""自治制度为体，保甲制度为用"的妥协决定。截至 1935 年，正式办理保甲的有 15 个省市。

② 参见崔丽霞、柳德军：《从自治到保甲：民国保甲制度复兴之路》，载《求索》，2016 年第 7 期。

③ 关于警保联系，蒋介石曾言："保甲制度之主要精神，在于一切组织管理与运用，均采用军事部勤，而所以掌握控制推动并充实者，全在于警察行政相辅而行。吾人必须做到凡有民众之处，即有保甲之组织；凡保甲组织所到之处，亦即警察力量所达之处。"参见蒋介石"中央警官学校正科第四期学生毕业训词"，四川省档案馆，档案号：3-2-183。

性"，这是民国时期的保甲制度较之以往的新特点。①

保甲制度绵延千年，虽有其可取之处，但其反民主的封建性是毋庸置疑的。新中国成立后，保甲制度作为历代统治阶级用来维护和强化地方基层控制的有效方式也走到了尽头。

四、清代台湾社会基层自治组织——保甲制度

台湾的保甲始于明郑时期，但清朝台湾直至朱一贵事件之后，蓝鼎元提出在台湾施行保甲的建议，大约1732年（雍正十年），保甲制度才逐渐在台湾推行，但实行远不如大陆普遍。② 后来由于"台湾未有城郭，为兵民杂处之地"等原因，保甲制度又日渐废弛，到嘉庆年间，基本上名存实亡。

嘉庆之后，台湾基层社会治安问题日益突出，迫切需要提出新的治理措施。台湾道台作为台湾社会管理者，不少官员多次调整保甲制度，试图重新发挥其作用。在台湾道台的推动下，台湾逐步形成了"编保甲、行联庄、办团练"的基层自治组织模式，与大陆的保甲制度相比有所革新和因地制宜，也确实对台湾地方的统治及保障地方安全起到阶段性的重要的作用。③

1895年台湾被日本殖民统治时，距离清朝在大陆建警还有几年，因此在日据之前，台湾没有警察或与之相似的执法机关。日据时期，后藤新平通过"旧惯"调查，发现中国传统的保甲制度在稳定社会秩序方面有其积极作用，于是在台湾重新建立保甲制度，同时与警察政治紧密结合，渗透到台湾社会的每个角落，企图达到"以台制台"的目的。

---

① 参见曹发军：《民国时期警察与保甲之间的关系研究（1932—1945）——以成都为中心》，载《中州大学学报》，2017年第2期。

② 参见（台）邱玟慧：《清代闽台地区保甲制度之研究（1708—1895）》，台湾师范大学硕士学位论文，2007年。

③ 参见庄林丽：《论台湾道台对台湾地方社会治理体系的建设与维护》，载《福州大学学报（哲学社会科学版）》，2018年第3期。

第一编　日据时期（1895—1945）

第二章　日据史略

鸦片战争没有让中国人警醒，直至甲午战争。

1894 年 7 月，台湾建省不足 10 年，日本借口朝鲜东学党起义，增兵朝鲜，中日战争爆发。1895 年 4 月 17 日，清政府战败，被迫与明治维新政府在日本马关（今山口县下关市）签订丧权辱国的《马关条约》。《马关条约》约定：中国割让辽东半岛、台湾全岛及其附属岛屿、澎湖列岛给日本；赔偿日本军费 2.3 亿两白银；开放重庆、沙市、苏州、杭州为通商口岸；允许日本在通商口岸投资办厂。梁启超慨叹："唤起吾国四千年之大梦，实自甲午一役始也。"① 《马关条约》是《南京条约》之后最不平等的条约，大片国土尽失，台湾与祖国分离。

获悉马关议和、台澎割让，从大陆到台湾，两岸各阶层共同掀起了中国近代史上一次波澜壮阔的爱国救亡运动。台湾人民更是在大陆同胞的支持下，与日本殖民者进行了不屈不挠的斗争，在中国近代史上谱写了抗日武装斗争的辉煌篇章。

尽管五十年后，中国人民取得抗日战争暨世界反法西斯战争胜利而收复台湾，但是日据半世纪对台湾社会和中国统一的影响至今没有消散。

第一节　总督专制独裁的殖民统治

1895 年 5 月 10 日，日本海军大将桦山资纪被任命为首任台湾总督；6 月 17 日，桦山资纪在台北总督府举行"始政"仪式，宣布开始统治台湾。

---

① 参见梁启超：《戊戌政变记·改革起源》，载梁启超著：《饮冰室合集》第六册，北京：中华书局，1989 年，第 259 页。

50 年后，中国人民取得抗日战争暨世界反法西斯战争胜利。

1945 年 10 月 25 日，中国战区台湾省受降典礼在台北市公会堂（今中山堂）举行。台湾省行政长官兼台湾省警备总司令陈仪作为受降主官，接受台湾最后一任总督兼日本第十方面军司令官安藤利吉降书，中国政府收复台湾。

一、台湾总督制殖民统治的确立

日本是后起的帝国主义国家，台湾是日本第一块殖民地。

1890 年，日本实施首部宪法，当时日本还没有海外殖民地，因此该宪法并无属地或属领地在宪法上地位与适用的规定。1895 年据台后，对台湾采取何种统治政策，是否适用日本宪法，还是实行特别的统治方式，日本国内争论不休：一是将台湾作为殖民地，设总督府进行专制统治；二是将台湾视为日本"内地"的延伸，设立与日本本土一致但由其中央直属的府县制，即"内地化"统治制度。

台湾社会无疑是中国汉人社会，民族、风土、习俗与日本截然不同，而且与日本本土相距遥远。日本政界因交通与通讯极为不便，及"抗日军出没无常，地方治安不靖"等原因，为方便统治，最终确定对台湾实行高度集权的总督制。

1895 年 8 月 6 日，日本颁布《台湾总督府条例》，确定台湾总督府实行"军政"，采取"军事官衙"组织，设民政局、陆军局、海军局三局，民政局下设内务部、外务部、殖产部、财务部、学务部、递信部、司法部共七部。台湾总督在日本内阁总理大臣的监督下统理台湾诸般政务；台湾总督在委任范围内统率陆海军、掌管辖区内的防务，在认为有必要时，可使用武力维持秩序。①

---

① 《台湾总督府条例》共 6 条："第 1 条：台湾总督在其管辖区域内，得制定具有法律的效力之命令。第 2 条：前条之命令，应经台湾总督府评议会之议决，经拓殖大臣奏请敕裁。台湾总督府评议会之组织，以敕令定之。第 3 条：在紧急时，台湾总督得不经前条第一项之手续，即时制定第一条之命令。第 4 条：依前条所制定之命令，制定后须立即奏请敕裁，并报告台湾总督府评议会，如不得敕裁者，总督须即时公布该命令将来无效。第 5 条：现行法律或将来应颁布之法律，如其部或一部有施行于台湾之必要者，以敕令定之。第 6 条：此法自施行之日起，经满 3 年失效。"

据此，台湾总督不仅具有统治台湾全岛之最高行政权，还拥有军事权，而且台湾总督下辖高等法院，裁判官、检察官由其指派，台湾总督只是没有立法权。

二、"六三法"确立和稳固总督专制独裁制

（一）"六三法"是日本殖民统治台湾的基本法

继实施了八个月的"军政"之后，1896 年 3 月 30 日，日本以法律第 63 号颁布实施《关于在台湾施行法令之法律》（简称"六三法"），规定台湾总督在其管辖区域内，可以制定具有法律效力的"命令"。该"命令"因为具备与日本议会制定的"法律"同等的效力，又被称为"律令"。根据"六三法"，台湾总督拥有了"委任立法权"，也就是说"台湾总督"而不是"总督府"直接拥有立法权，这就是日本在台湾推行殖民统治的基本法。虽然"六三法"同时规定了总督制颁"律令"应经总督府评议会决议和天皇敕准等约束机制，但总督府评议会完全操纵在总督手中，天皇敕准更徒具形式；而且该法还规定"在紧急时"，台湾总督可以不经过"台湾总督府评议会"而直接公布"律令"。

以臭名昭著的"六三法"为标志，日本殖民当局号称台湾进入所谓"民政"时期，但"六三法"将立法、行政、司法与军政权集于总督一身，使台湾总督成为名副其实的土皇帝，这样的"民政"与"军政"之分又有什么意义？连日本国内反对派都认为根据《台湾总督府条例》和"六三法"，台湾恐将独立于日本帝国之外，不利于日本中央政府对台湾的管控。

（二）"三一法""法三号"延续总督专制独裁制

"六三法"规定的有效期限只有三年，但却被日本当局以"台湾殖民地统治之特殊需要"为由几度延长。1906 年 12 月 31 日，日本政府以法律第 31 号重新颁布实施《关于在台湾施行法令之法律》（简称"三一法"），以其替代"六三法"，对总督的独裁权力进行一些限制，主要是增加了台湾总督发布的"律令"不得违反在台湾施行的日本法律和敕令的规定，但实质内容换汤不换药。

1921 年，随着日本对台殖民统治的渐趋稳固和台湾人民自身民族民权意识的觉醒，日本议会又通过法律第 3 号《关于在台湾施行法令之法律》（简称"法三号"），将台湾总督立法权限于"台湾特殊事件而有必要之

时"，同时扩大总督府评议会的规模，原则上包括了台湾人士，以配合日本殖民者鼓吹的"内台如一"的治理政策，但"法三号"仍然肯定了总督的实际立法权，且评议会成员多由总督委任，因此评议会扮演的仍然是政治花瓶角色。正如日本学者所指出："台湾总督府评议会，恐怕在世界殖民地的行政评议会中，实际效果最少的了。"①

从"六三法"到"三一法"和"法三号"，虽然法律变更了，但总督专制独裁制的本质上一点也没有改变。1934年11月，陈仪主政的福建省派出"考察台湾实业团"，在对台湾进行大规模考察后指出，"台湾总督府除军权外，有统治全岛之权，一切法令虽经其内地政府敕令公布，但均系因地制宜，由总督府拟订者。高等法院亦隶于总督之下，总督有最后判决权，对法官又有任免权，故立法、司法、行政三权并不分立，政治上之运用如手之使臂，臂之使指"。②

由"六三法"为代表的一系列法律奴化台湾人民、肆意剥夺台湾人民的生命与财产，但对于殖民统治者而言，"六三法"授予的立法权对于确立与稳固殖民统治的确发挥了重要作用，如为镇压台湾人民武装抗日的《匪徒刑罚令》等血腥残暴的"律令"均为高度集权的总督专制独裁制的产物。③台湾本土地主资产阶级改良派的代表人物林献堂曾经一度以撤废"六三法"为目标，希望削弱台湾总督的专制权力，从而达到改善台胞政治地位的目的，最后也以失败告终。

三、以武官为主的台湾历任总督

50年间，日本先后派驻19任台湾总督，其中武官10任，文官9任。整体经历武官、文官、武官三个时期。对台湾的政治、经济、地理、风情、

---

① 参见［日］矢内原忠雄著、周宪文译：《日本帝国主义下之台湾》，台北：海峡学术出版社，1999年，第198页。

② 参见褚静涛：《陈仪对日据下台湾的考察及研究》，载《日据时期台湾殖民地史学术研讨会论文集》，北京：九州出版社，2009年，第149—159页。

③ 日本殖民者将抗日的台民称为"匪徒"，将抗日台民居住的村庄称为"土匪村"，日军警察对"土匪村"采取杀光、烧光政策。参见程大学编译：《台湾前期武装抗日运动有关档案》，台北：台湾省文献会，1977年，第192页。

物产资源等状况都非常熟悉的首任台湾总督桦山资纪就是海军上将出身。①

1895 年至 1919 年为殖民统治初期、前期，因为台湾人民反占领、反殖民武装斗争此伏彼起，一直由日本陆海军将领担任台湾总督。1919 至 1936 年，随着台湾人民的武装抗日斗争被镇压，至卢沟桥事变爆发前，共 17 年间，台湾总督才由文官出任。1936 年 9 月，日本发动全面侵华战争前夕，台湾总督武官政治复活，海军大将小林跻造就任第 17 任台湾总督。此后至 1945 年，共 8 年，三任总督都是由日本陆海军将领担任。武官总督制共 32 年，但不论文官还是武官担任台湾总督，台湾实行的都是总督专制独裁制，其区别仅在于：武官担任总督时，总督除了行政、立法、司法权，还享有军政权，有直接指挥调动军队的权力。

四、日据时期台湾地方行政机构

日据时期，台湾地方行政机构设置经历了三个阶段：县制时期（1895—1901 年），厅制时期（1901—1920 年），州厅制时期（1920—1945 年）。

殖民统治之初，因对殖民地具体情况了解有限，沿用原先的地方行政制度，不改变殖民地人民的生活秩序，无疑更有利于统治。所以，据台初期，日本对台湾地方行政机构的设置沿袭了清政府时期的三府一直隶州制，设三县一厅，厅下再设置 12 支厅及基层机构。第四任总督儿玉源太郎时期，认为县制行政机构导致政令传达延滞，遂改为厅制，总督府下设 20 厅，厅下各设支厅。

表 2-1　日本派遣台湾的历任总督列表

任期	时间	姓名	职务
第 1 任	1895 年 5 月	桦山资纪	海军上将
第 2 任	1896 年 6 月	桂太郎	陆军中将
第 3 任	1896 年 10 月	乃木希典	陆军中将
第 4 任	1898 年 2 月	儿玉源太郎	陆军中将

① 桦山资纪上任台湾总督时的军衔应为"海军上将"。参见台湾总督府警务局编印：《领台以后的治安状况》（台湾总督府警察沿革志第二编，上），蔡伯壎译，台北：台湾历史博物馆，1997 年，第 95 页。

任期	时间	姓名	职务
第 5 任	1906 年 4 月	佐久间左马太	陆军大将
第 6 任	1915 年 5 月	安东贞美	陆军大将
第 7 任	1918 年 6 月	明石元二郎	陆军大将
第 8 任	1919 年 10 月	田健治郎	上院议员
第 9 任	1923 年 9 月	内田嘉吉	上院议员
第 10 任	1924 年 9 月	伊泽多喜男	上院议员
第 11 任	1926 年 7 月	上山满之进	上院议员
第 12 任	1928 年 6 月	川村竹治	上院议员
第 13 任	1929 年 7 月	石冢英藏	上院议员
第 14 任	1931 年 1 月	太田政弘	上院议员
第 15 任	1932 年 3 月	南弘	上院议员
第 16 任	1932 年 5 月	中川健藏	上院议员
第 17 任	1936 年 9 月	小林跻造	海军大将
第 18 任	1940 年 11 月	长谷川清	海军大将
第 19 任	1944 年 12 月	安藤利吉	陆军大将

1920 年，台湾总督府改革官制并再次改革地方行政机构，相继公布《台湾州制》《台湾市制》《台湾街庄制》，将台湾西部十个厅改制为五个州（台北州、新竹州、台中州、台南州、高雄州）；五州之下辖 3 市 47 郡，市、郡同级；郡下辖街庄。东部则设花莲港厅、台东厅，二厅之下辖 6 支厅，共 2 街 18 区。至此，州厅制的地方行政体系开始实行，直至日本战败投降。

五、台湾总督的官吏任免权

台湾总督的独裁不仅体现在高度集中的行政权、立法权、司法权和军事权，还体现在享有官吏任免权。台湾总督府下辖的民政局辅佐总督主持政务，其他各局亦无独立的权限，皆为总督的辅佐机构。日本在台殖民官吏分为敕任、奏任、专任和判任四种，总督可以直接处置判任以下官员，对于判任以上官员的任免，总督的权力虽然受到一定的限制，民政局长、各局长、州知事等虽多为敕任官，地方厅长、州部长等为奏任官，但由于总督是现地长官，实际运作中，奏任以上官员的任用大多尊重总督的建议。这一人事权确保了台湾总督的政令畅通和专制权威。①

此外，整个殖民行政系统，以1920年后实行的州厅制为例，从总督府各局，到地方州厅一级的官员几乎都是由日本人担任，台湾总督府赋予地方官员尤其是州、厅长相当的权利，地方行政长官是总督法令的执行者和台湾人民的直接压迫者。台湾总督府宣称的"地方自治"始终没有得到实现，台湾人民自始至终未享有自治权。在殖民统治下，台湾人民也没有选举权和被选举权。在行政系统中，即便在级别最低的判任官层次，台湾人占比也极低，且多为不具有实权的医学技术型官员，甚至在所有学校和重要企业中，上层官吏和高级管理人员也几乎全部为日本人。

六、总督专制独裁制下的严刑峻法

在日本殖民统治期间，台湾虽然也经历了从文官到武官总督的更迭和施政方针的转变，但历任总督根据"六三法""三一法"等法律的授权，相继颁布了名目繁多的各类"律令"，特别是殖民早期，一系列残酷镇压台湾人民抗日运动的恶法不断出台。据统计，日本殖民台湾50年间，共发布"律令"466件，其中根据"六三法"制颁174件，根据"三一法"制颁124件；每任总督平均颁布律令达24.5件；每年平均颁布律令达9.3件；第4任总督儿玉源太郎在其任职的前两年中，即颁布律令57件，平均每个月颁布2.4件。

"六三法"和"三一法"为总督专制独裁统治提供了法律依据。这些"律令"，有针对武装抗日分子的《匪徒刑罚令》，有授权警察和宪兵任意抓捕、"膺惩"台湾人民的《犯罪即决例》，有对台湾社会进行严密监控的《保甲条例》《保安规则》，更有对新闻舆论进行严格管控的《台湾出版规则》《台湾新闻纸条例》等。在上述律令中，尤以1898年出台的《匪徒刑罚令》最为血腥冷酷，其第一条规定，"不问目的如何，凡为达其目的而以暴行或胁迫而结合众者，以匪徒论罪"，只要被认定为"匪徒"，无论"匪

---

① 参见陈小冲著：《日本殖民统治台湾五十年史》，北京：社会科学文献出版社，2005年，第6页。

首""匪众"乃至资助枪械粮物的民众，"首谋及教唆者处死刑""参与谋议或指挥者处死刑"；"附和随从或服杂役者"，有"敌抗官吏或军队"等情节者处死刑。这些"犯罪"的未遂犯亦可处死刑。"匪徒"罪由"临时法庭"审判，为一审终审，不允许上诉。根据《匪徒惩罚令》，殖民当局动辄认定台湾人民为"匪徒"而处以死刑或重刑，目的是据此打击台湾人民的抗日斗争，巩固其殖民统治秩序。仅在1898年至1902年间，被殖民者杀戮的"匪徒"就达11950人，其中根据《匪徒刑罚令》判处死刑的达2998人，《匪徒刑罚令》成为日本镇压台湾人民抗日运动的最有力工具。仅1915年的"西来庵起义"中，殖民当局依据《匪徒惩罚令》，对起义军首领余清芳及其部下共903人判处死刑，是人类司法史上单独一宗案件判处死刑人数的最高记录，为世界裁判史所罕见。①

1920年代后，台湾总督推行所谓"内地延长主义"，对台湾的殖民统治政策调整为"同化"与"内台同一"，日本国内的民商法、民事诉讼法及附属法律、治安警察法等适用于台湾，企图使台湾人民产生与日本本土人民享受同等待遇的错觉，但总督独裁下的一系列严刑峻法并没有改变，最典型的恶法《匪徒刑罚令》一直存续至日本投降为止。1937年至1945年，发动全面侵华战争后，日本政府颁布用以调动国内全部力量的《国家总动员法》也适用于台湾，日本国内施行的《治安维持法》《战时统制经济法规》等诸多恶法，台湾亦无一幸免，台湾人民所处的高压政治环境始终未得到多少改善。

日本殖民统治台湾50余年，台湾总督在任何阶段都拥有绝对的权力，无论武官总督还是文官总督，都是高度集权的独裁者，都掌握着对台湾人民的生杀予夺大权。"总督专制独裁制"可谓日本殖民统治台湾期间在政治体制上最为显著的特征。

第二节　日本据台三阶段

日本侵占台湾后，在台北设总督府，实行总督专制独裁制。50年间，日本对台湾的具体殖民政策又根据国际国内形势和统治需要而有不同的调

---

① 参见陈碧笙《台湾地方史》，北京：中国社会科学出版社，1982年版，第224页。

整，约略可区分为"始政时期""同化时期"和"皇民化时期"三个阶段。

"始政时期"，指1895年至1919年，为期24年，是以武力镇压为主要统治手段，总督均由武将担任的统治早期。

"同化时期"为1919年至1936年间，为期17年，是文官总督阶段，殖民者调整统治政策，积极同化台湾人，也被称为"内地延长主义时期"。

"皇民化时期"，从1936年海军大将小林跻造就任第17任台湾总督起算，至1945年第二次世界大战结束日本投降，为期9年，日本以台湾为"南进基地"，在全台推行"皇民化"运动。

一、"始政时期"：1895—1919年

日本据台初期，台湾人民在全岛范围内开展了激烈的武装反抗运动，殖民当局将主要力量投入到镇压行动中。根据"六三法""三一法"，台湾总督府发布《匪徒刑罚令》《犯罪即决例》《台湾违警例》等"律令"，实施严密的社会控制和高压殖民统治。

（一）从"三段警备制"到"警保制度"

"始政时期"，台湾治安方面一度由军队、宪兵和警察共同担负，前期更倚重军队和宪兵。1897年，时任总督乃木希典实行"三段警备制"，依治安优劣将台湾岛划分为"危险""不稳""平静"三种类型："危险"地区为"土匪"最猖獗的山地一带，被划为"一等地区"，由军队驻守；"平静"地区为"土匪"骚乱较轻的半地市街，属"三等地区"，由警察负责，二者之间的"二等地区"，也即"不稳"地区由宪兵看管。但"三段警备制"带来了军、宪、警管辖上的冲突，实施效果并不理想。1898年，儿玉源太郎取代乃木希典后，实际掌权的民政长官后藤新平即废除"三段警备制"，大力强化警察制度、扩充警察数量，复活保甲制度，并借由两者结合的"警保制度"，建立"警察社会"和"警察王国"。

（二）土地调查与"无主"土地官有

台湾建省后，第一任巡抚刘铭传曾一度开展地籍调查和"清赋"工作，实现了台湾财政的自给和盈余，但地籍调查和"清赋"工作尚未彻底。日本据台后，从土地关系入手，对广大台湾人民开始了一场豪夺。1898至1910年间，台湾总督府陆续颁布《台湾地籍规则》《土地调查规则》《官有林野取缔规则》等，开始田地、林野调查，明确所有权归属和纳税义务，

增加财政收入，也为日资大规模进入台湾农业扫清障碍。由于台湾的土地是拓荒的结果，林野也多属自行开辟或者长期经营形成的事实占有和使用，当地人很难有所谓的权属证明，历代汉人辛勤开垦的大量耕地、林地因没有"确证"就此被殖民当局堂而皇之地收归官有。土地调查与课税、"无主"土地的官有，为日本殖民当局对台湾资源的大肆掠夺打开了方便之门。①

（三）主要生活必需品的专卖制度

专卖也是这一时期日本殖民当局为控制台湾经济采取的一项主要政策。殖民当局通过执政强权，陆续将鸦片、食盐、樟脑、糖、烟酒、火柴、度量衡器、煤油等人民生活必需品划归殖民当局独占经营。专制度给殖民统治提供了丰富的财源，是殖民政府除土地之外的主要财政岁入。此外，日本殖民者还通过设立台湾银行，发行纸币和事业公债，吸收民间存款和游资，低利贷与日本财阀，大力扶植日本垄断资本，使之以前所未有的规模和速度发展起来。

（四）"日台二元"的歧视性教育政策

在文教领域，与其他帝国主义国家利用宗教进行文化侵略不同，日本殖民者早期在台湾实行"日台二元"的歧视性教育政策，后期则实行以日语为主的强迫同化政策。据台之初，台湾学生能够接受的教育，仅限于初等程度，台湾学生只能上"公学校"，在台湾的日籍学生则上"小学校"。"公学校"和"小学校"在教育经费投入和师资力量方面存在明显的歧视性和差异化。中等教育和后来的高等教育都主要是为日籍学生而设，殖民当局对台生升入中等学校或接受高等教育设置种种限制，台湾学生能够就读中学和大学的机会很少。

二、"同化时期"：1919—1936 年

世界殖民统治主要有两种方式：一是宗主国尊重殖民地原有风俗习惯，不刻意同化殖民地民众，英国是采取这种统治政策的殖民国家。二是宗主国将殖民地视为本国领土的延伸，尽力同化殖民地民众为本国人。应当说，在"始政时期"，日本不仅不采同化政策，而且强调台湾的特殊性，采取的

① 参见陈小冲著：《日本殖民统治台湾五十年史》，北京：社会科学文献出版社，2005 年，第 16—19 页。

是高压、专制的治台政策。随着殖民统治的深入，日本殖民者调整其统治政策，试图通过文教方式实现对台湾的"同化"。

1919 年，力倡"内地延长主义"的日本上院议员田健治郎出任第 18 任台湾总督，台湾开始了文官总督统治时期。殖民当局颁布《台湾教育令》，提出"内台共学"的"同化主义"教育政策。所谓"内台共学"，实质上，日本在台湾的教育仍然以本国人民为主要对象：初等教育中，日台学童的入学率仍然差距显著。中等以上的学校虽然声称实行日台无差别教育，但由于初等教育歧视化带来的教育程度差异，台生在入学竞争中大多处于劣势，因此中等教育并没有实现真正的"内台共学"。1928 年，殖民者设立台北"帝国大学"作为精英人才的养成机关，但其目的在于培植日本统治人才，因此严格限制台湾学生就读。为避免台湾人民智开化和政治觉醒，针对台湾学生的课程不涉及政治学、法学及社会学等学科，仅以医药、农业等实用科目为主。从初等教育到高等教育，台湾人仍然处于"二等公民"的地位。

众所周知，日本是个资源匮乏的国家，农业资源也十分有限。占领台湾后，日本殖民统治实行"工业日本，农业台湾"的经济政策。台湾位于热带、亚热带地区，气候温暖，雨水充沛，土壤肥沃，非常适宜种植稻米和甘蔗，是著名的"米仓"和"糖库"。在"工业日本，农业台湾"政策下，日本殖民者极力压制台湾工业的生产和发展，大力发展甘蔗、稻米种植。台湾糖业飞速发展，稻米产量也逐年增长，为满足日本国内对米、糖的巨大需求，台湾形成以米糖为主的农业经济，但农民生产需要的肥料、机械，人民生活需要的纺织品、药品和日用品等轻工业产品绝大部分都需要从日本进口。这种政策不仅造成台湾经济结构畸形发展，而且实现了日本垄断资本对糖业生产的全面控制和对台湾蔗农的无情剥削和压榨。

三、"皇民化时期"：1936—1945 年

1936 年 9 月，海军大将小林跻造就任第 17 任台湾总督，武官总督政治复活。1937 年卢沟桥事变爆发，日本发动全面侵华战争。1937 年 8 月 15 日，台湾军司令官宣布台湾进入战时体制。1937 年 9 月 10 日，台湾总督府根据日本内阁通过的《国民精神总动员计划实施纲要》，设立"国民精神总动员本部"，开始动员台湾将人力、物力投入日本在东南亚及中国大陆的侵略战

争。1937 年 9 月 30 日，"国民精神总动员讲演会"在台北公会堂举行，标志着日本在台湾全面推进"皇民化、工业化，南进基地化"的治台政策。

1941 年，日本偷袭珍珠港，美国、英国对日宣战，太平洋战争爆发。1943 年 10 月，台湾总督府公布《台湾决战体势强化方案》五条：（1）提高决战意识；（2）加强军需生产；（3）确保粮食生产及供应；（4）彻底动员；（5）整备防卫。这一方案明确从政治、军事、经济、文化教育等各方面推动台湾成为日本侵略战争的"南进基地"。

（一）文化教育领域的"皇民化"运动

文化教育领域的控制，一直都是日本全力推行其殖民统治的重点。"皇民化"运动第一阶段为"国民精神总动员时期"，通过各种思想宣传与精神动员，让台湾民众"确立对时局的认识"，灌输大日本臣民思想；第二阶段为"皇民奉公运动时期"，以 1941 年 4 月台湾殖民当局成立"皇民奉公会"为标志，落实"皇民化"各项具体行动，以彻底消弭台湾民众的中华民族意识、驱使其为日本军国主义尽忠。"皇民奉公会"由台湾总督亲自担任总裁，各级地方官兼任"奉公会"官员，是日本殖民当局推动"皇民化"运动的最主要的思想教化组织。

1. 强化日语普及。日本占领台湾后在语言同化方面有一个日渐加紧控制的过程。这一阶段，为了在全岛强化普及日语，日本殖民者一方面极力打压台湾的汉文教育，在课程设置上减少乃至取消汉文教育，限制汉文私塾活动，通过行政命令关闭汉文私塾等，另一方面在全岛设置众多日语讲习所，出台各种优待使用日语的措施。[①]

2. 强制推行日式生活习俗。在全岛大力推行日本的神社崇拜，封闭中国式寺庙，拆除台湾人世代崇拜的神像，强迫家家户户都要奉祀日本天照大神的神符。禁演中国戏剧、音乐和武术，禁穿中国式服装、改着和服，传统的中元、春节亦遭禁止，查封、废止中文刊物，迫使作家从事"皇民文学"创作等等，全面抑制中华文化发展，大力扶植日本文化在台湾生根落地。

3. 全面升级"皇民化"思想灌输。1940 年，台湾殖当局开始推行所谓

---

① 据台湾总督府统计，台湾的日语普及率 1937 年为 37.8%，1940 年为 51%，1944 年则为 71%。参见陈小冲：《1937—1945 年台湾皇民化运动述论》，载《台湾研究集刊》，1987 年第 4 期。

的"改姓名运动"，要求台胞将中国姓名改为日本式的姓名。如果不改换日式姓名，公教人员会被革职，一般居民不许登记户籍，也领不到战时配给。在学校，修改台湾各级学校所用教材，强迫学生接受日本国民精神训练，抹灭学生的故国观。此外，禁止使用"台湾人"称谓，一律改称"皇民"，提倡忠敬天皇，崇敬日本国旗，禁用中国纪年，改用日本"正朔"等等。随着侵华战争的升级，"皇民化"运动变本加厉，推行范围之广、程度之深、手段之严苛，均前所未有。

（二）经济上的战时统制制度

台湾被确定为侵略中国和太平洋地区的"南进基地"后，台湾总督府陆续制定了具体的物资统制计划，"工业日本，农业台湾"的经济政策也开始转向以军需产业为重点的"工业化"。

1938 年至 1944 年间，在国家总动员体制之下，总督府颁布的各种统制法规总计达 561 件，其中经济类涉及钢铁、煤炭、轻金属、机械、食品、木材、化学品等物资。对统制物资实行严格进出口贸易管理，限制民间消费。后期统制的范围逐步扩大，以致普通民众生产生活物资奇缺。

1941 年，为进一步满足日本侵略战争的需要，台湾总督府召开"临时台湾经济审议会"，确立发展电力工业、开发煤炭资源、建立工业区等，以此强化台湾"工业化"所必需的基础产业，同时扩充生产铣铁、镍、镁、工业盐、石棉、丁醇、丙酮、碱性苏打等军需物资，台湾经济陷入日据时期最集权、最畸形的时期。

日本殖民统治期间，台湾虽然也建立了近代经济制度、整备了一些基础设施、开发了米糖经济、推进了工业化，对台湾社会发挥了一定的正面作用，但却是以台湾人民的巨大牺牲和屈辱为代价，其本质是竭泽而渔的殖民掠夺，是畸形与从属的殖民地经济体系。正如台籍旅日学者刘进庆所指出的：日本在台湾的"殖民近代化是外在的、从属的近代化，是非工唯农的产业化，是差别、跛行的近代化"。①

（三）军事上强征台湾青年投入侵略战争

由于日本侵略战争规模不断扩大，所需兵员越来越多，日本于 1942 年

---

① 参见陈孔立：《两岸社会公众对台湾历史认知的分歧》，载《台湾研究集刊》，2018 年第 1 期。

开始在台湾实施陆军特别志愿兵制度，1943年实施海军特别志愿兵制度，1944年实施全面征兵制。为强征台湾青年上战场，日本殖民者把当兵入伍、为"皇军"效力作为"皇民化"运动重点大力颂扬。他们将台湾青年送入志愿兵训练所，其中相当一部分投入侵华战争，被迫与祖国大陆同胞手足相残。台湾总督府还在台湾先后组织了五批特设"劳务奉公团"，按照日本军队要求，派遣到马来西亚、泰国、印度、菲律宾等南洋战场从事道路、机场修建，港口装卸，兵站劳役，工厂劳动或者军需农作物种植等繁重劳务。据战后日本厚生省的统计，在1937年至1945年间被征召到"南方作战"的台湾军人有80433人，军属、军夫126750人，总计207183人。①

日本是一个先天不足的封建军国主义国家，资本主义生产关系和半封建生产关系、寄生地主和特权资产阶级同时并存，这决定了它对台湾人民的统治和压迫具有极大的残酷性。土地狭窄、资源贫乏、畸形发展的先进工业与相当狭小的国内市场之间的矛盾，决定了它对台湾人民的榨取、掠夺具有无比的彻底性。

日本殖民统治台湾50年间，先是军事上的血腥镇压，后从政治、经济、文化各方面奴役、压迫台湾人民，其残暴和苛虐的程度为世界殖民史所罕见。尽管在日本殖民者的高压下，台湾人民大规模的武装反抗不可能再爆发，但他们在生活、思想、文化领域的反"皇民化"斗争无所不在，体现出不屈不挠的民族精神。②

---

① 参见陈小冲：《1937—1945年台湾皇民化运动述论》，载《台湾研究集刊》，1987年第4期。

② 参见田珏、傅玉能主编：《台湾史纲要》，福州：海峡出版发行集团、福建人民出版社，2012年，第197页。

第三章　殖民统治下的"警察政治"

1905 年清末大陆诞生警察制度之时，台湾被割让给日本已 10 年。作为第一块殖民地，台湾是日本帝国殖民统治的练习场。

台湾沦为殖民地期间，祖国大陆正处于半殖民地半封建社会。伴随着殖民统治的确立，台湾总督府引入现代警察制度，复活保甲制度，并将两者结合。"警保体制"构成殖民统治"繁荣"的支点。

殖民前期，警察协助军方镇压台湾汉人、讨伐少数民族；中后期，殖民当局运用警察强制手段，从思想上严密控制台湾社会，经济上大肆掠夺台湾资源，文化上同化台湾人民。殖民者让警察力渗透到台湾社会的方方面面，成为一切行政的主导。民众所见，唯有"警察大人"。日据时期，台湾成为名副其实的"警察王国"。

殖民地的台湾，以警察的强制力来支撑并实现总督的集权与专制。正如日人所言"不知台湾警察制度之体用，即不足以理解台湾殖民政策之性质"。[①]

可以说，没有警察，就没有台湾的总督专制独裁制。日本殖民统治台湾的实质就是"警察政治"。

第一节　台湾的"警察王国"

日本在台湾设置警察，是从警察体系中"汲取营养"，又加以残酷的殖民地化。台湾从清末的封建社会直接进入殖民地社会及其"警察王国"。

---

① 参见［日］持地六三郎著：《台湾殖民政策》，台北：南天书局，1998 年版，第 67 页。

一、台湾警察制度的草创

1895 年 6 月 20 日，殖民统治"始政"仪式刚刚结束，台湾总督府内务部警保课长千岩英一即提出《警察官设置意见》，称"始政典礼以来，诸行政事务已经逐步推进。于行政上论，警察为不可一日或缓者，此乃毋庸赘言之事实"。

1895 年 9 月至 10 月，台湾总督府即从日本本土招募两批次共 759 名警察至台湾，此开台湾警察制度之滥觞。

日据之初，台湾的社会治安主要依靠军队和宪兵维持。日本的"宪兵"，也称军事警察，是陆军军种之一，主要负责维持军队纪律，保障军队命令的执行，但长期兼任普通警察的职能。日本殖民者据台期间和后来占领我国东北地区之后，都将宪兵制度移植到两地，成为镇压和统治当地人民的重要工具。[①]

日本的普通警察分行政警察和司法警察。相对于普通警察，宪兵被称为特殊警察。草创之初，台湾的普通警察人数很少，主要任务是协助军队和宪兵维持治安。

在日本殖民统治台湾前期，宪兵是维持"良好社会秩序"的主力。由于台湾各地武装抗日不断，台湾总督府先是实行"军政"统治，后实行"三段警备制"，宪兵在协助军队镇压反抗运动过程中获得较大的地方权力，也执行犯罪搜查、户口调查、卫生检查等普通警察事务。因此，这一时期的台湾也被称为"军事警察统治时期"。

为"平定"和经营台湾殖民地，初期日本国内付出巨额的财政代价，因此，"始政"不久，日本国内反对派开始反思掠夺台湾这块"新领土"的意义，认为台湾对于日本来说是个麻烦。1896 年上任的第 3 任总督乃木希典将日本占领台湾形容为"就像一位叫花子讨到一匹马，既不会骑，又会被马踢"，并因此向日本政界提出将台湾出卖、以摆脱"包袱"的建议。时任日军参谋本部参谋的儿玉源太郎极力反对，认为台湾具有重要的战略价值，关系到日本未来的发展，殖民地当时的困境是统治不力造成的，他本

---

① 参见［韩国］文明基：《从警察制度之比较研究看台湾与朝鲜"殖民现代性"之差距》，载《台湾历史研究》（辑刊），2016 年。

人愿意前往担任台湾总督，并举荐已在台湾总督府担任卫生顾问的后藤新平出任民政局长，共同治理台湾。

1898 年 2 月，儿玉源太郎被任命为第 4 任台湾总督，后藤新平被擢升为台湾总督府民政局长，台湾殖民统治开启了"儿玉-后藤时期"。台湾也从此走上了"警察王国"之路。①

二、"警察政治"形成背景

后藤新平是日本殖民统治台湾历史中一位非常重要的官员。后藤新平的职务虽仅为民政长官，但因为深得身兼多职的总督儿玉源太郎的信任，得以自由施政。特别是日俄战争期间，儿玉源太郎担任参谋次长以后，忙于东亚侵略战事，后藤新平是实际上的台湾总督，两人搭档的 1898 至 1906 年被称为"儿玉-后藤时期"。②

1898 年，台湾已结束"军政"，实行民政，但台湾人民的武装斗争并没有停息的迹象。儿玉源太郎认为，民政时期，在防备地方"祸害"的两种机关——宪兵与警察中，无疑"警察更适任"。

后藤新平，生于日本岩手县，医学校毕业，曾任医院院长、医学校校长、卫生局局长。后藤新平年轻时曾留学德国，十分推崇当时普鲁士的"警察国家"理念。在当时抗日武装"蜂起"的形势下，后藤新平认为最为紧迫的事件是"土匪的镇定"和"确立民政主义"，而既能剿灭抗日义军、又能辅助民政的最好手段就是发展警察力量、打造"警察王国"，因此必须在台湾建立严密的警察体制。

因此，台湾警察制度可以 1898 年为分界线，此后，警察机构得以大力扩充、警察职能迅速加强，普通警察取代宪兵成为殖民统治的主力，并且"一切政务皆由警察官行使，警察力大为更张，成为民政之羽典"。③

---

①　1898 年 6 月，民政局长改称"民政长官"，权限得到大幅提升。1901 年，在儿玉源太郎的支持下，后藤新平修改总督府官制，形成了以民政为核心的总督府官制，进一步提升"民政长官"的权限。

②　儿玉源太郎自 1898 年 3 月至 1906 年 4 月担任台湾总督，历时 8 年余，任职时长仅次于第 5 任佐久间左马太。

③　"儿玉-后藤时期"，台湾宪兵数量逐渐回落，职能完全被局限在了协助军队镇压起义与对外战争两方面。据资料，至 1945 年，台湾的日本宪兵数量仅为 745 人。

与此同时，"儿玉-后藤时期"还成功复活中国社会传统的保甲制度，并与警察制度相嫁接，建立起了有别于日本内地的、严密的、强有力的警保体制，造就了台湾殖民地统治史上"警察政治"的繁荣期，台湾成为强大的"警察王国"。

三、"儿玉-后藤时期""警察王国"建立

儿玉、后藤上任后，首先废除"三段警备制"，其次确立以警察力为中心的民政主义理念，让军队、宪兵专事武装抗日的镇压与讨伐而淡出民政舞台。

（一）置警察本署于行政机构之首

1901年，后藤新平开始对总督府官制进行大幅度改革，重点是在民政部内设警察本署，位于总务、财务、通信、殖产、土木等五局之首，警察本署设警视总长1人，警视3人。警察本署不仅直接受总督和民政长官指挥，而且地位高于其他五局，是位高权重的警察中枢，由此建成高度集中统一的警务指挥系统。"警察本署成立的主旨，就是着眼于利用警察政治对台湾的制度统治发挥积极作用"。[①]

总督府官制改革获得通过后，也是在1901年，后藤新平着手地方官制改革，进一步贯彻以警察为中心的民政思想，改"县制"为"厅制"，总督府下设20厅，厅下设支厅。虽然厅长没能由他原先设想的"警部"来担任，但实现了支厅长及以下职员都由警察充任，而且警察本署的警视总长可以直接指挥支厅长，这就直接将地方行政纳入警察系统控制之下了。在精心构建警察组织机构的同时，总督府不断从日本内地征调大量的警察赴台，充实到各个警察机构。至此，从总督府到地方行政机构的警察网络形成。[②]

（二）以警察威力主导施展所有行政

1902年，总督府制定了《警察本署处务规程》，规定了警察在社会行政事务的广泛权力，凡是同老百姓直接相关的地方诸般行政业务均由警察来执行。警察除了"维护治安"的职责外，还担负保甲、鸦片、行政、户口、外事、保安、刑事、收容、取缔、兵役、征役、防火、防空、防疫、风纪、

---

① 李理著：《日据时期台湾警察制度研究》，南京：凤凰出版社，2013年，第82页。
② 1920年，台湾地方实行州厅制后，州、厅设警察部，市设警察署，郡设警察课，街庄设警察分室、派出所或驻在所。

卫生、捐税、经济管制、劝募公债、征求储蓄、强制收购土地等事务，以至婚丧祭葬、演戏娱乐，无所不管。正如日人竹越与三郎所言："台湾百事草创，警务不止于此，法令之下达、日常生活、道路警卫、堡庄交通，无一不需借助于警察之力。"[1] 警察权力之大，管辖范围之广，至有"警察万能"之名。

随着殖民统治的深入，警察数量不断增多，警察人员占官吏数比例之高，世所罕见，警察力量因此急遽膨胀。[2]

另外，殖民地台湾警察机构的一大特点是以日本人为主体。虽然自1901年开始招募台湾警察，但招募的人数极少。即使至1945年时，也仅占全部警察人员的20%—30%。台籍警察只能担任巡查补等低级职员，从事的是"辅佐"性质的工作。

四、台湾"警察政治"的本质与危害

台湾的"警察社会"是日本殖民者与台湾本地反抗势力处于紧张关系的结果。日本殖民当局以警察作为统治工具，意图将台湾人民牢牢掌握在自己手中。遍布全台的警察组织和人员、几乎无所不包的警察职权、雄厚的警察力量，对台湾社会形成了严密的控制。

作为地方治安的唯一主管机关，台湾警察事权之广、权力之大，令今人无法想象。彼时台湾的情况是，如果不借助警察之力，大概就无法推行任何业务。总督府借助警察之手办理行政事务，既方便又省力。日本学者指出："总督透过警察与人民相接，以巡查充任税务、卫生、农政等诸般政事，人民耳目所见之官吏，唯有警察而已。"[3] 日据下的台湾，成为不折不

---

① 参见［日］竹越与三郎著：《台湾统治志》，东京：博文馆，1905年，第248页。
② 由于统计的问题，各项文献关于日据台湾各时期警察人数没有很确切的数据：1921年至1945年，台湾人口在500万—600万之间，全台警务人员大约在1万至1.3万之间，台湾警民比例较之朝鲜等日本其他海外殖民地为最高，较日本国内相比则高出数倍。台湾警察官吏占当时台湾总官吏40%—50%之间，警察费高达总督府财政总支出的40%—70%之间，警察官吏占当时台湾总官吏数、警察费占总督府财政总支出的比例均为最高。
③ 参见［日］盐见俊二：《日据时代台湾之警察与经济》，载《台湾经济史初集》（台湾研究丛刊第25种），台北：台湾银行经济研究室，1954年印行，第153页。

扣的"警察社会",台湾民众称警察为"大人"。①

在"警察万能"的高压社会下,日本警察的种种劣迹和暴行,引发台湾民众的极大仇恨,台湾人民的屈辱与悲哀直到台湾光复才得以改变。而对于殖民统治当局,"过去有所谓'警察国家'的理想,这一理想在台湾已成事实。台湾殖民政策的成功,一部分不得不归功于这一警察制度"。②

1919年,主张"内地延长主义"的田健治郎出任第8任台湾总督,台湾开始了文官总督统治时期。田健治郎废除警察本署,成立警务局作为警察最高主管机关,并试图对台湾特有的警察体制进行改革,使之与日本内地一样,专职固有的警察事务,一般行政由普通文官掌理。但是由于长期形成的"警察万能"思想,警察机关也具备了长期培养的经验与能力,一旦放弃,统治或将倒退。更甚的是,警察人数远在一般文官人数之上,没有借助警察力量,一切行政事务已力不从心。因此,田健治郎的意图并没有实现。③

五、台湾的高等警察

所谓"高等警察",就是思想警察,台湾的高等警察在草创阶段即已设立,但因为早期殖民统治的重点是"土匪的镇定",高等警察没有用武之地,因此没有受到更多重视。

1901年,警察本署设立后,由于高等警察具有的特殊侦查职能,总督府开始重视高等警察的建设。1902年颁布的《警察本署处务规程》规定,"高等警察挂"执掌"土匪事项"和"政治结社、集会、报纸、杂志与其他出版权事项",并由警察本署署长专属管理。在地方,沿袭总督府官制,也是由最高警察首长直接指挥管理。这一时期,高等警察的工作主要是负责对"土匪"的侦察、要人保护和秘密文件的护送。

第一次世界大战前后,台湾民族民主运动兴起,台湾高等警察从主要

---

① 参见(台)姚人多:《政权转移之治理性:战后国民党政权对"日治"时代保甲制度的承袭与转化》,载《台湾社会学》,2008年第15期。

② 参见[日]盐见俊二:《日据时代台湾之警察与经济》,载《台湾经济史初集》(台湾研究丛刊第25种),台北:台湾银行经济研究室,1954年印行,第141页。

③ 参见李理著:《日据时期台湾警察制度研究》,南京:凤凰出版社,2013年,第81页。

负责"土匪事项"过渡到对民族民主运动的监控阶段。1918年，第8任总督田健治郎对警察体制进行改革后，高等警察组织迅速发展，职能得到了极大的强化。1920年，田健治郎继续调整总督府警察机关，在总督府警务局的"保安课"下分设"高等警察挂"和"特别高等警察挂"，承担着政治、思想、外事、出版、宗教等多种监控职能，对台湾民族自决思潮严阵以待。

1921年，林献堂领衔的地主资产阶级不断掀起台湾议会设置请愿运动，同年台湾文化协会成立，1927年台湾民众党成立，岛内民族主义思想不断高涨。1928年，第12任总督川村竹治进一步利用高等警察制度，严密监控台湾人民的思想和动向。高等警察可以检阅出版物、禁止书刊发行、监视或解散民众集会，可以取缔结社和"危险思想"，动辄以"行为可疑""违反政令"等罪名拘捕监禁台湾民众。特别高等警察（即所谓"特高警察"）更以思想监控与预防为主，对目标人物进行盯梢、监视及跟踪，可以检查目标人物的私人信件，通过秘密手段调查目标人物的社会关系、思想动态等。

罪恶的高等警察制度使台湾人民从思想到行动，完全处在"警察政治"的高压之下，更使得台湾的民族运动，包括社会上的任何反抗意识都掌控在殖民统治者手中。

六、台湾的经济警察

第一次世界大战末期，为适应战时需要，德、奥首创了经济警察制度。与其类似，台湾的经济警察也是利用强制权力，确保社会经济秩序为目的的警察，它与日本内地的经济警察一样，都是日本战时体制的产物。

1937年卢沟桥事变后，日本发动全面的侵华战争，台湾进入战时体制状态。为配合战时统制经济，1938年10月，第17任总督小林跻造在台湾特设经济警察这一警种。

当时各种经济统制法令不断出台，名目繁多，涉及的领域非常广泛、复杂，普通老百姓无法了解和掌握，经济警察的首要职责是向民众宣传战时法令。众多的经济统制法令严重影响民生需求，民众不满情绪显而易见，违反法令之事时有发生，经济警察就负责此类社情民意的搜集、检举，经济情报的收集。经济警察还负责劳务、金融、贸易统制、价格指导、企业许可与整顿、生活物资和军用特殊物资的动员、配给，取缔妨碍经济管制的"紊乱者"等。总之，多数经济"统制"政策是通过经济警察来执行，战时体制下台湾经济实质上是警察经济，这是台湾"警察政治"的又一特色。

对于台湾经济警察对殖民地经济政策的保障作用，日本学者矢内原忠雄在《帝国主义下之台湾》一书中多有揭示。日本另一学者盐见俊二在《日据时代台湾之警察与经济》中认为：实际上经济统制事务不完全由经济警察单位负责，一些刑事、高等警察亦从事部分相关工作（如物价的调查等）；况且台湾总督府早已透过警察及保甲系统，使统治深入台湾地方基层，所以"统制经济时代台湾经济政策的推行，是以经济警察之名，而用全警察力来担当的"。他也指出，世界任何国家殖民地的警察权力，无不与其经济政策的实施有关，但关系之强烈与普遍，则均不如台湾之甚，"如果忽视了当时的警察，就不足以语台湾经济的发展。台湾经济政策的收效，一半得力于警察"。①

第二节　"警保体制"强化殖民统治

日本在殖民地台湾实行"警察政治"的一大特点是将中国传统的保甲制度植入警察体制，两者紧密结合，形成独特的"警保体制"。

"警保体制"是台湾殖民地统治体制的重要组成部分，也是世界殖民统治的独特现象。

一、台湾保甲制度的复活

保甲制度是中国社会最古老的基层治理模式，也是封建社会统治阶级控制广大人民的主要手段。日本殖民者为进一步维护和巩固殖民统治，在引进警察制度，建立"警察王国"的同时，在台湾复活了传统的保甲制度。

台湾的警保体制是"儿玉－后藤时期"的一大"政绩"。后藤新平认为，日本没有殖民地统治经验，应当向英国等西方殖民帝国学习，而"所有的殖民政策都必须尊重殖民地的民情、风俗及习惯这一原则"，因此需要详细

---

① 转引自（台）陈纯莹：《战后台湾经济警察之研究（1947—1960）》，载《人文社会学报》，2006年第2期。

调查台湾的"旧惯","了解台湾人的习性，保持其中有利于日本统治的部分，为新的殖民政策提供参考"。

当然，更重要的是，为彻底剿灭抗日武装力量，维持地方治安，"如果只依靠日本军警的力量，无论如何是不能取得肃正实效的"，而"采用清朝时代的旧制度即满洲及支那独特的保甲制度的长处"，就能取得事半功倍的效果。

1898 年 8 月，在"旧惯"调查的基础上，日本政府以"律令"颁布《保甲条例》，规定"参酌旧惯设计保甲制""保及甲为警戒防御匪贼及水火灾得置壮丁团"。①

保甲制度主要依靠保甲民和保甲职员的相互监督、监视来保持内部安宁，对外防御能力有限，因此中国传统的保甲制度也多数附设壮丁团来加强自卫。日本殖民统治后，同样既设保甲，也组织壮丁团，以防御盗贼、"匪患""番害"等非常事变。

一开始，《保甲条例》只在"必要的地方"实施，直到1904 年 1 月，台湾总督府制定《关于保甲编成注意事项》，对保甲和壮丁团的编成、保甲职权和责任、保甲事务所等都统一规范后，保甲制度逐渐在全岛推行。②

台湾的保甲制度要求台湾人口"依土地状况或家族关系"结为保甲，10 户为一甲，甲内各户选举甲长一个；10 甲为一保，保内各甲选举保正一人；保甲内所有居民都要订立保甲规约，实行一人"犯罪"，其余保、甲民承担连带责任，即所谓"连坐法"。

壮丁团的成员在保甲内从 17 至 50 岁的强壮男子中选出。每甲选出 1 名壮丁，每保选出 10 名左右，由一个街村内的几个保组成壮丁团。壮丁团长和副团长由壮丁团员相互选举产生。保正不得兼任壮丁团正、副团长。

---

① 《保甲条例》全文："第 1 条：参酌旧惯设计保甲制，保持地方安宁。第 2 条：身为保、甲的人民，有使其连坐的责任，其连坐者得处罚金如科。第 3 条：保及甲应各定规约，在规约中得设置褒赏及过怠金的赏罚方法，前项规约应请地方长官认可。第 4 条：保及甲的役员违背其职务时，得受地方长官之惩戒。其惩罚有百圆以下罚金、辞职，谴责三种。第 5 条：保及甲为警戒防御匪贼及水火灾得置壮丁团。第 6 条：有关保甲及壮丁团的编成指挥、监督、解散、经费、役员的选任权限等，依府令定之。第 7 条：此条例是限于地方长官认定有必要的地方经台湾总督府认可得施行之。"

② 参见李理著：《日据时期台湾警察制度研究》，南京：凤凰出版社，2013 年，第 56 页。

二、独一无二的警保体制

保甲制度本为中国旧制，但日本统治者并不是简单地将其复活，而是通过保正、甲长、壮丁团长、副团长的选择任用等，将其植入警察体制，形成独特的"警保体制"。

根据规定：甲内选出甲长后，"由保正分别呈请所辖郡守、支厅长、警察署长或警察分署长认可"；保内选出保正后，"由所辖郡守、支厅长或警察官署呈请知事或厅认可"；壮丁团长、副团长则经由保正报给所属郡守、支厅长、警察署长或警察分署认可，壮丁团员名单应另册提交郡役、警察官署或支厅。实际操作中，远不止事后认可，警察经常事先直接干预保正、甲长及壮丁团长、副团长选举，甚至指定被选举对象。1927年，台湾民众党的党员参加保甲选举并成功当选，由于不被殖民当局承认，因此就遭遇挫折。

1901年，伴随着地方行政官制的改革，支厅长由警部担任，郡守由巡查担任后，警察与保甲之间的连结更加紧密了：警察挑选、任用保正，保正管理甲长，甲长管理家长，家长管理家户中的每个成员。警察依靠保甲，不仅有效地减少了统治成本，达到"制一人足以制一家，制一家亦足以制一邑"的目的，而且便于将统治触角渗透到社会各个角落。

根据台湾"中央研究院"台湾史研究所研究员蔡慧玉《"日治"时代台湾保甲书记初探1911—1945》一文，自1911起，"基于业务需要"，几个保甲设立保甲联合事务所（与派出所辖区一致），置一保甲书记，保甲书记同样必须由该郡郡守或警察课长核准，才能正式任用。保甲事务所的办公室，绝大多数都设在派出所或警察局旁边，有的甚至就设在警局里。

与其统治几百万不确定的人口，倒不如只统治几千个刻意挑选出来的"协力者"。殖民政府所要做的就是在保正（或者保甲书记）上头设计一个无所不在、无所不管、令人闻风丧胆的"警察大人"，"治理"就完成，这是一个"精致的统治技艺"。①

根据殖民统治者的设计，保甲由警察指挥与监督、专职负责保甲内的治安。壮丁团负责外部治安，担任守望、巡逻、防灾和警戒工作，专属于

---

① 参见（台）姚人多：《政权转移之治理性：战后国民党政权对"日治"时代保甲制度的承袭与转化》，载《台湾社会学》，2008年第15期。

警察，警方为其配备一定武器，其训练、勤务、警防工作均由警察部门直接指挥，是日本警察的统治助手。

保甲制度在中国有上千年的历史，是"旧酒"，在台湾复活后被装入日本现代警察体制这个"新瓶"，形成"警察－保甲－壮丁团"的"警保体制"，成为日本对台湾进行殖民统治的制度特色。①

三、警保体制强化殖民统治

保甲制度把全岛平地台湾人都纳编其中，但在台日本人、外国人和"番人"除外。也就是说，台湾的保甲制度仅以汉人为对象，可见它是殖民统治政策的一部分。

（一）保甲经费由台民自行负担，实现"以台养台"

日据之初，警察人员散在各地，虽然人数一直在增加，但全岛地域之广，警力实际所及不过周边数里，多数地方仍处于无警察状态。依靠军队和警察维持治安，财政必须依赖日本国内补助，自然"难以应其要求"。而保甲制不需要财政负担，甲长、保正属无给职、义务职，且唯有保甲无所不在。依靠保甲，虽然各个地方配备警力并不多，但"警察人员对于管区内住民之身世、素行、生活、行动，无不了如指掌"。② 保甲经费分保甲费与壮丁费，保甲事务及壮丁团所需费用都要由人民自行负担。除了兼任侦探之保正、甲长，被准予兼办烟、酒等专卖事业外，其他保正、甲长、保甲役员、壮丁团员不仅没有薪俸，而且还随时被征调做改善卫生、修路筑桥等无偿的劳役。因此，保甲制度的实施，便是让台民自掏腰包，"以台养台"。③

---

① 1911年以后，应当是"警察－保甲书记－保甲－壮丁团"的"警保体制"。但"有些偏远地区一直到1931年中日局势紧张以后才开始设置保甲书记"。参见（台）蔡慧玉：《"日治"时代台湾保甲书记初探》，载"中央研究院"《台湾史研究》，1994年第1卷第2期。

② 李理著：《日据时期台湾警察制度研究》，南京：凤凰出版社，2013年，第29页。

③ 根据蔡慧玉的研究，仅有保甲书记可领取薪俸和津贴。保甲役员违背规约，会被处以"过怠金"；在执行保甲事务中有显著功绩者会获得"褒赏"，死亡、负伤或留下残疾者，会得到"救恤"。"过怠金"被用于"褒赏""救恤"等。参见（台）蔡慧玉：《"日治"时代台湾保甲书记初探》，载"中央研究院"《台湾史研究》，1994年第1卷第2期。

（二）以保甲协助警察维持治安，实现"以台治台"

殖民前期，台湾的警察主要是从日本招募，但日本警察"对执行职务上最为必要之台湾地理、语言、风俗不甚了解，比较在语言相通之地服勤务者，实际效果不过是五分之一"，因此保正、甲长协助赴任警察熟悉管辖区域情况，充当普通民众与警察沟通的翻译就成为早期保甲工作的一部分。保甲规约要求保正、甲长有监督保甲民的职责，因此，整个日据时期，监督保甲民是否有吸食鸦片、赌博、盗抢等不良行为是保甲的日常工作。此外对自然灾害、传染病的预防，地震、台风、火灾、传染病发生时，病者的看护运送、死者的收尸掩埋无不依靠警察指挥的保甲组织和壮丁团来完成。1906年上任的第5任总督佐久间左马太实施的"五年理番计划"中，保甲组织就动员大量人力充当运送物资、伤病员等后勤工作的"人夫"。

即便实行专制独裁的殖民统治，也不论警察人数多寡，以警察一己之力主导一切行政事务，没有保甲制度，其实也不可能完全实现对社会的严密控制。日人盐见俊二在《日据时代台湾之警察与经济》中对警保体制评价是："警察既然掌握了保甲，警察力就渗透了行政的底层，因此，反又增加了警察的力量，提高了警察的地位。总之，讲到统治台湾，不能忽视警察；讲到台湾警察，不能忽视保甲。"① 因此，日据期间，台湾整个社会秩序的维护，其中警察功绩的一般属于保甲组织并不为过。②

（三）以保甲的"极大化监视"功能，实现"以台制台"

日本殖民政府复活保甲制度的重要目的还在于辅助警察对付"难缠的匪徒问题"，甚至有论者认为保甲制度最初完全是作为"土匪"的对策而产生的，因此殖民者最为看重保甲制度中的监视功能。③

保甲规范不仅借助"连坐法"约束保甲成员，使之相互牵制，而且保正、甲长要协助警察进行户口查察、检举、缉捕罪犯。

早在"儿玉-后藤时期"，殖民当局就已经发现保甲对"剿匪"工作的

---

① 参见［日］盐见俊二：《日据时代台湾之警察与经济》，载《台湾经济史初集》（台湾研究丛刊第25种），台北：台湾银行经济研究室，1954年印行，第130页。

② 综合各项有关资料可知，台湾保甲数量：1903年为4000多保，1938年为5000多保，1943为6000多保。

③ 台湾学者姚人多在《政权转移之治理性：战后国民党政权对"日治"时代保甲制度的承袭与转化》一文中使用"极大化监视"一词来形容保甲的监视功能。

效用，开始在一些抗日活动频繁的云林、嘉义一带重建"联庄保甲"。警保体制建立后，总督府多次命令保甲负责搜索抗日"土匪"，壮丁团被用于抓捕抗日人士，不少壮丁被动员参加讨伐抗日武装斗争的军事行动，因此曾有壮丁被抗日义士杀害，后藤新平就曾言"壮丁团对于土匪之镇定有很大贡献"。当然，更多的是壮丁团员出于同胞情和抗日民族大义，对抗日义军知情不报或者协助成功掩护"匪徒"。①

警保体制深深禁锢了台湾基层社会，"连坐法"给台湾人民套上了沉重的枷锁，台湾民众因被连坐而下狱案件数以千计。日本官方每次对殖民地台湾的统治进行总结时，总会出现"成功的警察政治"，而每次提到警察政治的成功时就会提及保甲制度的成功。1924年，林献堂等台湾民族民主运动领袖就曾将保甲制度视为警察帮凶，向台湾总督府请愿，强烈抗议要求废除保甲制度。

四、日据后期的保甲职能：从警察辅助组织到行政辅助组织

日据下台湾保甲制度的作用，大体可分两个阶段：一是1898至1902年，警察辅助组织阶段。二是1903至1945年，行政辅助组织阶段。而行政辅助组织阶段又可以根据当时台湾殖民统治的政策调整，划分为"平时阶段"和"战时阶段"。前者大致为1903至1936年，后者为1937至1945年。

（一）警察辅助组织阶段

在日据前期的"八年讨伐期"，即武力镇压阶段，台湾总督府依靠保甲制度，极大强化警察政治功能；保甲协力警察，与军队和宪兵一起承担"维安重责"，对稳定日本的殖民统治功不可没。在所谓"良好治安状况"的表象下，台湾人民牺牲了自由和生命，也丧失了基本的人权。

（二）行政辅助组织阶段

1. "平时阶段"。1902年，"土匪镇定事业"告一段落，保甲制度的运用范围并没有缩小，而是不断扩大。根据后藤新平关于"警察与行政合一"的主张，保甲除了协助警察调查户口、管理出入者、搜查警戒"匪徒"、强

① 综合各项资料，壮丁团和壮丁人数最多的是1903年，全台有一千多个壮丁团，共有壮丁13万多人。

盗等进行治安维护外，更多地要辅助教育、产业、经济、卫生、交通、社会等一般民政事务，即一切天灾人祸、疫病防治、修路筑桥、劝业辅导、赋课征收、鸦片弊害矫正等均为保甲事务。随着统治秩序的确立，殖民当局认为要同化台湾人，必须从"生活改善"和"打破陋习"开始。因此，警察利用保甲、壮丁团全面推动台湾人衣食住行"改善"。通过保甲职员挨家挨户地督饬，殖民地的各项行政获得极大的加强，遍布各地的保甲组织成为殖民地行政的有力辅助。

2. "战时阶段"。1937 年日本发动全面侵华战争，并在台湾全面推进"皇民化、工业化，南进基地化"政策后，总督府不仅利用警保体制推行"皇民化"运动，更进一步将保甲组织作为战时动员的基层组织。日本殖民当局要求保正、甲长、保甲役员和壮丁团员等在改从日姓、养成日式生活习惯、改变宗教习俗等方面率先"皇民化"，以为保甲民做出表率。在"国语普及"过程中，由于"公学校"的日语教育成效不彰，总督府便利用保甲制来扫除街、庄内不懂日语者，以甲为单位，设置各种讲习所和"国民学校"，收容甲内不懂日语之男女，由保正、甲长或区内"公学校"毕业的青年担任讲师。

1941 年，太平洋战争爆发后，为推动台湾成为日本侵略战争的"南进基地"，台湾总督府更是发动各种"献金运动""皇民奉公运动"，保甲组织在警察的组织和监督下，协助征用军夫、招募"隘勇"、征购军用物资、安抚阵亡人员家属等。战争激烈之时，保甲役员、壮丁团员还直接担当防空监督岗哨等任务，保甲组织可谓战时"皇民化"运动下的一支生力军。

第三节　日据时期的"番政"与"警察政治"

日据初期，殖民者称呼台湾少数民族为"番"，1935 年后改为"高砂族"。

一、日据时期的"番政"与"警察政治"概况

日据时期，对于"番务"的统治要略，可以从殖民官员的"训示"或言论中窥知。台湾首任总督兼接收"全权办理大臣"桦山资纪赴任台湾途中，在"横滨丸"号上召集"文武同仁"宣告："兹台湾岛为尚未受我天皇

恩泽之地，尚且蒙昧顽愚之番族盘踞岛之东部，故今临该地须以爱育抚字为怀，使之悦归我皇仁慈。但仍以恩威并施，务使所在人民生卑视轻侮之心为要。"①

相较于日本，台湾山地蕴藏丰富的林产、矿产资源，尤其是樟脑等物产，是殖民当局最为觊觎的掠夺对象。1896 年，台湾总督府民政局长水野遵也曾直言不讳："今后樟脑之制造，山林之经营，林野之开垦，农产之增值，以至日本人之移住，矿山之开发等，无一不涉及番地，台湾将来事业，尽在番地，今欲在番地经营事业，首先须使番人服从我政府。"②

曾担任殖民当局警备局长的竹泽诚一郎在其题为《理番在未来国防上的意义》一文中认为：今后"理番"成败与日本未来发展南洋统治或与南方异族合作有密切关联，"若对本岛番族指导适宜，则日本在本岛各族中能获得最效忠母国的好帮手"。③

随着殖民统治的巩固和拓展，警察网络深入到了"番地"。在"番地"，警察以外的普通人不得随意进入。与在平地一样，日本人也实施彻头彻尾的"警察政治"，驻在"番地"的警察被称为"山地警察"，拥有至高无上的权力，被称为"草地皇帝"。

无论日本警察在台湾"番地"扮演的是征服、讨伐者角色，还是原生态的野蛮破坏者、或所谓文明进程的监督者，对台湾少数民族而言，日本殖民统治的 50 年，基本上是日本警察以强制力征服他们的血泪过程。④

二、1930 年前的"番政"与警察作用

台湾总督府对少数民族的政策，以 1930 年"雾社起义"为分水岭。1930 年前的"番政"，以军队、警察镇压和讨伐为主线，伴随警察强制力，

---

① "台湾总督府警务局"编印：《领台以后的治安状况》（台湾总督府警察沿革志第二编，上），蔡伯壎译，台北：台湾历史博物馆，1997 年，第 97 页。

② 参见［日］伊能嘉矩：《台湾蕃政志·二》，温吉编译，台北：台湾省文献委员会，1957 年版，第 630 页。

③ 转引自陆卓宁：《日据时期台湾"原住民"境遇与文化认同问题》，载《世界华文文学论坛》，2016 年第 1 期。

④ 参见李理：《日据台湾时期警察对"原住民"的绥抚与镇压》，载《抗日战争研究》，2010 年 4 期。

推行绥抚与抚育政策，具体又可大致划分为三个阶段。

（一）第一阶段：1895—1906 年，绥抚与镇压时期

从日本占领台湾开始，各地军民武装风起云涌，总督府的注意力集中在平地，为避免汉"番"联合抗日和腹背受敌，其理番政策以怀柔为主，实行"绥抚"政策，另一方面也开始制定法律，筹备对山地重要资源的掠夺，如 1895 即颁布《台湾矿业规则》《砂金署章程及砂金采取规则》《官有林野及樟脑制造业管理规则》等。

1896 年，殖民当局仿造刘铭传时期的抚垦局制度，在"番地"设置 11 个"抚垦署"，掌管"番民"之抚育、授产、"番地"开垦、樟脑制造等事项。为导入"警察威力"，台湾总督府下令"每署配置巡查 20 名，采取恩威并施的方法，渐使番民归顺"。但由于当时台湾的警察尚处于草创阶段，警察人员严重不足，从 1897 年第 3 任总督乃木希典实行的"三段警备制"看，"番地"的治安秩序仍主要由军队和宪兵队维持。但从制度层面上，可见总督府将"番人番地"置于警察行政控制下的意图。

日本殖民统治机构试图通过设置抚垦署，"召集番人头目，馈于酒食，与以布帛、器皿，从旁加以教导"，但发现仅靠绥抚政策，实际上达不到"抚育"少数民族、制止"番害"和"复兴樟脑业"的目的。1898 年，"儿玉-后藤时期"即废止实行了两年的抚垦署，将"番务"移归"办务署"掌理，并将加强警察力量作为台湾行政的重中之重加以推行。

此后的"番政"又大致可以 1902 年为界再予细分。1902 年前，对少数民族的抗日斗争、或联合平地汉人的抗日保台斗争，总督府虽然进行了讨伐和镇压，但主要采取守势。1902 年后，平地汉人的武装抗日斗争基本平息，随着殖民当局有效统治范围的扩大，殖民政策转而对少数民族采取攻势。

此一时期，总督府改"番地"事务为警察本署主管，以谋求"番政"的统一，并采取对"北番"主以施威，对"南番"主以施抚的区别政策。为了尽快获取樟脑等山地资源，总督府加紧"番地调查"，积极推进隘勇线，把警察力量推向山地，建立遍及"番地"各个角落的警察网络，台湾少数民族的生存状况日益严峻，抗日斗争也日趋激烈，有记载的日本军警出动讨伐和镇压的就有数十次。

（二）第二阶段： 1906—1915 年，武力征讨时期

1906 年 4 月，绰号"生番克星"的第 5 任总督佐久间左马太上任，随着其"五年理番计划"的实施，台湾少数民族的灾难期开始了。

因为北部山地的富源，"五年理番计划"以"北番"为主（对"南番"仍然采取"绥抚"政策），前后分为两期，第一期为 1906—1910 年，第二期为 1910—1915 年。

第一期为"隘勇线前进发展期"。即强力推进隘勇线，并将其置于警察指挥系统之下。① 台湾的隘勇线始于清朝时期，1897 年，殖民当局即已经开始扩充隘勇线及其警备。佐久间左马太上任后，首先将原先零散的隘寮，改为密集设置，隘勇线上加装电流铁丝网，附近埋设地雷，由木栅、掩堡、探照灯等共同构成的隘勇线将番地与平地严格区分，隘勇线上架设电话线，使隘勇线变成科技配合人力的警备线。其次，不仅以警察力配合军队推进隘勇线，而且配置警力，由警察指挥监督全副武装的隘勇，不分昼夜轮流值哨，以强大的警察力量压制"番人"。殖民者将传统的隘勇制度与现代警察组织结合，隘勇受警察组织驱使，成为"番地"的尖兵。

1909 年底，第一期"五年理番计划"届满之际，通过隘勇线对少数民族形成的包围圈越来越小，"北番"基本被警备人员包围，但殖民入侵行为也导致少数民族的强烈不满和反抗，引发"番人"的抗日和汉番联合抗日活动。统治者在检讨的基础上，以"讨伐"为主的第二期"五年理番计划"开始了。

第二期侧重于以警察力为主的讨伐。1909 年，总督府设立类似武装警察指挥中心的"番务本署"，在组织上确立"番地"警察行政体系，开始了对东、北、中部抗日番社的武力讨伐。

一开始，由于讨伐的武装警察队除了指挥者以外，主要是由汉人隘勇和保甲壮丁组成，作战意志消沉，完全不敌少数民族的勇武，总督府认识到"以汉制番"政策的失灵，决定强化武力，出动军队，调集山炮队、迫击炮队等协助警察讨伐。佐久间左马太亲自带领军警深入山地，指挥围剿。

---

① 日据时期的隘勇线按照一定的要求设置监督所、分遣所、隘寮。隘勇线上，每一监督所配有警部补与巡查若干人，分遣所配置巡查补 1 人，隘寮配隘勇 2 至 4 人。隘勇主要从平地 17 至 45 岁汉人中征用，后期也从少数民族中征用。

经过 5 年残酷的剿杀，中央山脉各番社基本被征服，但日本人代价也不小，军警死伤众多、耗资巨大。佐久间左马太在巡查前线时坠落悬崖，1 年后不治身亡。

（三）第三阶段： 1915—1930 年，威抚并施时期

1915 年，佐久间左马太的"五年理番计划"基本实现目标后，殖民当局的政策重心转向教化与抚育。1915 年 7 月，总督府废止"番务本署"，在警察本署内设立"理番课"，确立了以"警政"为主的新的"抚育同化"政策。即以警察为主力，担任少数民族的教化工作，使"番人"脱离"野蛮"状态，其主要方法为教化、授产。各"番地"警察派出所驻扎的警察，在从事"番地"管理的同时，对"番童"进行日语、礼仪、体育、算术等教育；也利用家长会、青年会、头目势力者会、妇女会、日语讲习会等对"番人"普及日语、启发德智和涵养"国民精神"，指导农耕及畜牧生产。

在警察的强制力下，教化的效果是明显的，部分少数民族放弃原始生活，开始农耕，开垦土地的面积增加了，畜牧与种植业也有发展，但无疑警察对"番地"的渗透也加强了。根据 1927 年的《番地取缔规则》，普通人不能进入"番地"，"番地"警察不但有警察权，同时还负责教育、授产、卫生、抚慰等诸般事务，"他们既是警察，同时又是教师、医生，且为生产技术指导者，主持诸般世事的家长"。

殖民当局这一阶段的"理番"政策，主要是借助警察系统，威抚并用，同时也利用警察力量掠夺"番地"资源，因此与少数民族的根本矛盾并没有实质的缓和，此间发生的谢加路少数民族、北势少数民族和萨拉昌少数民族反抗事件不断地给殖民当局敲响警钟。1930 年，日本殖民当局认为被教化得最开化、最富裕、教育水平也最高的雾社少数民族发动的"雾社事件"，暴露了台湾少数民族与殖民当局之间尖锐的矛盾，成为台湾总督府"番政"的转折点。

三、台湾少数民族最惨烈的抗日事件——雾社事件

从 1896 年到 1930 年雾社起义为止，台湾少数民族的反日斗争此落彼起，1930 年 10 月 27 日的雾社事件尤为悲壮与惨烈。

雾社位于台湾中部山区，日据时属于台中州能高郡（今南投县仁爱乡），由于经常云雾缭绕，咫尺难辨，故名"雾社"。这里世代居住着高山

族赛德克等族群。赛德克人彪悍善战，日据之初就与日本殖民者进行过顽强抗争，协助过刘永福、柯铁等领导的抗日义军。

1928年至1930年间，殖民当局为进行城镇扩建与林业资源开发，多次动员雾社少数民族"奉公"劳役，因木材搬运方式纠纷、薪资发放等问题，当地少数民族不满情绪日渐高涨，事件导火线是1930年10月7日的"敬酒风波"。根据日本警方记录，当时马赫坡社正举行婚宴，适逢当地驻警吉村克己巡查与同僚路过，马赫坡社头目莫那·鲁道长子达多·莫那向吉村敬酒，吉村却"讨厌那不洁的筵席而欲加以拒绝，要将被握住的手甩开"，并以警棍敲打达多·莫那敬酒的手，双方因此发生斗殴，吉村受伤。事后，莫那·鲁道亲自携酒前往谢罪，但吉村不肯接受并扬言呈报上级。殖民统治的殴警之罪相当严重，族人深恐日警报复，愤而决定起事。①

10月27日，是殖民当局的"台湾神社祭日"。每年的这一天，雾社的小学都要举行运动会，邀请附近的日本官员集会。莫那·鲁道等人商定起义行动分为两步：先袭击雾社周围的警察驻地，后突袭雾社小学运动会会场。

27日凌晨，莫那·鲁道率领起义民众袭击雾社多处警察驻在所，警察分室，杀死驻警，夺取了大批枪械弹药，切断电话线，破坏进山的交通要道。

上午8时，雾社小学运动会准时开始，赛德克族人以升旗唱"国歌"为信号，冲进会场，对现场的日本人发动突袭，共杀死134名日本人。

次日，台湾总督府立即组织军警镇压，日本政府从本土派出多艘军舰和飞机支援。11月3日，马赫坡等社相继沦陷，起义群众撤入山地，凭借对地形的熟悉，与日军展开游击战。日军则凭借优势武力，用山炮轰击，用飞机狂轰滥炸，森林燃起了熊熊烈火，起义军被迫向深山撤退，继续借助天险顽强抵抗。日军的大炮等重武器无法施展，屡攻不下，最后采取最野蛮的手段，利用飞机先后投放毒气弹，起义民众伤亡惨重。但赛德克人宁死不屈，最后的时刻来临，莫那·鲁道饮弹自尽，起义族人与家属200多人自缢身亡。

---

① 10月27日是1895年日本皇族北白川宫能久亲王率领近卫师团镇压台湾抗日义军遭受重创死亡的日子。日本殖民当局将其死亡日定为"台湾神社祭日"。

据日方统计，参与事件的赛德克人共计 1236 名，死于刀枪者 85 名、被飞机轰炸死者 137 名、炮弹炸死 34 名、被 "味方番" 袭击队猎首级者 87 名、自缢身亡者 296 名。余生者 265 名则被日方强制迁至川中岛（今南投县仁爱乡西北端的清流部落）集中居住与管理。

总督府出动包含台湾军司令部、守备队司令部、台北步兵第一联队等部队，约军人 1194 员，警察部队 1306 员。根据事后日方战报宣称，日本平民死亡 134 人、受伤 215 人；陆军阵亡 22 员、负伤 25 员；警察阵亡 6 员，负伤 4 员。

雾社事件震惊日本政府与国际社会，时任总督石冢英藏等高层官员引咎去职，日本统治者在镇压中使用化学毒气遭到舆论强烈谴责。雾社事件是日据时期台湾少数民族最大规模的抗日斗争，成为日本殖民统治 "理番" 政策的重要转折点。①

四、1930 年后的 "番政" 与警察作用

雾社起义迫使台湾殖民当局放弃了对少数民族的军事镇压和讨伐，代之以全面的、怀柔的社会教化抚育政策。

1931 年 12 月，经过一番酝酿，殖民当局公布新的 "理番" 政策，总督府恢复山地开发调查，准备对少数民族重新实行 "集体移住"。② 1933 年，总督府公布 "全台番族集体移住 10 年计划"，加大集体移住的力度，不仅迁移地点较远，而且将各部落混居。"集体移住" 对部落传统的社会关系造成冲击，也起到了分化部落社会关系的作用，便于殖民政府统治管理。

殖民当局对 "雾社事件" 反思的结果，认为警察对 "番地" 社情不完全熟悉也是事件的主要原因，因此着手加强 "番地" 警备力量，提高 "山地警察" 素质，但 "理番" 新政仍需以警察权力为后盾实施教化和抚育，且教化的重点应该是儿童和青年群体。

1935 年底，日本正式以 "高砂族" 代替原先的 "番族" 称谓。称谓的

---

① 维基百科 https://zh. m. wikipedia. org/zh/% E9% 9C% A7% E7% A4% BE% E4% BA% 8B% E4% BB% B6，访问日期：2021 年 5 月 25 日。

② 早在 1919 年，为便于殖民统治 "并促进其进化"，台湾殖民政府即将一些深山丛林中的少数民族 "集体移住" 到靠近平地的山麓地带。但由于水土不适、疫病流行等原因遭到少数民族抗拒。

改变也反映了殖民当局"理番"政策的重大转变。

1937年，日本全面侵华战争爆发后，殖民当局在台湾实行"皇民化、工业化、南进基地化"的"三大政策"。山地已经被纳入日本殖民统治的势力范围，山林及矿产资源自然成为殖民统治当局的富源之一。配合侵略战争需要，殖民当局对"高砂族"儿童和青年的教育以灌输日本精神，使之成为"纯然的日本人"和"最效忠母国的好帮手"为目标，开办"国语教育所"，强迫学习和使用日语，培养日式生活习惯，推广改用日本姓名，提倡供奉日本神社等。军事上，征募少数民族青年参加"高砂义勇队"，奔赴南洋各个战场，充当日本军国主义侵略战争的炮灰。

纵观日据台湾，可以说，总督专制独裁制、警察体制、保甲制度构成了日本殖民统治的三大支柱。而警察体制上承总督专制独裁制，下接保甲制度。① 日本殖民统治台湾的"繁荣"，警察与"警保制度"确实功不可没。

---

① 直到1945年6月，日本战败前夕，台湾总督府才废除保甲制度，日本殖民者几乎把保甲制度贯穿到其殖民统治的始终。

第二编　光复时期（1945—1949）

第四章　光复史略

1945 年 8 月 15 日，日本宣布接受《波茨坦公告》，无条件投降，中国人民取得近代史上最重要的一场战争——抗日战争的胜利。

1945 年 10 月 25 日，同盟国中国战区台湾省受降仪式在台北举行，台湾受降区受降主官陈仪代表中国政府宣告：自即日起，台湾及澎湖列岛已正式重入中国版图。所有一切土地、人民、政事皆已置于中国主权之下。至此，台湾、澎湖重归中国主权管辖之下。此后，10 月 25 日被定为台湾"光复节"。

收复台湾是中华民族抗战胜利最伟大的历史成就之一，这段历史散落、尘封在两岸的历史档案部门半个多世纪，两岸学者对这段历史、社会等各方面系统且有针对性的研究还不够。

1943 年国民政府在看到抗战胜利曙光、台湾光复有望之时，即开展接管台湾的军事、土地、警政、金融、教育等"急务"的筹备工作并着手储训赴台警察、小学教师、金融干部。1945 年世界反法西斯战争取得决定性胜利，筹备工作提前结束。因台湾行政体制设计、接管官员的腐败、失业等社会政治、经济问题导致省籍矛盾尖锐，临时招募和短期训练的赴台行政干部粗暴执法直接引发了"二二八事件"。

第一节　接管筹备

1943 年 12 月 1 日，中、美、英三国在重庆、华盛顿、伦敦三地同时发表《开罗宣言》。关于台湾回归问题，《开罗宣言》明确："三国之宗旨，在剥夺日本自 1914 年第一次世界大战开始以后在太平洋所夺得或占领之一切岛屿，在使日本所窃取于中国之领土，例如满洲、台湾、澎湖群岛等，归还中华民国"。开罗会议后,"抗战胜利在望,失土重光有日",国民政府紧锣密鼓筹备收复台湾事宜。

1944 年 1 月 17 日,蒋介石下令行政院秘书处开展"对于收复台湾之政治准备工作",并"研拟具体办法与组织人事等呈报"。

一、设立筹备接管机构——台湾调查委员会

1944 年 3 月,当时已迁移到重庆的国民政府在国防最高委员会中央设计局之下设立台湾资源调查委员会(简称"台调会"),作为负责筹划战后收复台湾的职能机构。时任行政院秘书长兼全国总动员会议主任陈仪被任命为主任委员,筹备各项具体工作。[①]

陈仪,字公侠、公洽,号退素,1883 年生于浙江绍兴,毕业于日本陆军士官学校和陆军大学。1934 至 1941 年任福建省政府主席,主持闽政近 8 年,期间,曾于 1935 年率团赴台湾考察,考察结束后由福建省建设厅汇编《台湾考察报告》。陈仪是国民党高层官员中少有的"日本通""台湾通"。[②]

1944 年 4 月 17 日,值《马关条约》签订 49 周年纪念日之际,"台调会"在中央设计局附近的办公地点——枣子岚垭彝园召开第一次委员会议。第一次委员会议仅有 5 名委员,均为陈仪向蒋介石荐举并获照准的成员,分别为国际问题研究所主任王芃生,陈仪旧部沈仲九、周一鹗、钱宗起、夏涛声。[③]

根据蒋介石"多多罗致台湾有关人士,并派有关党政机关负责人员参加"的要求,"台调会"人员逐步增派到位。9 月份,"台调会"委员名额又增 5 人,为台籍志士黄朝琴、丘念台、李友邦、谢南光、游弥坚。12 月

---

① 中央设计局,1940 年 10 月国民政府于重庆设立,是抗日战争时期负责全国政治、经济计划设计的机构,规划收复失地亦为该局中心任务,隶属国防最高委员会。抗日战争胜利后被裁撤。

② 陈仪任台湾省行政长官兼台湾省警备总司令的时间为 1945 年 10 月至 1947 年 5 月,历时 1 年 7 个月。1949 年 2 月,陈仪在浙江省主席任上因策动起义被蒋介石囚禁,1950 年 6 月在台湾被杀害。

③ 陈仪主政福建时,沈仲九、周一鹤分别任福建省政府秘书、粮食管理局局长。钱宗起为陈仪的主任秘书,夏涛声为陈仪秘书。参见白纯:《台湾调查委员会考论(1944.3—1945.10)》,载《台湾建省与抗日战争研究:纪念抗日战争胜利 60 周年暨台湾建省 120 周年学术研讨会论文集》,厦门:鹭江出版社,2005 年。

19 日，蒋介石批准委员名额再增 1 人，人选为国民党直属台湾党部主任王泉笙。至此，"台调会"委员，除主任委员陈仪外，有 11 人。其他聘任、派任的专门委员、专员也陆续到会，加之秘书、录事，共计 40 余人，基本囊括了重庆地区涉台事务的精英人才和台籍志士。① "台调会"还聘请了各有关机关人员为兼任人员，作为与相关机关协调的联系人。

表 4-1　"台调会"委员（不含主任委员陈仪）

专任委员 11 人	大陆籍 6 人	沈仲九、王芃生、钱宗起、周一鹗、夏涛声、王泉笙
	台湾籍 5 人	黄朝琴、丘念台、游弥坚、李友邦、谢南光
专门委员 21 人	大陆籍 17 人	何孝怡、胡福相、汪公纪、郭彝民、彭百川、陆桂祥、洪孟博、骆美奂、马廷英、陈虚舟、王丕承、臧渤鲸、高瀚、徐永原、魏建功、萧家霖、孙克宽
	台湾籍 4 人	宋斐如、李万居、林啸鲲、刘启光
专员 5 人	大陆籍 3 人	康瑄、方达观、沈歧原
	台湾籍 2 人	林忠、谢挣强

1944 年的春夏之交，"台调会"在时局未定、兵荒马乱中开始筹备工作，可谓千头万绪、备极艰困。日本侵据台湾期间，制定了大量的法令，根据陈仪的思路，准备从收集、研究日本殖民统治的法律入手，然后拟订接管计划，培训接管人员。因此，"台调会"基本围绕编译台湾资料（调查）、拟定接管计划（设计）、培训接管人才（人员培训）三个方面开展筹备工作。

---

① 郭彝民，曾任台湾"总领事"，杨云竹曾任外交部亚东司司长，汪公纪曾任中央党部秘书，康瑄曾任党政工作考核委员会助理秘书。台籍人士中，李友邦、谢南光、刘启光、丘念台、谢挣强、林啸鲲、宋斐如为 1941 年成立的台湾革命同盟会领导人或主要干部；其中李友邦在 1939 年创建了台湾义勇队；丘念台为丘逢甲儿子，曾任中山大学教授；李万居为国际问题研究所研究员。游弥坚、黄朝琴分别在国民政府财政部、外交部任职。台籍人士在"台调会"委员所有聘任人员中，包括专任委员、专门委员、专员及兼任委员等，约占四分之一。"台调会"职员组成，可参见中国第二历史档案馆、海峡两岸出版交流中心汇编：《馆藏民国台湾档案汇编（第 22 册）》，北京：九州出版社，2007 年，第 302—306 页。

二、编译台湾资料、绘制台湾地图

被日本殖民统治长达 50 年的台湾，已经是大陆人民陌生的台湾。筹备之初，台湾各项资料奇缺，实地调查也无可能，因此在"台调会"的第一次委员会议上，主要讨论了资料搜集问题和可能的所有渠道。

"台调会"先从国民政府各部、会、研究机构开始，将其有关台湾的资料收集在手。其次，向驻外使、领馆征集或自行购置有关台湾的中文、日文、英文图书资料，召集座谈会邀请台籍人士介绍台湾实况等。当时在大陆的台湾革命同盟会、国民党台湾党部、台湾义勇队、台籍人士等，也纷纷将收藏的台湾资料向"台调会"奉送。此外，福建省政府和图书馆存有不少涉及台湾各方面的珍贵资料，"台调会"专门致函商借。

至 1944 年 12 月，仅用 8 个月零 13 天，"台调会"在资料搜集的基础上完成三项编译工作：第一，分类编辑台湾概况系列图书。《台湾概况》含日本统治下的台湾行政制度、财政金融、贸易、交通、教育、卫生、户政、社会、事业、警察制度、农业、林业、矿业等 13 册，40 余万字。第二，分类翻译台湾法令。分民政、财政金融、司法、农林渔牧、工商交通、教育 6 大类，约150 万字。两类均交中央训练团印发台湾行政干部训练班及各机关参考。[①] 第三，完成五万分之一琉球地图、十万分之一和一百万分之一台湾地图绘制。

三、拟定接管计划

（一）拟定《台湾接管计划纲要》

1944 年，虽然德日仍在负隅顽抗，但世界反法西斯战争已经朝着有利于同盟国的方向发展。5 月 12 日，"台调会"在成立后举行的第二次委员会议上，开始"推定委员起草台湾接收计划纲要"。

1944 年 5 月至 10 月，"台调会"共召集 7 次会议，反复商讨具体接收计划。[②]

---

① 参见《台湾调查委员会第卅三年度工作报告》，载陈鸣钟、陈兴唐主编：《台湾光复和光复后五年省情（上）》，南京：南京出版社，1989 年，第 3—4 页。

② 参见《台湾调查委员会工作大事记（1944 年 4 月—1945 年 4 月）》，载陈鸣钟、陈兴唐主编：《台湾光复和光复后五年省情（上）》，南京：南京出版社，1989 年，第 4—10 页。

1945 年 3 月 14 日，经蒋介石亲自"修正核定"，《台湾接管计划纲要》定案，内容涉及内政、外交、军事、财政、金融、工矿商业、教育文化、交通、农业、社会、粮食、司法、水利、卫生、土地等 15 个方面，共82 条。

台湾接管计划中最重要的部分无疑是行政体制设置，《台湾接管计划纲要》第 8 条规定"地方政制，以台湾为省，接管时正式成立省政府"，第 5条明确"民国一切法令，均通用于台湾"。可见，《台湾接管计划纲要》确立了光复后台湾实行与内地一致的"省制"。①《台湾接管计划纲要》完成两个月不到，德国、日本相继投降，第二次世界大战结束。9 月 1 日，蒋介石在重庆成立"台湾省行政长官公署"（以下简称"长官公署"）与"台湾省警备总司令部"（以下简称"警备总部"），9 月 4 日，颁布《台湾省行政长官公署组织大纲》（以下简称《组织大纲》）公布，宣布台湾收复后实行"长官公署制"，即改为"特殊省制"，此是后话。②

---

①《台湾接管计划纲要》："（5）民国一切法令，均通用于台湾，必要时得制颁暂行法规。日本占领时代之法令，除压榨、钳制台民、抵制三民主义及民国法令者应悉予废止外，其余暂行有效，视事实之需要，逐渐修订之。""（8）地方政制，以台湾为省，接管时正式成立省政府。下设县（市）就原有州、厅、支所、郡、市改组之，街、庄改组为乡镇、保甲暂仍其旧。""（12）接管后之省政府，应由中央政府以委托行使之方式赋以较大之权力。"

②《台湾省行政长官公署组织大纲》（1945 年 9 月 4 日公布）："第 1 条：台湾省行政长官隶属于行政院，依据法令综理台湾全省政务。第 2 条：行政长官于其职权范围内，得发署令，并得制定台湾单行条例及规程。第 3 条：行政长官得受中央委托办理中央行政，对于在台湾之中央各机关有指挥监督之权。第 4 条：台湾省行政长官公署设左列各处：一、秘书处；二、民政处；三、教育处；四、财政处；五、农林处；六、工矿处；七、交通处；八、警务处；九、会计处。第 5 条：行政长官公署必要时得设置专管机关或委员会，视其性质隶属于行政长官或各处，其组织由行政长官定之。第 6 条：行政长官公署置秘书长一人，辅佐行政长官综理政务，并监督各处及其他专设机关事务。秘书长下设机要室、人事室，各设主任一人。第 7 条：行政长官公署会计处设会计一人，各处设处长一人（必要时得设副处长一人）承行政长官之命综理各该处事务，并指挥监督所辖机关事务及所属职员。各处设主任秘书、秘书、科长、技正、技士、视察、技佐、科员、办事员，承上官之命，分司事务，其员额另定之。第 8 条：行政长官公署得设参事四人至八人。第 9 条：行政长官公署得置顾问、参议、咨议等聘用人员。第 10条：本大纲自公布之日施行。"

（二）拟定地政、金融、警政和教育接管计划

在基本完成《台湾接管计划纲要》拟定工作时，因认为行政区划、土地、公营事业、金融、警政和教育"兹事体大，不能不事先筹划"，"台调会"遂单独设立行政区划研究会、土地问题研究会、公营事业研究会等组织，负责行政区划、土地、公营事业具体问题的研究策划；单独设立小组，负责制定金融、警政和教育接管计划。

1945 年 8 月 15 日，根据《台湾接管计划纲要》，《台湾地政接管计划草案》《台湾金融接管计划草案》《台湾警政接管计划草案》《台湾教育接管计划草案》相继完成。

《台湾警政接管计划草案》将在本书专章详介，以下仅就地政、金融和教育接管计划择其概要，分述如下：

1. 地政接管计划概要

根据统计，1939 年的台湾农业人口总数为 2924781 人。1942 年，台湾共有耕地 1495 万亩耕地，其中水田 926 万亩，旱田 569 万亩。就耕地占有情况看：日本殖民者公有、官有和工商资本占有的耕地几近半数，台湾多半农民沦落为佃农、半佃农、雇农甚至农业工人。地政接管与设计的出发点就是将台湾农民从沉重的压迫下解放出来并平等地获得土地。

根据《台湾地政接管计划草案》，接管后，台湾原有官有、公有、日资会社所有、日本人私有农地、林地、矿地均收归公有；市地全部征收；实行耕者有其田政策，佃农和半自耕农可向政府承领耕地或政府将农田配给佃农和半自耕农。除了地权分配，《台湾地政接管计划草案》还对光复后台湾地籍、地价、土地重划、减少佃租、减低农贷利息、安定佃权、提高雇农工资等事宜做出明确规定。此外，还规定了筹办土地银行，转移土地资金为经济建设资金，实行土地金融等措施。①

2. 金融接管计划概要

日本占据台湾，为榨取台湾人血汗，以实现其帝国主义，对于财政金融，曾煞费苦心。先是整理币制，公布货币法，又颁布银行法，成立台湾银行、日本劝业银行台北分行、台湾商工银行、华南银行、三和银行及台

---

① 参见杜振亚：《新台湾地政建议浅议》（1945 年 8 月 25 日），载陈鸣钟、陈兴唐主编：《台湾光复和光复后五年省情（上）》，南京：南京出版社，1989 年，第 103—107 页。

湾储蓄银行。其中台湾银行，逐渐成为台湾金融事业的中心，每年直接、间接所得收益丰厚，但银行股东是日人，银行利益亦归日本人所有。而日本劝业银行台北分行，则向农业放款，使金融魔掌深入农村，台湾民间资金被搜括殆尽。因此，"台调会"认为，接管台湾财政金融，自然应该改变日本人以榨取为目的的财政金融体制，不能以营利为唯一目的，而应以民生为本位，以经济计划为必要手段，"以确实为台人增进福利，以创造民生主义为最高原则"。①

根据《台湾金融接管计划草案》，台湾光复后的金融接收将由新组织的台湾接管金融委员会负责，由接管委员会派员至台湾各银行及其他金融机构监督其继续营业，以免金融停滞而引起社会不安。具体接管采取有区别的方法予以推进：台湾银行虽为私人集资之银行，但实为日本政府侵略及剥削台湾人民的有力工具，因此原则上其资产应予以无条件没收。其他各银行，除战争罪犯所有之股本应予以没收外，其他予以改组。台湾原有之市庄及农业信用组合，则由各地政府整理或改组。

对于货币，《台湾金融接管计划草案》规定由中央银行印制地名流通券（新币），以适当的比率，陆续兑换日本人发行的台湾银行券。每接收一重要地区，中央银行即派员于该地区迅速设立办事处或分行，以办理新币发行及兑换事项。台湾原有的辅币，暂时仍准流通。此外，《台湾金融接管计划草案》还较为具体地设计了对于台湾银行发行货币数额、各银行之存放款总数等等的清算及处置办法。

3. 教育接管计划概要

根据 1944 年《朝日年鉴》记载，当时的台湾教育已相当发达：已有各类学校 1285 所，学生 861439 人，教育普及率远超内地各省。此外，以社会教化之名而推进奴化及"皇民化"思想的团体和社会教育机构也为数不少，仅日语讲习所就有 3942 所，青年团、少年团 1088 个。"校教虽多，未必即为台胞之福，以其日语之推行、教材之纂改、日台之分教，倭寇对台湾同胞施教之真意在于奴化和皇民化，故倭在台所设教育愈普及，我台同胞之受毒愈深。"

---

① 参见陈齐昌：《台湾财政金融之重建问题》（1945 年 8 月 25 日），载陈鸣钟、陈兴唐主编：《台湾光复和光复后五年省情（上）》，南京：南京出版社，1989 年，第 98—102 页。

"日寇在台施教用意虽恶，但自数量观之，台胞受教育之机会实为相当普遍，学龄儿童入学之百分比，亦足与欧美相抗衡"，这也给教育的接收带来空前的难度。① "台调会"认为，重建台湾教育之原则首要是尽量设法维持学校数量，不使台胞子弟有失学之苦。其次，对教育内容予以纠正，重编史地教材，改组社会教育机关，使归宗祖国，发扬民族意识。第三，从长计议普及国语及储备国语师资、制定教育法规、修改学制等教育制度，以便与内地渐趋一致等。②

根据《台湾教育接管计划草案》，台湾光复后，将对日本殖民统治设置的各级各类学校、图书馆、博物馆予以改制，对青年团、少年团、青年训练所则一律裁撤；日语讲习所将改为国民学校成人部或民众学校，以教授国语国文为主；其他日本人开设的热带病研究所、天然瓦斯研究所、工业研究所等，均由国民政府中央接办，农业、林业、糖业、水产、卫生各试验所，则由台湾省接办。但师资、教材等事宜较为浩繁，战后百废待举，各地莫不极感人才荒和书荒，调派大量师资、编撰台湾各级学校所需之国语、史、地教材，非教育接管计划所能囊括设计，需要从长计议。③

四、培训各类接管人才

1944年，台湾总督府及其所属机构的公教人员约有7万余人，其中中高级人员约有2万余人。④ 因此培训各类接收人才，填补接管后的权力真空

① 参见薛人仰：《台湾教育之重建》（1945年8月25日），载陈鸣钟、陈兴唐主编：《台湾光复和光复后五年省情（上）》，南京：南京出版社，1989年，第95页。
② 参见薛人仰：《台湾教育之重建》（1945年8月25日），载陈鸣钟、陈兴唐主编：《台湾光复和光复后五年省情（上）》，南京：南京出版社，1989年，第93—97页。
③ 值得一提的是，在"台调会"积极推动下，台籍志士柯台山在重庆成立"台湾重建协会"（负责人为杨肇嘉），协会旨在集中熟悉台湾事务的专家，重点研究台湾重建问题。1945年8月25日，协会出版了《台湾重建协会成立大会特刊》，荟萃了吴健华、杜振亚、陈齐昌、薛人仰、郭绍宗、欧阳才等多位专家关于台湾重建中的政治、地政、财政金融、教育、工业、农业等方面的真知灼见。光复后，1946年3月，协会将本部迁往台北。
④ 1944年9月11日，陈仪出席中央设计局"总理纪念周"活动，报告"台调会"工作时说：根据"民国三十年日本国民年鉴的统计，台湾总督府及其所属机构的公教人员，共有75226人，其中委任以上的人员，约占35%，约有2万余人，大多数为日本人"。

是"台调会"最急迫的问题。陈仪曾致函陈立夫:"台湾收复后最困难的问题是人员的问题,因为台湾各机关高级人员几乎都由敌人担任。收复以后,立刻须由中国人接任,这一大批人员的补充真是问题。"①

1944 年 8 月,蒋介石做出批示:"关于收复台湾与东北之准备工作,应先从训练与储备干部着手","所有东北及台湾所需党务与行政之高级及中级干部应即一并统筹训练"。②

1944 年 9 月,"台调会"以中央训练团名义出台《台湾行政干部训练班学员招选办法》,面向各机关在职人员,招选条件为 25 至 45 岁之间并具备以下条件之一:(1)高等考试及格,服务成绩优良者;(2)曾任荐任职务或相当职务,服务成绩优良者;(3)曾在专科以上学校毕业,服务成绩优良者。1944 年年底,经考试程序,台湾行政干部训练班第一期录取 120 人,均为男性。据统计,该批学员平均年龄约 33 岁,最高者 46 岁,最低者 26 岁。以学历计,除 1 人为中学学历外,其余均有专科学历,其中国内外大学学历 72 人。以学员公开登记的籍贯计,福建省最多,占 31 人;台籍人员 6 人,占 5%。

1944 年 12 月 24 日,"台湾行政干部训练班"在重庆复兴关正式开班授课。陈仪亲任班主任,周一鹗任副班主任,黄朝琴负责编制教学计划。学员依专业分为民政、财政金融、工商交通、农林渔牧、教育、司法共 6 组。

1945 年 4 月 23 日,经过整整 4 个月紧张的学习训练,除 2 人退学外,118 名学员顺利完成学业,"台湾行政干部训练班"第一期结业。③

因光复未定,"台湾行政干部训练班"91 人暂回原机关任职,其余 27 名学员留在"台调会"下属的"台湾行政干部训练班研究部"工作。

1945 年 8 月 15 日,日本宣布无条件投降后,接管台湾进入实施阶段,计划中的第二期"台湾行政干部训练班"来不及举办。但"台调会"同时

---

① 参见陈仪致陈立夫函(1945 年 8 月 25 日),载陈鸣钟、陈兴唐主编:《台湾光复和光复后五年省情(上)》,南京:南京出版社,1989 年,第 60—61 页。

② 1944 年 9 月,先是制定了《东北及台湾党政干部训练办法草案》,由于培训的人才最后确定为中高级行政专才、技术专才,而非国民党党工干部,因此,将"党政"二字改为"行政",培训班的名字也相应修改为"台湾行政干部训练班"。

③ 中央训练团,全称为"中央训练委员会训练团",1938 年设立,是国民党中央执行委员会负责党政军人员训练的机构,下设各种训练班。

已完成了台湾银行、警察干部培训班的培训工作。在国立海疆学校还设立了接管台湾的"师资及中等学校行政人员"培训班。

"台湾行政干部训练班"虽然只开办了一期，但所幸该批学员多数学有所用。据统计，至 1947 年底，训练班学员中陆续赴台任职者，民政组有 36 人，工商交通有 17 人，财政金融组有 13 人，农林渔牧组有 15 人，教育组有 13 人，司法组有 6 人，总计 100 名，占 5/6。[①]

1945 年至 1946 年，国民政府从大陆向台湾陆续派遣公教人员大约 2 万人左右。[②] 虽然，"台湾行政干部训练班"区区 100 人赴台，对光复之初台湾巨大的人才需求可谓杯水车薪，但这批学员赴台后，按照当初"台调会"的设计，基本都担任了台湾省各级公营机构的中高层官员，投身台湾接收与重建工作。

1945 年 10 月 29 日，光复典礼 4 日后，"台调会"结束台湾接管筹备工作，宣告解散。从 1944 年 4 月 17 日成立至解散，"台调会"存在时间为 1 年 6 个月。

第二节　行政接管

1945 年 8 月 15 日，日本裕仁天皇通过电台广播正式宣布接受《波茨坦公告》，宣布向包括中国在内的同盟国无条件投降。中国人民历经 14 年抗战，终于取得了抗日战争的彻底胜利，中国政府收复台湾也获得了充分的国际法依据。[③]

[①]　另有学者统计的结果是约半数学员未赴台任职。

[②]　参见褚静涛：《干部训练与台湾重建：台湾行政干部训练班研究》，载《闽台关系研究》，2020 年第 3 期。

[③]　1945 年 7 月 17 日至 8 月 2 日——世界反法西斯战争即将取得全面胜利之际，苏联、美国和英国首脑在柏林近郊的波茨坦举行会议。中国虽然没有参加波茨坦会议，但在美国主导下，美、英、中三国于 7 月 26 日发表了《中美英三国促令日本投降之波茨坦公告》（史称"波茨坦公告"），重申："开罗宣言"必须实施，日本须将台湾和澎湖列岛归还中国；日本之主权"只限于北海道、九州、四国及吾人规定的其他小岛内"。苏联虽然没有与美、英、中三国共同发表"波茨坦公告"，但在其参加的波茨坦会议期间与美、英共同商讨并通过了"波茨坦公告"。因此，"波茨坦公告"成为美、英、中、苏四国共同的宣言。

一、行政接管概略

1945 年 10 月 25 日，同盟国中国战区台湾省受降典礼后，台湾省行政长官公署正式运作，取代台湾总督府成为台湾最高行政机关。1945 年光复后的台湾，完成日俘、日侨遣返后，人口约 600 万，其中除了 15 万左右的少数民族，福建和广东移民及其后裔构成台湾人的主体。

根据《台湾省行政长官公署组织大纲》，长官公署设九处，置秘书长一人，辅佐行政长官综理政务并监督各处，行政长官兼警备总司令，实行军政、民政与立法集于一身的高度集权制行政体制，便于高效、顺利完成接收工作，推动社会政治、经济、文化教育等各项工作的恢复与重建。

1945 年 11 月 1 日，长官公署成立"台湾省接收委员会"，陈仪兼任主任委员，计划以 3 个月时间完成对各行政机关的接收。遵照"行政不中断，工商不停顿，学校不停课"的要求，长官公署确定三条接管原则：1. 原有机构或业务，在不需变更或不急于变更，或尚无决定变更以前，一切暂维现状，使行政不致中断。2. 过去分散或不健全的机构或业务，接管后，逐渐集中整顿，以提高行政效能。3. 违反人民意向及不合国情的制度，立即加以彻底改革。①

1946 年 1 月 13 日，国民政府行政院发布政令宣布：自 1945 年 10 月 25 日起，包括汉族和高山族在内的所有因日本占领而失去中国国籍的台湾人民，一律恢复中国公民身份。

台湾同胞虽然经受了日本殖民者长期的"同化主义"和"皇民化"毒害，但回归父祖之国的衷心热烈、欣然欢庆足以说明他们并没有对日本产生文化认同，而"思慕中国为民族祖国"的民族精神未坠，正如台湾作家吴浊流所指出的——"五十年间的皇民运动，只仅一天就被吹走了"，这也是国民政府的接收工作顺利、接管期间社会稳定的根本原因。

二、台湾省行政区划的确定

日据末期，台湾的行政区划为"五州三厅制"。"五州"是分布于台湾

---

① 陈仪颇重干部培训。1945 年 11 月，"长官公署"即创建"台湾省地方干部训练团"，招考台籍青年，加以短期训练。至 1946 年 11 月止，实际训练民政、财政、教育、农林、工矿、交通、会计、宣传、气象、党务人员 2941 名。

西海岸的台北、新竹、台中、台南和高雄，"三厅"是设在岛内东部的台东和花莲，以及处于台湾海峡的澎湖。

为进行收复后的台湾行政区域划分，"台调会"于 1945 年 2 月成立了"台湾调查委员会行政区域研究会"，用了两个月时间，召开 4 次会议，于 4 月 20 日完成研究报告，明确废除"州厅制"，重新依照大陆各省的县市制划分行政区划的总体思路。

根据《台湾接管计划纲要》第 8、13 条规定，台湾省政府下设县市，根据原有州、厅、支厅、郡、市辖区进行相应改组。县市是区划中最重要的问题，讨论研究的结果是：台湾原有之花莲港厅、台东厅、澎湖厅，直接改称为县，不变更其区域。特别是澎湖厅，人口虽少，但孤悬海上，仍有必要单独设县，遂改为澎湖县。原有之"五州"大约各为 60 多万人口，改以 15 万人口为标准，划分为若干县（市），县（市）疆界以原市（郡）疆界为标准。原街庄与各省乡镇大体相若，直接改组为乡镇。原有之 9 市，为政治经济文化发展之需要，依旧保留，作为直隶于省之单位，即省辖市。据此，拟定台湾省行政区划确定为 9 个市，30 个县。[①]

后来，因为"长官公署"要求的接收时间过于紧迫，"只好先将日据时期的五州三厅改为五大县三小县，其他一概暂行照旧，先使人民安定为要"，权宜之下，暂以 8 县、9 市取而代之。[②]

三、经济接管

战后全国接收工作，总体上采取国民政府陆军司令部负责接收军事单位，行政院负责全国性政治、经济单位接收，各省、市敌伪物资产业处理局负责省、市地方性事业的接收，即 3 个组织分别接收的多头接收模式。全国性的多头接收模式与台湾省的集中接收模式相比，各有利弊，孰优孰劣，确实不可一概而论。大体上，至 1946 年底，全国接收工作基本结束。

日本对台湾实行"工业日本，农业台湾"的畸形经济政策，但其管理也使台湾的殖民地经济得到一定发展。台湾农业、水利、交通等设施有相

---

① 参见《台湾行政区划（域）研究会报告书（1945 年）》，载陈鸣钟、陈兴唐主编：《台湾光复和光复后五年省情（上）》，南京：南京出版社，1989 年，第 115—123 页。
② 参见褚静涛著：《国民政府收复台湾研究》，北京：中华书局，2013 年，第 355 页。

当基础，整体经济水平高于大陆，但二战结束前频繁遭到美军的战略轰炸，战后恢复重建工作十分繁重。

（一）没收日产，推行公营经济

1946 年 1 月，台湾省接收委员会之下成立"日产处理委员会"，负责台湾地区日产的接收与处理，由国民政府行政院指挥监督。

公营事业问题被认为是收复台湾后最重要的问题之一。在"台调会"筹划收复事宜时，即专门设立"台湾公营事业研究会"。1945 年 3 月，由"台调会"研拟的《台湾接管计划纲要》颁布，其第 32 条规定："敌国人民在台湾之所有工矿、交通、农林牧、商业等公司之资产权益一律接收，分别予以清理或改组。但在中国对日宣战以后其官有公有产业移转为日人私有者，一律视同官产公产，予以没收"。

台湾经济是典型的殖民地掠夺式经济，殖民政府和日本财阀控制了台湾绝大部分产业和工矿企业，台湾人拥有的民营经济仅占台湾工业总产值约 9%。根据国民政府行政院《收复区敌伪产业处理办法》，长官公署制定《台湾省接收日资企业处理实施办法》，主要以国有、省有的名义，接收全部日资企业：将属于矿产范围的规模较大者，如石油、铝业、钢矿等 18 个单位划归国营，电力、肥料、造船、机械、纸业、糖业、水泥等 42 个单位划归国省合营，工矿、农林、航业、金融机构、保险公司、医疗物品等 323 个单位划归省营；地方性的规模较小的 92 个单位划归县市经营，其他如电影院等 19 个单位划归省党部经营，被接收单位共计 494 个。据台湾有关方面统计，以 1945 年 10 月台币币值计算，长官公署接收的日本资产，除土地外，官方机构财产 593 件，293850 万元；企业财产 1295 件，716360 万元；个人财产 48968 件，88880 万元；共计 1099090 万元，占国民政府接收的全国敌伪资产总量的五分之一。①

与东北接收相比，台湾对敌产的接收较为顺利，也取得了一些成绩。通过没收日产，长官公署迅速积累了巨额资产和大笔资金，并建立了庞大的公营经济体系，不仅有助于缓解接收初期的财政困难，公营经济的发展又带动了整体经济的起飞。一年后，国民政府资源委员会委员长翁文灏赴

---

① 参见褚静涛著：《国民政府收复台湾研究》，北京：中华书局，2013 年，第 525—526 页。

台考察时评价："台湾全部工矿事业的生产量已经达到战前最高生产的百分之三十以上。"

陈仪对公营经济情有独钟，但被没收的日产是日本人对台湾人民殖民掠夺的结果，其中凝聚着广大台胞的血汗，也包含了一部分台籍资本家的股金，一概收归国有、省有，独占工商部门、实行公营不仅容易形成官民对立，还会挤压民营经济的生长空间。更有甚者，官营事业本身难以避免和根除的营私舞弊的现象也会进一步加剧官民对立，最终将抑制经济的活力，进一步阻碍经济的发展。

（二）实行贸易统制和主要民生物资的专卖制度

早在 1937 年 10 月，国民政府军事委员会即成立贸易调整委员会，实行战时贸易统制；1941 年 5 月，国民政府财政部设立国家专卖事业设计委员会，对食盐、糖、烟、酒、火柴、茶叶等实行国家专卖。因此，实际上，在台湾推行贸易统制和专卖制度并非陈仪首创和独创。

统制经济和专卖制度有利于增加财政收入和形成对社会物资的有效控制，因此经常成为战时的重要经济政策。台湾虽然没有成为二战战场，但却被日本帝国主义定位为其侵略战争的兵员、财源的后方基地，因此日本人在台湾也实行战时统制经济和盐、樟脑、烟草、酒类、鸦片、汽油、度量衡器、火柴等物资的专卖制度。直到日本大本营宣布投降后，台湾总督府才下令废除统制措施，推行自由经济。陈仪过于迷信统制经济和专卖制度的利处，也迫于接管初期捉襟见肘的财政窘境，长官公署设立贸易局，重新恢复统制经济，改总督府专卖局为长官公署专卖局，除了鸦片和汽油外，其余物资恢复专卖制度。①

台湾是四面环海的岛屿，外贸对经济发展非常重要。接收后，政府为避免奸商操纵，将台湾米、糖、棉、煤等关系民生的重要物资进出口掌握在长官公署手里，民营企业的生存受到极大挑战，自然心生不满。政府垄断贸易有助于将获利投入经济建设、保护底层民众的利益，若能善用，实为利民之举，但贸易统制初期，大多数人民所得利益一时还不易看见，因此普通民众与民营企业都感受到压榨，指责官方"与民争利"。

---

① 光复后，台湾开始全面禁止鸦片；汽油因非战时无专卖的必要，因此也没有被纳入光复后的专卖制度。

专卖制度同样是长官公署的利源所在。以专卖局制售的烟酒为例，价高质差，但因为专卖的垄断，政府可获得丰厚利润。专卖制度施行以后，民间私货充斥，专卖局与所属各分局会同警察局加大查缉的力度，官民矛盾和冲突便由此而生。少数掌握着重要物资垄断权力的专卖局、贸易局官员，利用公权贪污舞弊，又缺乏日本人的廉洁与效率，被台湾民众不齿为"接收"变"劫收"。

1946 年，台湾的贸易和专卖两项收入达 20 亿台币，占全省预算的 50%。所谓取之于民、用之于民，陈仪以"建设台湾"的良愿，为避免台湾走上通货膨胀的绝路，不得已而推行的统制经济和专卖制度显然有必不可少的一面，但公营资本的强烈垄断性和掠夺性使台湾的生产者和消费者都遭到盘剥，引起台籍资产阶级和小商人的强烈愤恨。

（三）发行台币，建立独立货币体系

1945 年与 1946 年之交的中国，虽然抗战胜利，但民穷财尽，内战阴影笼罩，各省经济凋敝，物价飞涨，法币贬值，通货膨胀日益加剧，政局动荡不安。

金融统一是国家统一的重要内容。台湾光复，国民政府原拟将台湾纳入中央银行币制系统，主要金融机构"四行二局"（中央银行、中国银行、交通银行、农民银行、中央信托局、邮汇总局）在台湾设立分行，发行台湾流通券。陈仪为避免大陆的通货膨胀殃及台湾，与行政院、财政部多次沟通，请求"四行二局"推迟在台湾设立分行，暂由中央银行委托台湾银行发行台币，暂时维持台湾金融体系的独立性。考虑到台湾的特殊性，行政院、财政部最后做出了妥协，"四行二局"也均未在台湾设置分行、分局。

日本投降后，为准备撤退，日本人所属台湾银行大量发行台湾银行券，因此收复之初，日人留给陈仪的是一个已经显现一定通货膨胀征兆的台湾社会。1946 年 5 月 20 日，"台湾省接收委员会"对日资台湾银行的改组完成，迅即开始发行台币，并规定与旧台湾银行券的兑换比率。

台币的发行和建立台湾独立货币体系，自然承继了台湾银行券通货膨胀的结果，但避免了大陆法币泛滥成灾的波及，保持台湾物价的相对稳定，是当时较为稳妥的金融接收政策。但台湾竟然可以例外，起初也引起许多误会，京沪曾有"台湾是陈仪王国"的传言。此外，商人因汇率不通，物资进出口受限制，对台湾单独发行台币，金融自成系统也多有指责和微词。

但随着台币的发行，眼看京沪物价遥遥直升，台湾相对缓涨，台币似乎在波动的大陆经济和安定的台湾经济之间筑起一道防波堤，台胞也得到真正的实惠，台湾人民才转为拥护陈仪的货币金融政策。

（四）粮价高涨，引发民怨和社会动荡

台湾为产米区，受战争影响，海运断绝，化肥来源受阻等，粮食短缺已有所现，米价暴涨，民间的恐慌情绪日甚一日。1946 年春节前后，台北各处就接连爆发多起抢米风潮。随后，从台北开始，抢米风潮向台东、花莲及一些偏僻地区蔓延，各种小型的骚乱也此伏彼起。5 月 1 日，陈仪在台湾省第一届省参议会成立会议上坦承："粮食的恐慌，肥料的缺乏，尤其是我当初所不曾预料的。"① 5 月 4 日，台北、基隆等处相继爆发抗议长官公署行政失策的大游行，陈仪"不胜惶悚"，也多方设法运筹，如向越南西贡购米、请求福建拨购，但犹如杯水车薪，不足以浇灭日炽的米荒。台湾省参议会设立粮食问题审查委员会，提出《本省粮荒严重应从速确立粮食对策案》，提案经大会议决，送请长官公署参考。

1946 年台湾曾分别遭遇旱灾和风灾，但米谷产量仍达 894021 吨，仍能够完全满足全台 83 万吨的年消费量，但其时的米价已不再单纯受米粮多少的影响。通货膨胀、物价上涨、台币贬值，长官公署只得增加台币发行数额，仍难以维持台币币值的稳定和抑制物价。同时因走私猖獗，米粮外流，米商及农民在粮价暴涨的预期心理下，纷纷囤积居奇。为防止大米走私出口，政府购进美制肥料分配给农民，但仍不能使米价止跌。米粮价格居高不下，带动"各种布匹、肥皂、火柴、衬衣、袜子、玻璃、皮鞋、牙膏、面包，以及其他日用品等平均都比上海要贵一倍到两倍"。在米价的波动下，一般百姓的生活相当窘迫，台湾大小报刊整日讨论米粮上涨的问题，进一步引发社会恐慌情绪。1947 年 2 月 13、14 两日，台北接连爆发大游行，示威人群沿途高喊："我们要米粮！我们要吃饭！"坊间闾巷，民怨沸腾。

四、教育与文化重建

对于台湾的教育与文化重建，《台湾接管计划纲要》设"教育文化"专

---

① 参见《陈长官治台言论集》第一辑，台湾省行政长官公署宣传委员会，1946 年版，第 69 页。

章，另有专项《台湾教育接管计划草案》予以设计谋划，依《台湾省行政长官公署组织大纲》设置的"教育处"为长官公署 9 大处之一。

陈仪主导的长官公署对台湾总督府的行政体制、经济政策多采取吸纳、维持的原则，但对日本统治下的台湾教育文化则从教育方针、制度到语言文字、思想文化等方面进行较为彻底的改革和扭转。

（一）学校接收与教育重建

1945 年 11 月，台湾各类学校接收开始。除了"台北帝国大学"由国民政府教育部负责接收外，其他学校按照高等教育、中等教育、职业教育、师范教育、国民教育和社会教育等类别，分别由长官公署教育处、县市政府予以接收后改组或改设。

教育的重建是一项系统而浩繁的大工程。使学生学习国语、了解中华民族的史地，发展国家思想与民族意识，是教育重建最重要的三项内容。重建的同时需要逐步清除日本据台时期的殖民烙印，开展"去殖民化"教育运动。

长官公署教育处一方面从教育制度的改制、教材的选编、课程的设置等方面强力推进去"皇民化"色彩，另一方面加重国文、历史、地理科目课程分量，普及国语，恢复台湾人中国姓名，举办国语演说竞赛、公务员语文实习班，将全省铁路、公路站牌以及街巷改名更正等，多措并举大力推行祖国化教育。

1946 年 4 月，长官公署教育处在内设机构外，专设 4 个常务委员会，分别负责教员甄选、教材编选、国语教育的推行及普及等事宜。

日据时期，台湾教育的最大问题是对台湾民众的歧视政策，因此长官公署在重建中致力于彻底废除所有歧视政策，使台胞获得应有的公平教育机会。经过一段时间的努力，在高等教育领域，严重的日台差别现象得到彻底的扭转，中高级台湾人才得到了培养，高等教育得以公平、良性发展。

对于教育的重建，陈仪本人非常重视。长官公署教育处也可谓不遗余力，但因推行"国语国文"和进行中华史地教育急需新的教材支撑，而光复前祖国化教育的准备极不充分，教材编撰缓不济急问题十分突出，教学质量与水平也大打折扣。台湾日籍教师被遣返以后，师资缺口较大，战后各地人才奇缺，能够招募到的大陆师资为数甚少，一些学校因此留用一批日籍教师，又引起台湾人不满。直到 1949 年大批大陆技术专才来到台湾，才完全解决了中小学教师的教师荒问题。

（二）"国语"推行及其效果

语言文字为维持民族向心力之基本条件，亦为一切政治之基本工具。日据中后期，为泯灭台湾人的祖国意识，台湾总督府强制推行日语，在社会生活各领域实行"同化主义"和"皇民化"教育。光复时，50 岁以下台湾人多数不谙"国文、国语"、不了解祖国文化。好在殖民当局"榨去了岛民的血肉，但仍没有夺去他们的心"，日本战败之后，台湾人热烈地学习国语，"有的是由于纯粹的'祖国热'（纯洁得可敬可爱），有的是由于'要为祖国服务'（理智得可亲可佩），当然也有的是由于'想做新官僚'（投机得可惊可惧）。连尚未遣送的日本人都偷偷地在家中读《华语急救篇》"。①

1946 年 3 月，长官公署颁布《台湾省各县市推行国语实施办法》，国语推行委员会作为长官公署专设的 4 个常务委员会之一，在各县市还成立"国语推行所"，将国语普及推广工作延伸至各个地方。赴台任职之前，陈仪曾表示，"拟先着重国语及国文之教授，务期达到使台胞明白了解祖国文化之目的"，他计划用 4 年来完成这项工作。但在接收后举办的文官考任中，他又断然表示："文官任用方面，希望文官考试以日文应试，这一点是办不到的，文官考试必须用国文。但如果目前因国文程度不好，文不达意，变通办法，可于卷后附加日文，以免阅卷者误解其意。我们推行国文国语，必须刚性的，俾可增加效率。"②

语言的习得和运用是一个长期的过程，很难在短期内立竿见影。虽然台湾人在归返祖国的喜悦之情中，自发踊跃地学习国语，但一般人对新的文化环境都有一个适应的过程。特别是年纪较大者，学习新的语言自然倍感困难。因此，在教育方针、学制、教材、师资等都发生重大变革的情况下，"去殖民化"教育不可能一蹴而就。

台湾教育文化的重建推行过速，超过了社会可以承受的范围，反而欲速则不达，因此民间抗议、申诉不断，甚至演变为学潮。台籍精英朱昭阳

---

① 参见何容：《台湾之国语运动》，台北：台湾省政府办公厅，1948 年版，第 10 页。转引自隋欣卉：《台湾光复初期的国语运动与国语文学（1945—1948）》，福建师范大学博士论文，2011 年。

② 参见《陈长官治台言论集》第一辑，台湾省行政长官公署宣传委员会，1946 年版，第 69~70 页。

曾经感慨："可怜的台湾人，在不到一个甲子的岁月里，从大清帝国的子民，被割弃变成大日本帝国的国民，现在又回归祖国，变成大中华民国的国民，国语也由日语变成北京话"，"不懂国语变成一种罪过，也成为不被任用的借口了，祖国对待魂牵梦系、日夜思归的同胞，也未免太过残忍了"。①

五、"二二八事件"及其启示

"二二八事件"发生于 1947 年 2 月 28 日，结束时间为 1947 年 3 月中旬，持续时间约半个月，是台湾现代史上最重要的事件之一。

（一）事件始末

1947 年 2 月 27 日傍晚，台湾省专卖局专员叶德根率领职员钟延洲、傅学通、刘超群、盛铁夫、赵子健 5 人会同警察大队警员 4 人前往台北市南京西路"天马茶房"附近查缉私烟。依靠经营流动烟摊养活一儿一女的妇人林江迈躲避不及，缉私员欲扣留其私烟，林江迈下跪求情，双方争执拉扯中，林江迈被击打出血，围观的群众情势汹涌。查缉员傅学通情急鸣枪，在二楼的 20 岁青年陈文溪不幸中弹（送医后不治，于次日死亡）。当天晚上，愤怒的群众开始聚集到台北市警察局，要求严惩凶手。

2 月 28 日，台北市民鸣锣敲鼓走上街头，先至太平町警察派出所捣毁门窗、围殴所长，又涌至台北专卖分局，殴打职员，将局内存货搬出门外并纵火，烧毁停放门外的汽车、脚踏车。台湾省专卖总局闻讯实行戒备，幸免被冲击。新台公司——长官公署贸易局所办之百货商店等处亦先后被毁。中午，群众开始围攻长官公署，长官公署临时调集的卫兵对人群实弹射击，多人中弹死伤。当天，台北全市骚动，商店辍市，工厂停工，学生罢课，以外省人为目标的殴杀劫掠开始出现，事态迅速扩大并演变为大规模武装冲突，随后事件进一步延烧，几乎波及了澎湖以外的所有县市。

3 月 7 日，台北国大代表、参政员、省参议员、台北市参议员等台籍精英组成的"二二八事件处理委员会"（以下简称"委员会"）拟就政治改革处理大纲 42 条，提出省县自治、长官公署改为省政府制、省各处长三分之二以上须本省人担任、警务处长及各县市警察局长应由本省人担任、各

---

① 参见（台）朱昭阳口述、吴君莹记录、林忠胜撰述：《朱昭阳回忆录》，台北：前卫出版社 1994 年版，第 97—98 页。

地方法院院长、首席检察官全部以本省人充任、本省陆海空军尽量采用本省人、一切公营事业之主管人由本省人担任、撤销专卖局、贸易局等诉求。

陈仪急电南京，请求速派国军赴台救援，蒋介石电令驻守上海的21军火速赶赴台湾。3月8日至10日，国军21军陆续开到，陈仪宣布解散"二二八事件处理委员会"。在陈仪的命令下，军警开始血腥镇压和彻底搜索事件关系人，行凶暴徒纷纷逃匿乡间，"委员会"成员、参与"二二八事件"的众多市民、学生、教授、作家、医生、社会知名人士遭到逮捕或杀害，有的失踪，其中不乏无辜人士。3月21日，事件虽告平息，但"警备总部"着手开始"清乡"工作，全台陷于白色恐怖状态。

（二）事件启示

"二二八事件"是台湾惨烈的历史悲剧，广大台湾同胞因此蒙受的集体心灵创伤长期无法治愈。有关"二二八事件"的死伤人数一直存有歧见，各方数字从数百人至2万余人不等。政治立场不同者，说法差异甚大。根据1995年12月18日台湾地区"行政院"成立的"财团法人二二八事件纪念基金会"对申请赔偿的2728宗案件进行核查的结果，有2264件（死亡者680人，失踪者179人，羁押、徒刑等1405人）被确认成立，余464件被认定为不成立。

"二二八事件"虽因官民冲突而起，但攻击目标不仅有长官公署、专卖局和政府机关，而且外省人成为被针对者和攻击的主要目标是不容忽视的重大问题。"二二八事件"后，"省籍"成为台湾社会的一大问题，由于政治利益关系，省籍间的差异又被夸大为"族群问题"。

事件发生后，1947年3月8日，中国共产党中央委员会通过陕北的电台发表广播，支持台湾人民的反抗斗争。

"二二八事件"中，直接的族群排斥虽然激烈，但从"委员会"拟定的政治改革处理大纲42条，不难看出其诉求仅限于改革省制、撤废专卖制度和贸易统制、"高度自治"，在国家认同的层次上，并未寻求"独立"于中国。

"二二八事件"虽已过去70余年，但仍是撬动台湾社会内部不同族群和党派神经的敏感议题。"二二八事件"也被"台独"势力长期加以利用，并被扭曲为"台湾独立"的历史依据。

第五章　警政接管

"建国必先建警"，警察是重要的行政手臂，这项国家机器要有效发挥功能，需要强壮的"胳膊"与灵活的"手指"。①

日据时期，殖民者在台湾建立了强大的警保体制，高度依赖警察，并通过保甲组织，实现对台湾社会的严密管控。

光复前，台湾有 12980 名警察，其警力密度和警权之大，世所罕见。日本人以长期经营台湾殖民地的心态，实行各项社会治理，经过近 50 年的发展，以日警为主的台湾警察整体素质较高，而当时的国民政府所沿袭的清末民初警政，还处于起步阶段，这些都构成台湾警政接管的困难与挑战。

因此，1945 年，台湾光复时，警政接收与重建不仅是台湾接管中的重要一环，而且也成为各项接管事业难度最高的事项。

1949 年国民党政权退踞台湾后，台湾进入威权时代，警政策略发生根本转变。因此，本章仅以 1945 至 1949 年，即台湾光复与光复后 5 年台湾警政的接收与重建为观察视角。

第一节　警政接管筹备

1944 年 4 月 17 日，"台调会"召开第一次委员会议，明确"台调会"的工作主要是：调查台湾基本情况、拟订接管计划、培训接管人员。

在"台调会"制定《台湾接管计划纲要》过程中，对于台湾接管重大事项或重大影响者，均在"台调会"下单独设立研究会或者小组，警政与

---

① 参见（台）陈纯莹：《走过大时代的身影：台湾警政史上的"台干班"（1945—1995）》，台湾科技大学硕士学位论文，2012 年。

行政区划、土地、教育、金融和公营事业等6项即被列入单独另订接管计划的事项。

警政接收的筹备也是从调查台湾警政基本情况、拟订警政接管计划、培训警察干部三个方面着手。

一、台湾警政接管的酝酿

1944年8月，当时的福建警察学会即致电中国警察学会，指出"警察乃内政之灵魂"，台湾光复后的警察行政问题"不可不及时注意"，且建议"先发动全体会员研究，俾广搜文献，建议政府采纳施行"。①

（一）胡福相与台湾警政接管

台湾警政接管计划系"台调会"协同当时的全国最高警官教育学府——中央警官学校共同研拟而成。② 曾经是陈仪主政福建省政府时班底的胡福相，在研拟警政接管方案及储训警察干部的过程中，都扮演了相当重要的角色。

胡福相（1908—1972），字明远，浙江宁海人，浙江省警官学校毕业后考取公费留学，先入日本明治大学，后入日本内务省警察讲习所（后称日本警察大学）学习。期间，机缘巧合，与在日本考察警政的浙江宁海同乡李士珍成为同学。1932年回国后历任浙江省警官学校、中央警官学校教官，福建省保安处警务科长，建阳县长、永春县长。1935年，在担任福建省保安处警务科长期间，随同陈仪考察台湾。

胡福相留学期间曾专攻警政，对日本警察制度颇有研究，从政之余不废其学，赴台之前，即历撰《各国警察制度》《日本警察制度》及《日本对殖民地之警察设施》等著述。

1943年冬，为培养各省独当一面的高级干部及研讨全国建警方案，时

---

① 参见福建省档案馆、厦门市档案馆汇编：《闽台关系档案资料》，厦门：鹭江出版社，1993年，第798页。

② 1936年9月1日，国民政府为统一全国警官教育，合并内政部警官高等学校及浙江省警官学校，在南京改组成立中央警官学校，蒋介石兼任校长。1937年11月中央警官学校西迁重庆，1940年在西安开设西北警官训练班，1941年于湖南耒阳增设东南警官训练班。蒋介石政权败退台湾后，1954年中央警官学校在台湾复校，1995年改制为"中央警察大学"。"中央警察大学"现为4年制本科，其毕业生具有担任警正三阶以上职务的资格，也培养硕士生和博士生，是台湾警察教育最高学府和高阶警官的摇篮。

任中央警官学校教育长的李士珍签请设立"警政高等研究班",选调各省警务处长、保安处长及国内警察专家、将官学者参加,胡福相成为第一期学员。① 1944 年 4 月,"台调会"成立,胡福相获聘专门委员,负责草拟台湾警政接管计划,并毫无悬念地成为光复后台湾省警务处第一任处长,开启了与台湾警政的机缘。②

（二）台湾警政接管重大问题

"日本警察制度,在世界确负盛名,亦可谓为维持其万世一系之天皇制度及使其臣民驯服若绵羊家犬,皆恃其功。对其国内之政治影响,尚有若是之巨,可推知其对待殖民地之台湾,亦必更变本加厉"。日据之初,先有"军政时期"的"军队万能"之称,后有"警察万能"与"警察政治"之号。"加重警权,亦为帝国主义对待殖民地之惯技",因此,"事实上台湾之一切政务,仍悉赖警察推行,以遂其榨取奴役之目的"。③

因此,国民政府接管台湾后,应该建立怎样的警察制度,关乎如何治理台湾的基本统治政策问题。

1. "军警分离"问题

"台湾行政区划（域）研究会"作为 6 项单独制定接管计划的小组之一,有两项重要职责:一是"研究台湾各级行政区域应如何划分",二是"研究各级机关（行政机关与民意机关）应如何组织"。其中,警察机关如何组织自然需要其事先研究设计。

经过充分讨论,《台湾行政区划（域）研究会报告书》的结论明确提出"军警分离"主张——"军政系统必须分开,不可混为一谈"。就台湾设立"保安处"还是"警务处"问题,报告书的结论进一步分析认为:台湾内部

---

① 为培养各省独当一面的高级干部及研讨建警方案,在李士珍的提议下,根据蒋介石手令,国民政府在中央警官学校设立"警政高等研究班",选调各省警务处长、保安处长及国内警察专家、将官学者参加。"警政高等研究班"共举办 3 期,第 1 期最令人瞩目,由内政部部长周钟岳亲兼班主任,李士珍兼副主任,于 1944 年 1 月 15 日至 4 月 15 日之间举办。

② 参见（台）陈纯莹:《走过大时代的身影:台湾警政史上的"台干班"（1945—1995）》,台湾科技大学硕士学位论文,2012 年。

③ 参见吴健华:《论重建台湾政制之原则》（1945 年 8 月 9 日）,载陈鸣钟、陈兴唐主编:《台湾光复和光复后五年省情（上）》,南京:南京出版社,1989 年,第 76—85 页。

治安，应完全由警察负责，借以符合军民分治、实施宪政之要求。"保安处"带有军事性质，为"现时情形下一种临时制度"，用于接收之初镇压反叛可以，但如长远治理，则应设"警务处"。

2. 日警、台警留用和大陆赴台警察素质问题

在1944年7月"台调会"召开的两次座谈会上，周范文、柯台山、许显耀等留渝台籍人士对日警、台警留用问题和大陆赴台的警察素质等现实问题发表各自见解。

周范文认为接收后当地警察群体应予以全部解散。言下之意，包括日警、台警，应不加区分地解散，不予留用。柯台山则认为日警应全部遣散，台警则应该留用。理由是："收复之初，社会必行混乱，秩序不整，便无从推行政治。如要维持秩序，必须继续运用台湾现有警察组织，方克有济……故在收复前，应明文宣布，维续台湾警政，并命所有警政人员（除日籍外）不宜离职，统归政府继续录用，以维社会秩序。"但他也建议应对台籍警察甄别录用，并"加以改进方能适应收复后的实际情况"。

许显耀则指出，光复后的台湾警政应考虑地方特殊性，顾及台湾同胞心情，提升赴台警察的形象："希望政府注意到地方之特殊性，如派到台湾的军队、警察应提高水准，方能给台湾人以好的印象。我国军警的服装和日本的比较一下，必使台湾人发生不好的印象。"①

3. 警察权问题

随后，柯台山在《台湾收复后之处理办法刍议》一文中就警政对台湾的重要性进一步提出"台湾政治赖于警政之维系，已历半世纪之久"，台湾一旦没有了警政，社会必定陷入混乱。但对光复后的台湾警察权问题，他建议日据时期不合理的警政职权"应加以限制与取消"，日常业务以绥靖、交通、户籍、风纪、消防等为主即可；至于职务范围外的领域，只有在特殊情况下才可临时借助警政之力予以协助。②

① 周范文、柯台山、许显耀三人发言观点参见《台湾调查委员会座谈会记录》（1944年7月13日、1944年7月21日），载陈鸣钟、陈兴唐主编：《台湾光复和光复后五年省情（上）》，南京：南京出版社，1989年，第16、27、24页。
② 参见（台）柯台山：《台湾收复后之处理办法刍议》（1944年12月），台北：中国国民党文化传播委员会党史馆藏，编号：特17\3.8。转引自何妍：《光复初期的台湾警察训练：以"台湾警察干部训练班"为中心》，厦门大学硕士学位论文，2017年。

来自交通部的吴健华在《论重建台湾政制之原则》一文中则更具体地指出，台湾"警察权力真可谓无所不包。其次总督府警务局，可承总督之命，得指挥监督厅长，州之警务部，得指挥郡守，此为警察权高于行政官之处，愈显得警察权力之大。更观警务局处务规程之职掌，尤是包罗万象，自人民思想之制裁，以至保甲组织之运用管理，大至于全岛警戒防务，小至于樟脑制造之取缔，诚可谓警察是日本统治台湾之主干，更可见其统治台湾重心之所在，因其严罗网密，使台胞动辄得咎，故恨之亦更切骨"，因此，他认为："警察权力之设定必须予以合理之注意，不应漫无无误。原则上，接管后之警察权力，拟限于维持治安、保护交通、取缔恶习、保健卫生等方面。其协助一般政务之推行，仅可于主管机关法令所规定范围之内执行协助之任务，决不应全部仰赖于警察。"①

4. 保甲制度弃留问题

台湾保甲制度设于乡镇却受台湾警察指挥，被称为"警保体制"，是否保留？还是依照国内的保甲制度加以改组？"台湾行政区划（域）研究会"也进行了广泛的讨论："台湾保甲制度与我国现行保甲制度，名称虽同，实际则异。因我国现行保甲制度，为乡镇之内组织，而台湾保甲制度，与街庄毫无关系，完全为警察之统制机构，其目的在镇压人民反动。台湾同胞，对此制度久感痛苦，唯在敌人高压之下，莫可如何耳。故将来收复台湾后，此种制度，自无保留之必要。"②

当时大陆国统区，仍实行保甲制度。收复台湾后，为全国统一计，为何不将大陆的保甲制度移植于台湾呢？"台湾行政区划（域）研究会"进一步说明其观点："我国因乡镇基础未固，例如户口清查，即未能彻底办到，故不得不暂容保甲于乡镇之内，而今日台湾则不然，不但行政推行，无须保甲，而街庄自治条件，亦较其备更无庸保甲为其内层。且我国于将来收复台湾时，即宣布废除敌人数十年来用以压迫台胞之保甲制度，尤足以表

---

① 参见吴健华：《论重建台湾政制之原则》（1945 年 8 月 9 日），载陈鸣钟、陈兴唐主编：《台湾光复和光复后五年省情（上）》，南京：南京出版社，1989 年，第 81—82 页。

② 参见《台湾行政区划（域）研究会报告书（1945 年）》，载陈鸣钟、陈兴唐主编：《台湾光复和光复后五年省情（上）》，南京：南京出版社，1989 年，第 116 页。

示我政府解放台胞予台民以自治之决心。"① 因此，"台湾行政区划（域）研究会"的结论是：配合地方自治，彻底废除保甲制度。

吴健华在《论重建台湾政制之原则》一文中则认为"至保甲事务，理应属于自治组织系统之内，其处理与执行其本身自治事务，而与国家根本法及其他自治法令无歧异时，皆应任人民自为决定，不加干涉，使台胞得有真正之自治"——虽然没有主张彻底废除保甲制度，但也认为应属于地方自治范围，应纳入自治组织系统内，而不是作为政府"钳民制度之工具"。

5. 少数民族政策问题

日据末期，台湾少数民族大约 15 万人左右。从"台调会"历次座谈记录看，极少谈到台湾少数民族问题，偶尔谈到也只是说"番族约 15 万人"。显然，收复台湾工作千头万绪，"台调会"还无暇顾及，但吴健华对此有深刻洞察和具体建言："日人对番民之管、教、养、卫等事，悉委诸警察办理，自消极压制方面言之当不无成效，然由积极扶植开化方面言之，则差甚远。观夫日本治台五十年中，招致番民之不满及屡受滋事变乱之扰，皆由于此，则对日此种失败，绝不应再蹈覆辙。"他主张："以我中华民族向富化育万方之美德，对文化落伍之番民，当以此历史传统精神，尽其扶持之责。"因此，他建议：收复后警察对山地民众的管理，应有别于日据时期包揽"管、教、养、卫"的情形，只需负责山地保卫工作，其余的"管、教、养"三者则交由民政、教育、经济建设等"主管官署办理"，警察从旁协助即可。

另外，吴氏还就政治警察、经济警察、外事警察等特种警察之设置问题指出：此类警察"因常流于间谍性质之故，易招人民之反感"，接管初期，社会尚未安定，"用之以图急效，当无不可"。一旦社会情况好转，就必须减少特种警察数量，并将其任务移交给普通警察。唯有如此，"政府与人民之情感交融者，必可预期"。

（三）编译《日本统治下的台湾警察制度》

在研究制定台湾警政接管计划过程中，"台调会"同时在编译台湾概况系列图书。1945 年 12 月，"台调会"完成日本统治下的台湾财政金融、贸易、交通、教育、卫生、户政、社会、事业、警察制度、农业、林业、矿

---

① 参见《台湾行政区划（域）研究会报告书（1945 年）》，载陈鸣钟、陈兴唐主编：《台湾光复和光复后五年省情（上）》，南京：南京出版社，1989 年，第 116—117 页。

业制度等 13 册图书编译任务，交中央训练团付印，供"台湾行政干部训练班"和"台湾警察干部训练班"教学使用。其中《日本统治下的台湾警察制度》，涉及警察制度之沿革、警察组织、警察之教养、警察之任用、警察之勤务、台湾警察监督制度、警察之赏罚、消防、警察经费、警察共济组合等，内容较为全面系统。

二、台湾警政接管计划的制定

（一）《台湾接管计划纲要》保留警保制度

1945 年 3 月 14 日，《台湾接管计划纲要》颁发，内容含通则、内政、外交、军事、财政、金融、工矿商业、教育文化、交通、农业、社会、粮食、司法、水利、卫生、土地等方面。《台湾接管计划纲要》第 8 条："地方政制，以台湾为省，接管时正式设立省政府，下设县市、就原有州、厅、支厅、郡、市改组之，街庄改组为乡镇，保甲暂仍其旧。"其在第二部分"内政"之第 16 条拟定台湾警政大政方针为"警察机关改组后，应注重警保组织，并加强其力量。对于敌国人民及台民户口之分布，须迅速调查登记，警察分配区域及户政在不抵触法令范围内，得暂时维持原状"——对警察与保甲结合的警保制度的去留既没有采纳"台湾行政区划（域）研究会"的研究结论，也与吴健华等人的意见有别，没有明确是否纳入自治组织系统。

（二）《台湾警政接管计划草案》的主要内容

1945 年 8 月 15 日，日本宣布无条件投降之日，根据《台湾接管计划纲要》，《台湾警政接管计划草案》与台湾教育、地政、金融接管共 4 个单列计划草案同时颁定。

《台湾警政接管计划草案》从"准备""接收""机构""人事""训练"五大方面勾勒台湾警政接管的有关事项，其中第一、五章的"准备"与"训练"部分对赴台警察干部的储备和培训有详细规定，为着墨最多部分（下节详述）。

根据《台湾警政接管计划草案》，台湾省警察组织机构拟"省设警务处，综理全省警察事务，直隶台湾省政府"，"其他市县政府设警务科，承市县长之指挥，掌理警察事务"，"乡镇设警察分驻所或派出所，受各县市长之指挥并商承各该乡镇长执行警察事务"——与拟改设的行政区划一致。

根据《台湾警政接管计划草案》，赴台接收前，拟储备训练高级、中级、初级警察人员共 1460 人，"各级干部编成一总队、三大队、九中队、二十七分队，随军推进台湾，逐地接收警政"，并列出接收中的 9 个"注意事项"：1. 抚辑流亡，组织民众。2. 扫除障碍，安定秩序。3. 镇压反动，清除间谍。4. 清理环境，预防疫病。5. 整编户口，清查武器。6. 暂时保管一切公物及公共机关。7. 登记台籍警察。8. 调查台胞忠烈事迹。9. 调查敌人罪行。从《台湾警政接管计划草案》全文看，该 9 个"注意事项"实际上也就是当时能够拟定的警政接收主要事项。

三、《台湾警政接管计划草案》评析

对于前文分析的警政接收中几个重大问题，《台湾警政接管计划草案》只有部分简略的回应：

（一）"军警分离"问题

虽然规定设"警务处"，而不是"保安处"，但在"警务处"下"暂设保安警察大队，辖三中队、九分队，以控制一部机动武力，镇压非常。武力由原有警额匀调编组，不另增加员额，俟全省秩序安定后，即行撤销"——实际上是在"警务处"与"保安处"方案之间做了一个折中处理。

（二）警察权问题

"接收后台湾户政应依照中央规定，归由自治机关办理，警察机关专办户口调查"，"卫生行政划出隶属民政厅，警察机关只负执行之责"——"户警分离"、将卫生行政从警政中剥离，警察权比日据下的警察权有所收缩。

（三）台湾少数民族政策问题

"接收后有关番族事务归地方行政机关办理，尽量减少歧视之设施。但可斟酌当地情势，加强警察力量，归地方行政官指挥"——比较宏观，大致是"番族事务"由地方行政机关主管。

（四）日警、台警留用问题

《台湾警政接管计划草案》全文没有规定日警是否留用问题。或许是因为日警留用问题属于整个日官留用问题，不是警政接管研究小组，乃至"台调会"所能设计。事实上，日警留用属于日俘、日侨的遣返问题。根据要求，还不是中国单方可以决定，而是由盟军决定。对于台湾警察是否留用，在接收 9 个"注意事项"中，有一项为"登记台籍警察"，"接收后之警察官职，一律依照中央规定改正。巡查警手改称警员，予以委任待遇"，同时"确立警察人事制度，厘定任用考绩办法"——可见，《台湾警政接管计划草案》对台籍警察采取留用态度。

从目前已知的资料看，国民政府在看到抗战胜利的曙光之时，即紧锣密鼓开展接收台湾各项准备，还把警政接管作为重要事项单独制定接管计划，在那兵荒马乱、抗战硝烟未散的年代，已属不易。但从《台湾警政接管计划草案》看，国民政府对台湾警政接管的筹备工作显然仍囿于仓促和窘迫。

台湾清华大学学者姚人多教授在《"大人"不见了？1945年政权转移后的警察与社会治理》一文中感慨：1945年随着日本殖民政权的离去，日据时代那个让人闻风丧胆的警察"大人"到哪里去了？就这个问题，台湾的官方与民间实际上经历了一场重新定义"警察"工作的过程。[①]

第二节　培训台湾警察干部

储备、培训警务人才是台湾警政接管紧迫而现实的事项，当时的精英阶层迅速形成共识。"台湾警察干部训练班"的整体规划和实施都比"台湾行政干部训练班"略早。

一、台湾警察干部培训的酝酿

最早提出必须提前储备接管台湾警务人才的是行政院秘书处召集的商洽会：奉蒋介石手令，国民政府行政院约请国际问题研究所主任王芃生及有关机关负责人共同商洽"拟具收复台湾政治准备工作及组织人事等具体办法"。根据商洽结果，1944年3月15日，行政院秘书处拟具5项"需要相当精密之准备"的办法要点，以秘书长张厉生名义函复蒋介石。其中第2项即为："训练储备办理台湾之各项人才，尤以警察及小学教员为重要，以闽南训练为适宜，俾语言可通。"[②]

同样认识到台湾警务人才储备重要性且"应先事绸缪"的还有国民政

[①] 参见（台）姚人多：《"大人"不见了？1945年政权转移后的警察与社会治理》，台湾"行政院国家科学委员会"专题研究计划成果报告，2005年12月20日。

[②] 参见《行政院秘书处关于收复台湾准备工作与蒋介石往来函电》（1944年3月15日），载陈鸣钟、陈兴唐主编：《台湾光复和光复后五年省情（上）》，南京：南京出版社，1989年，第1—2页。

府高官陈肇英等：1944 年 5 月，陈肇英撰成《收复台湾准备工作意见书》，提出 3 项"台湾收复急要之图"，其中第 1 项便是："台湾收复后，除派驻相当国军从事震慑外，更应派遣相当数目之优良警察，警疲察顽，维持秩序。此项警察干部之培育，警察之物色与训练，实属刻不容缓。"①

1944 年 11 月，胡庶华等 27 位参政员在国民参政会第三届第三次大会上提案，建议国民政府"速令中央警官学校大量招收沦陷区学生，训练优秀警察干部，以备收复失地时配合计划之实施"。②

1944 年 8 月 17 日，蒋介石就培训台湾接收干部作出指示："关于收复台湾与东北之准备工作，应先从训练与储备干部着手"，"所有东北及台湾所需党务与行政之高级及中级干部应即一并统筹训练"，"干部之储备，应多选拔深入敌后艰苦工作之同志，以昭激劝，同时注意现在教育界、工程界之东北籍与台湾籍专门人才，以适应将来建设之需要。"

另据陈仪致时任重庆市长贺耀组函："委座令饬中央警官学校开办台湾警察干部讲习班，调训沿海省籍警官以备任使，并饬'台调会'协助办理。"③ 可见，蒋介石十分重视台湾警政接管、警察干部培养，不仅专门批示，还曾亲自明确具体办班事宜。

1944 年 11 月 29 日，当时的"福建警察学会"主动作为，致函中国警察学会，就具体的台警招训条件建言献策："基于选贤与能及人地制宜之旨，对于解放台湾警察干部之选拔，品学智能与经验、方言、习尚等均须兼筹并顾而不可稍忽。"即提出招训赴台警察干部应注重两个方面，一是学问、品行和能力；二是警察工作经验，强调通晓台湾风俗民情，并精通方言。福建警察学会还在函件中进一步说明其建议的理由：若只偏重学问能力，却无执行警务经验、不了解风俗民情、未掌握当地方言，那么"最接近人

---

① 参见中国第二历史档案馆、海峡两岸出版交流中心汇编：《馆藏民国台湾档案汇编（第 21 册）》，北京：九州出版社，2006 年，第 392 页。

② 参见《三届三次大会建议从速拟定整顿全国警察具体计划案》（1944 年 11 月），台北：中国国民党文化传播委员会党史馆藏，编号：防 003\3057。转引自何妍：《光复初期的台湾警察训练：以"台湾警察干部训练班"为中心》，厦门大学硕士学位论文，2017 年。

③ 陈仪致贺耀组信函藏于重庆市档案馆。转引自周伟亮、郭权：《"台湾警察干部训练班"与光复初期的台湾警政》，载《海峡教育研究》，2016 年第 3 期。

民之警察人员即最易与人民发生隔阂"，不仅日常工作难以推进，还可能导致台湾同胞对祖国产生不良印象，酿成反感；若偏溺于经验、方言等要素，而缺乏学习能力、不学无术，亦不能胜任台湾警察一职。所以，两者应统筹兼顾，方能"确收预期之成效"。最后，还拟具具体的招训办法供参考：1. 就现任福建警官中挑选优秀干部，按期送入中央警官学校或该校警官东南训练班加以严格训练。2. 严格招考精通闽南语、客家话的优秀青年，加以长期的学术技能训练，其招考训练事宜，均由中央警校学校东南训练班办理——对于该建议，"台调会"在具体办理中均颇为重视。①

二、台湾警察干部培训的规划

《台湾警政接管计划草案》第2条："干部训练于中央警官学校行之。"该条进一步明确干部训练分高级、中级、初级三个层次，计划训练人数为1460人。具体计划如下表5-1：

表 5-1

班次	人数		训练时间
高级干部	60 人		3 个月
中级干部	400 人	学员队	6 个月
		学生队	1 年
初级干部	1000 人（分二期）		6 个月

日据末期，台湾实有警察人数为12980人。台湾警政接管计划在起草时即明确，接收台湾警政仅靠区区1460名警察显然不够，因此设计分两步走：第一步，先培训1460人作为赴台接管台湾警政的基本力量；第二步，台湾光复后，就地招训台湾警察干部，补充缺额。因此，《台湾警政接管计划草案》还有第5章"训练"部分，专章规划赴台后的警察培养、训练事项（下节详述）。

《台湾警政接管计划草案》正式颁行是1945年8月15日，但在其酝酿

---

① 台湾接管工作中，教育人才的储备与此类似。因为教师与警察人员，每天都得面对台湾民众，语言相通是基本要求。因此，国民政府招聘教员赴台的条件也注重闽南语和客家话等语言技能。

过程中，实际上台湾警察干部培训的筹备工作已在马不停蹄地进行着。

"台调会"最初是被定位为研究收复台湾的咨询机构，但随着抗战胜利的曙光显露，培训接管台湾人才工作显得尤为迫切，因而奉令会同办理台湾警察干部训练事宜也被纳入"台调会"的工作范围。早在 1944 年 9 月 1 日，"台调会"已与中央警官学校配合紧锣密鼓地推进台湾警政力量的培训工作，拟定了详细的《储备台湾警察干部办法》（以下简称《储备办法》）。

《储备办法》与《台湾警政接管计划草案》对台湾警察干部培训的规划是一致的，仅有总数略有不同，《储备办法》仅为 1360 人（中级干部为 300人，高级、初级干部人数不变），招生的"省籍"和语言要求与"福建警察学会"的建议不谋而合。《储备办法》还明确了受训人员赴台后拟派任的岗位，而《台湾警政接管计划草案》仅简略规定接管后，"确立警察人事制度，厘定任用考绩办法"。事实上，台湾警察干部训练班学员毕业赴台后，台湾省警务处基本上按照《储备办法》的规定对他们分发任用。

根据《储备办法》，1944 年 10 月至 1945 年 10 月，国民政府分别在重庆、福建长汀、福建梅列共举办了 4 类培训班，实际共培训台湾警察干部932 人。①

三、台湾警察干部训练班的举办

（一）选拔现任警官，组训两期"讲习班"

1944 年 8 月，在"台调会"成立 4 个月后，经蒋介石核定，"台湾警察干部训练班"（简称"台干班"）进入实施阶段。

第一期具体的名称是"台湾警察干部讲习班"（以下简称"讲习班"），因为不需要正式招生，而是选调曾受 2 年以上警官教育的现任警官中闽、粤、浙、台籍毕业生，因此准备工作大大缩短。1944 年 9 月底，由36 名学员组成的第一期"台湾警察干部讲习班"到位。

1944 年 10 月 2 日，"讲习班"在中央警官学校本部开班，"台调会"专门委员胡福相兼任班主任，徐励为副班主任，钱宗起、夏涛生、何孝怡、

---

① 《台湾警政接管计划草案》和《储备台湾警察干部办法》都规划培训初级干部1000 人，分两期，每期 500 人。第 1 期培训尚未结束，日本投降，抗战胜利突然降临，计划中的第 2 期 500 人招生计划即告流产。

康瑄、林忠等"台调会"其他委员和在大陆的一些台籍人士受聘担任讲师。① 课程包括一般警察事务、台湾地理、历史概况和日语等。该班原计划训练时间为 3 个月，实际仅历时 2 个多月，于 1944 年 12 月 22 日结业。

根据计划，"讲习班"是按照储备后续班期的师资来培养的，结业后，原拟派赴福建协助培训中级以下的干部，但结训后因战事变化、交通受阻无法赴闽，暂时留在重庆校本部任职。至抗战胜利，"讲习班"结业学员才陆续赴台投身警政重建。

中央警官学校本部还举办了第二期"讲习班"，选拔、培训学员 28 人，于 1945 年 3 月 9 日在福建三元县梅列的第二分校入学，6 月 16 日结业后在中央警官学校第二分校协助培训中级以下干部。两期"讲习班"成员合计共 64 人，比《储备办法》规划的人数多 4 名。

（二）在福建创设赴台警察干部培训基地

重庆第一期"讲习班"开班的同时，根据胡福相建议，在福建创设专门培训基地的筹备工作也在紧张进行中。

1944 年 9 月 1 日，国民政府军事委员会电令中央警官学校在福建省长汀县设立第二分校；10 月 16 日，第二分校"台湾警察干部训练班"（即前述"台干班"）开始向社会招生；11 月 9 日，第二分校人事甫定，陈玉辉被任命为第二分校主任，胡福相、李一民为副主任；12 月 12 日，设于湖南耒阳的"东南警官训练班"（1941 年设立）奉命并入第二分校。由于战火逼近，加之长汀校舍过于简陋不敷使用，经胡福相提议并与福建当局洽商，1945 年 3 月，中央警官学校第二分校从长汀县迁往三元县（今福建省三明市梅列区）。至此，中央警官学校第二分校完成组织、人事、校址选定等基本事项，培训工作总算步入正轨。②

福建与台湾一衣带水，台湾人多数是闽粤人的移民及其后代，闽南语、客家话是台湾各族群最便利的通用语言。台湾民情风俗与福建相似，学生可以耳濡目染，熟悉台湾。在福建创设赴台警察干部培训基地，无疑是

---

① "台干班"副班主任先为徐励，后徐励改派第二分校训练处处长，揭锦标继任"台干班"副班主任。徐励与揭锦标均为浙江人，就学、留学、任职经历与胡福相非常相似。三人同为中央警官学校"警政高等研究班"第 1 期学员。

② 1948 年底，第二分校奉令结束校务，归并中央警官学校。

"人地相宜"的最恰当选择。

（三）招生关注"省籍"和"语言技能"

为了在社会上广招合格生员，第二分校发布招生简章，并在闽南、粤东、浙西各地设立招生点，主要面向闽粤浙台地区，招收品行端正、思想纯洁、身体健康、素无不良嗜好，精通闽南语或英语、日语，年在18岁以上、30岁以下之男性（学员班为35岁以下）。分别组成"学员班""学生班"和"初级干部训练班"（"初级干部训练班"简称"初干班"）。

表5-2　台湾警察干部训练班班次表

班次	拟派任	招生条件		人数	实际受训时间
1. 讲习班	高级干部	曾受二年以上警官教育之现任警官		第1期 36人	计划3个月 实际受训近3个月
		闽、粤、浙、台籍		第2期 28人	计划3个月 实际受训时间3个月
2. 学员班	中级干部	曾受警官教育、现任或曾任警官一年以上、高中程度		76人	计划6个月 实际受训时间6个月
		闽南语、客家话、英语或日语			
3. 学生班	中级干部	高中毕业或同等学力者		250人	计划1年 实际受训时间6个月至9个月
		闽、粤、浙、台省籍			
4. 初干班	初级干部	初中毕业或同等学力		542人	计划6个月 实际受训时间6个月
		闽南语、客家话、英语或日语			

从以上招生要求看，除了身体、学历条件外，"语言技能"和"省籍"是招选的关注重点。对语言的要求是能通英语、日语、闽南语、客家话，但1940年代的中国，山河破碎、战乱频仍，人才难得，彼时能接受良好教育者毕竟不多，能通英语、日语者更是寥寥。实际招生中，为求顺利接管台湾，即特别重视"语言技能"和闽、浙、粤、台等"省籍"，特别是对于未来最接近台湾民众的"学生班"和"初干班"，通闽南、客家方言者均予优先录取。据"台干班"学员回忆，只要通晓闽南语、客家话或者潮州话之一，即被轻松录取。除了"讲习班"外，"台干班"其余班期分别在1944年底至1945年初陆续入校报到。

1945 年 3 月 15 日，顺利完成招生计划后，中央警官学校第二分校"台干班"在梅列校区正式开班。讲习班、学员班来自现任警官；学生班、初干班录取的是高、初中毕业生。开学典礼延至 4 月 1 日举行。

根据"台干班"毕业生的籍贯统计，"台干班"932 名学员中，福建籍656 人，广东籍 195 人，浙江籍 61 人，安徽籍 4 人，江苏籍 4 人，台湾籍 3人，江西籍 3 人，湖南籍 3 人，湖北籍 2 人，山西籍 1 人。闽籍占 70%，粤籍约占 21%，数据相当体现"人地相宜"的要求，入选的"台干班"学员也多数熟谙闽南语或客家话。[①]

（四）"台干班"课程内容全面、针对性较强

"台干班"各班期的教学深度"虽略有差异，但训练方针，则无二致"。政治教育方面，都注重灌输中国政治知识，力求思想正统化；军事教育方面，都注重革命军人精神的养成，力求行动军事化；警察教育方面，都侧重现代警察学术的教学，力求学术科学化。课程涵盖各个领域，包括政治学、法学、警察学、军事学、警察应用技术学等，也包括土地行政、交通运输管理、田赋常识、粮食管理、统制经济等通识内容，既有理论讲授，也有实践教学，十分考验众人的学习能力。[②]

"台干班"各班期的教学内容还有两个共同点，那就是特别注重台湾历史、地理、日语会话等传授。综合史料和"台干班"学员的回忆，"台干班"的法律课程由外聘专家讲授，警察专业课程则由中央警官学校教职人员担任。日语是很重要的课程，由曾留学日本的台籍人士吴俊明担任教员。但开班不久，日本就投降了，所以学员"其实并没有学到很多日文""对日语尚不纯熟"，一般"只会几句简单的日常生活用语而已"或者"简单的日语可以听懂六成"。此外，原计划"台干班"不仅需要赴台接收警务，还需

①　参见（台）陈纯莹：《走过大时代的身影：台湾警政史上的"台干班"（1945—1995）》，台湾科技大学硕士学位论文，2012 年。

②　仅警察学就包括：中国警察史、警察法总论、警察法各论、勤务执行、勤务监督、政治警察、外事警察、交通警察、消防警察、经济警察、户籍警察、铁路警察、矿业警察、森林警察、渔业警察、乡村警察、水上警察、航空警察、卫生警察、刑事警察、建筑警察、警察应用电气学、战时警察业务、各国警察制度、犯罪侦查、犯罪研究、违警罚法、长警服务规程、勤务分配、审判心理学、验枪术、指纹学、照像学、警犬学、警察应用理化学、警鸽学、法医学、刑事实验、急救法、户口调查、警察应用公文等，可见课程内容十分全面。

要配合军队登陆台湾，故教学和考试的重点也集中于"怎样联合当地台胞助力盟军登陆""前线两军对抗时后方该怎么配合"等议题。①

（五）匆匆结束学业，奉命奔赴台湾

1945 年 8 月 15 日，日本投降的消息传到梅列校区，"台干班"师生"欢天喜地、敲锣打鼓，许多人留下激动的眼泪"，他们拿"床板当鼓，脸盆做锣，大家用手和筷子奋力敲打"，"爆竹声惊动了山镇梅列"。

1945 年 10 月 10 日，中央警官学校第二分校"台干班"统一结束训练，举行全体毕业典礼。

从 1945 年 4 月 1 日开学典礼，至 1945 年 10 月 10 日，"台干班"共训练 6 个月余，除了学员班原计划 1 年的训练时间不足外，学生班和初干班都按计划完成学时。

至此，从重庆的中央警官学校本部到福建梅列的第二分校，国民政府共完成 4 个层次培训班，共培训台湾警察干部 932 人。

1945 年 10 月 13 日，"台干班"结业学警由班主任胡福相带队启程赴台。

据中央警官学校"台干班"互助基金会后来编印的《中央警官学校台干班简史》提及，"台干班"932 人学员中仅有 5 人未赴台，实际赴台人数应为 927 人，加上教师、教官及应邀者，赴台警察一行共计 1001 人。他们从梅列出发，乘船沿沙溪抵达南平，随后入闽江，顺流而下，于 10 月 15 日抵达福州。

在福州，"台干班"学警每人换发一套新制服、一双黑色半桶皮靴和 500 元国币。制服的肩章上镌有"台警"二字，衣服左口袋上还有两个并排的纪念章，一个是"台干班"毕业纪念章，镌有台湾地图，另一个是中央警官学校的毕业纪念章，镌有"亲爱精诚"4 字。每人还配发一把佩剑，别于腰间，显得英气挺拔。②

---

① 参见（台）蔡慧玉访问、吴美慧记录：《光复台湾与战后警政："台湾警察干部训练班"口述访谈纪录》，台北："中央研究院"台湾史研究所，2014 年。转引自何妍：《光复初期的台湾警察训练：以"台湾警察干部训练班"为中心》，厦门大学硕士学位论文，2017 年。

② 奔赴台湾的情景描述和感受分别来自"台干班"毕业生邢翰、阮传发和张敏昌亲历。参见周伟亮、郭权：《"台湾警察干部训练班"与光复初期的台湾警政》，载《海峡教育研究》，2016 年第 3 期。

在福州休整一周之后，10 月 23 日，全体赴台警务人员从马尾港出发，乘坐美军军舰前往台湾。

1945 年 10 月 24 日清晨，由 1001 名警务人员组成的国民政府赴台警政接管干部在晨雾弥漫中抵达基隆港，受到台湾人民热情洋溢的欢迎。

当天下午，他们换乘火车前往台北，迎接他们的是即将在台北举行的台湾光复典礼，那将是"台干班"赴台执行的第一个任务，也是他们期盼已久并终生难忘的荣光。

第三节　台湾警政接管

1945 年 10 月 24 日，"台干班"全体师生从基隆港上岸之后，搭乘火车前往台北。毕业于"台干班"的邢翰记得当时的情景："当时老百姓看到我们非常高兴，我们警察的服装非常整齐"，"一路上只见台湾的老百姓拥在铁路两边，人山人海，有的拿着小旗，有的三呼万岁，有的唱欢迎歌，来欢迎我们。列车每到一站，台湾的老百姓便围拢在列车的窗口，跟我们握手，跟我们讲话，哪怕是一两句，都很高兴，因为语言相通，感情就非常融洽，我们在列车上非常感动，好多人流下眼泪"。[1]

"台干班"抵台后的第一个任务是警备次日在台北中山堂举行的中国战区台湾省受降典礼。

为显示威仪，台湾省行政长官陈仪特命"台干班"负责受降典礼的指挥、警卫及接待工作。"讲习班"学员被安排在会场内部担任警卫；"学员班""学生班"及"初干班"则负责会场周边的勤务与交通指挥。"台干班"均为青年出身，整装精良，个个英姿飒爽，确实为受降典礼带来威严肃穆的新气象。[2]

为受降典礼执行勤务是"学员们共享的至高荣耀，也是他们毕生引以

① 参见周伟亮、郭权：《"台湾警察干部训练班"与光复初期的台湾警政》，载《海峡教育研究》，2016 年第 3 期。

② 参见杨灵统、何国进：《收复台湾，受降日寇，台湾第一警务处长胡福相传略》，https://www.sohu.com/a/260163652_688049，访问日期：2021 年 9 月 2 日。

为傲的集体记忆"。① 对于刚刚完成学业的"台干班"学警而言，台湾的初体验是美好的、肃穆的。

一、三个月完成警政接管

根据《台湾警政接管计划草案》，光复后，台湾省设警务处。"台干班"班主任、时年 37 岁的胡福相出任台湾省行政长官公署警务处首任处长。

1945 年 10 月 25 日受降典礼后，警务处随即接管原台湾总督府警务局。11 月 1 日之后，对总督府警务局的直属机构和各州厅警察机关的接管工作全面展开，警务处拟 3 个月完成接管任务。

为使整个行政接管工作统一和顺利，"长官公署"举行讲习会，对各州厅行政接管人员进行培训，警务处派警政接管人员参加。警务处还订立《台湾省各州厅接管期间三个月警务工作进度表》，对各地警政接管工作予以统一部署和规范。

表5-3　接管期间三个月警务工作目标列表

时间	目标
第一个月	1. 清理警察档案； 2. 调查警察分配区域，重新配置警察维持治安，并令各级警察主管照常维持治安； 3. 镇压反动，清除间谍； 4. 登记考核台籍警察分别去留； 5. 清查登记武器，办理户口调查； 6. 暂时保管一切公物及公共机关； 7. 补充警察实力； 8. 视导都市警察机构； 9. 调查高砂族地界警界及配备情形并重新配置警察； 10. 布告违警罚法使人民周知，定期实行。

---

① 参见（台）陈纯莹：《走过大时代的身影：台湾警政史上的"台干班"（1945—1995）》，台湾科技大学硕士学位论文，2012 年。

续表

时间	目标
第二个月	1. 继续执行上月未完成的任务； 2. 划定州厅警察档案拨县市政府； 3. 拟定警察分配区域及县市警察机构计划呈省，县市警察主管人请省派定； 4. 补充警察员额； 5. 补充警察武器； 6. 拟定高山设警计划呈省核示； 7. 宣传违警罚法。
第三个月	1. 继续执行上月未完成的任务； 2. 依照计划筹备建立县市乡镇警察机构，县设警察局（科），区设警察所，下隶派出所； 3. 继续登记武器，至本月底不登记者，一律没收； 4. 接管市警察署、支厅郡警务课，分别划属县市政府； 5. 完成山地警察组织； 6. 实行违警罚法。

从上表 5–3 可知，接管期间，除了划分警勤区、清理档案、登记武器和公物等，"登记考核台籍警察""补充警察员额"分别列为接收前两个月的工作重点。此外，推行新的"违警罚法"，筹组"山地"警察组织则是前3 个月内要完成的重要事项。

接管之时，全岛警察人员共计 12980 人，其中警官 1717 人（日籍 1462人，台籍 255 人），长警 11263 人（日籍 5836 人，台籍 5427 人）；全台警察机构 1575 个，其中警察部 5 个，警务课 3 个，警察署 14 个，郡警察课 51个，支厅警察课 2 个，派出所 979 个，驻在所 518 个。从大陆赴台的警察人员是 1001 名，要接管 1575 个警察单位、承担 12980 人所做的工作，任务繁重可想而知。①

---

① 参见《台湾省参议会第一届第一次大会台湾省行政长官公署施政报告：台湾省警务处工作报告》（1946 年 5 月 3 日），载张海鹏主编：《台湾省行政长官公署施政与工作报告》（台湾光复史料汇编第六编），重庆：重庆出版集团、重庆出版社，2017 年，第 46 页。

综合各项档案文献资料，大陆赴台的"台干班"成员，除少数被留在警务处外，其余都被分发各县市开展接收工作。但随着"台湾省警察训练所"成立和在本地招训新警察工作的开展，被分发各单位和各县市的"台干班"毕业生又有部分被派任"台湾省警察训练所"担任新警训练工作。如此一来，赴台的警务人员中，真正参与实际接收和维持治安工作的警察人数，按照当时台湾改划行政区域前的"五州三厅制"，8个州厅，每个州厅平均可能不到100人。

在接管期，"台干班"被分派到各县市的人员中，讲习班毕业生被任命为专员，学员班、学生班毕业生被任命为管理员，初干班毕业生被任命为佐理员。接管完成后，按照光复前的规划，根据"职阶相符"原则，讲习班毕业生被派充高级干部（荐任级，如科室主管），学员班和学生班毕业生被派充中级干部（委任级，如股长、科员、所长、所员、巡官等），初干班毕业生则被派充初级干部（委任级，如警长、警员、佐警等）。①

日军放下武器后，原台湾总督府对国民政府的接管工作总体很配合，警务接收过程总体顺利。至1946年1月，在日警的配合下，各地警察机构、武器装备及档案资料的移交基本完成，各县市警察局或警务科也正式挂牌成立，市警局之下设分局，县警局或警务科之下设区警察所，全台普设派出所。除了日警、台警的留用问题外，警政接管工作如期完成。

二、警政接管中的困难和问题
（一）日警遣返与警力不足问题

接管之时，台湾警察人数12980人中，日籍警察7298人，占56%。由于赴台接管的警力有限和语言障碍，与其他行政接管一样，也需要留用一定的日警。特别是对于刑事技术或电讯设备的使用，接管人员中欠缺技术专才，留用这些技术岗位的日警确实出于无奈，但却带给台湾人非常不良的观感："陈仪长官到任以来，首先留用日籍警察官吏，继续统治台湾人

① 参见（台）蔡慧玉访问、吴美慧记录：《光复台湾与战后警政："台湾警察干部训练班"口述访谈纪录》，台北："中央研究院"台湾史研究所，2014年。转引自何妍：《光复初期的台湾警察训练：以"台湾警察干部训练班"为中心》，厦门大学硕士学位论文，2017年。（台）陈纯莹：《台湾光复初期之警政（1945—1953）》，台湾师范大学博士学位论文，1994年。

民，引起普遍失望"。①

迫于各方压力，"长官公署"最后留用日籍技术人员仅为 7139 人，其中分配给警察系统的仅有 53 人。② 对留用日籍技术人员，台湾人民一直持强烈反对态度。1946 年 12 月底，"长官公署"遂将留用的所有日籍技术人员及其眷属提前遣返日本。

日籍警察被遣返后，台湾省警务处的警力只有 5682 名台籍警察和以"台干班"为主的 1001 名大陆赴台警察，总警力只有接管前的一半。"台干班"多数毕业生不仅刚刚从学警身份转换为正式警察角色，尚未有从警经历，而且在新旧政权交替时期初来乍到，社会治安异常复杂，工作的繁重和治安的压力可想而知。

"台干班"毕业的郑健被派遣到台南后，"由于接管人员不足"，他和搭档负责的接收工作"不以警务为限，还包括郡役所政务的接收"。曾克平、张其辰、郑信同 3 人于 1945 年 11 月中旬被分发台中埔里，当地留用的日警和台警均无所作为，曾克平等人"真可以说是以一当百，日夜奔驰地工作"；③ 初干班毕业的李诚土说，接管初期派出所的警力非常薄弱，留用的台湾警察不敢单独外出执勤，只有白天值班，或三、五天陪同来接管的他们进行一次户口查察，入夜后派出所就关门。④

（二）台警的甄别与留用问题

根据《台湾省各州厅接管期间三个月警务工作进度表》，接管的前两个

---

① 《旅沪台湾各团体为"二·二八"惨案告全国同胞书（1947 年 3 月 5 日）》，载陈鸣钟、陈兴唐主编：《台湾光复和光复后五年省情（下）》，南京：南京出版社，1989 年，第 586—588 页。

② 留用 53 名日警技术人员的数据来自《台湾省参议会第一届第一次大会台湾省行政长官公署施政报告：台湾省警务处工作报告》（1946 年 5 月 3 日），载张海鹏主编：《台湾省行政长官公署施政与工作报告》（台湾光复史料汇编第六编），重庆：重庆出版集团、重庆出版社，2017 年，第 49 页。

③ 参见（台）蔡慧玉访问、吴美慧记录：《光复台湾与战后警政："台湾警察干部训练班"口述访谈纪录》，台北："中央研究院"台湾史研究所，2014 年。转引自何妍：《光复初期的台湾警察训练：以"台湾警察干部训练班"为中心》，厦门大学硕士学位论文，2017 年。

④ 转引自（台）陈纯莹：《走过大时代的身影：台湾警政史上的"台干班"（1945—1995）》，台湾科技大学硕士学位论文，2012 年。

月，登记、甄别台籍警察，分别决定其去留是工作重点。实际执行中，接收任务繁重，对台籍警察的去留，以人事安定为最高原则，除非本人不愿续任或有劣迹遭民众检举被查实者，否则皆以"试用警察"名义，"能留用的就全部留用"。但在曾克平记忆中，被留用的台警"情绪极不稳定，态度消极，也不敢认真执行勤务，因为他们和日本统治者同样不受欢迎，对治安的协助作用大减"。程琛则记得"光复后日警权威已失，留用者在执勤时已不能得心应手，甚至有的尚须我们保护，以防民众之攻击"。①

日据台湾期间，殖民者的毒辣政策之一是对台湾人民采取歧视政策，严格限制台湾人接受高等教育、限制台湾人担任高级职务，其结果是台胞缺乏能力发展的机会，在社会各领域均居于中下级地位。同样，台籍警察多为初中毕业学历，多数在基层担任低阶警察。1946年6月后，台湾省警务处以调训的方式，让留用的台警经过调训从"试用警察"转变为正式编制人员，但留用的台警因为达不到国民政府对任职警官的高中学历要求，以及"对国情与法令不免有隔膜"，在新政府中一时还只能继续担任中下级职务。

（三）语言障碍问题和"国语"普及

接管初期，除了警力不足，在执行任务时，让赴台警察干部最感头疼的问题，就是语言障碍。

日据中后期，日本统治者推行文化殖民，强制推广日语，多数台湾同胞不习国文国语。"台干班"训练过程中，虽专门设有日文会话课程，但临阵磨枪，又训练不足，多数毕业生只会简单的几句，语言障碍成为赴台初期开展接管工作的最大阻碍。程琛说，他负责接收台南市保健机构时，尽管现场有翻译人员协助解说，但他还是无法理解药品包装上的日文说明，只能"将药品清册照本抄一抄，核对清楚后，将清册点交出去，就算完成任务"②。

好在"台干班"毕业生大部分会讲闽南语，容易和台湾民众沟通。按照陈仪的要求，推广国语是"行宪时期强化治权的四大任务之首"。因此，响应政府号召，推行国语国文教育，成为"台干班"成员肩负治安任务之

---

① 转引自（台）陈纯莹：《走过大时代的身影：台湾警政史上的"台干班"（1945—1995）》，台湾科技大学硕士学位论文，2012年。

② 参见何妍：《光复初期的台湾警察训练：以"台湾警察干部训练班"为中心》，厦门大学硕士学位论文，2017年。

余的另一个工作重点。他们搜集资料、排定课程，利用清早、中午、夜间等不妨碍正常工作的时段，在任职单位或较为宽敞的宿舍进行义务授课，面向台籍公务人员和留用的台湾警察、教职员、社团人士及普通民众传授国语、普及国情、宣扬祖国文化，有时也宣导政令及教唱爱国歌曲。

"台干班"的蔡清渊在协助接管花莲警务时，被选去教国语。最忙的时候，他一天要奔波于警务科之外的 4 个单位：早上 6 点到《台湾新生报》花莲分社教学 1 个小时，然后去上班；下午 4：30 至 5：30 在花莲县政府；晚上 7 点至 8 点在省立花莲医院教学；晚上 8：30 至 9：30 则在明礼国民小学。"就这样每天除上班外，我还要义务上 4 个小时的国语，生活可以说相当忙碌、辛苦。"吕泰山任铁路警察队万华分队的分队长一职时，感受到台湾同胞学习国语的热情，便和同事一起在万华的铁路宿舍开办国语补习班，利用工作余暇义务教学。他们自动自发地教，台民自动自发地学，大家相处得很好，互动关系很和谐。①

警察是最贴近台湾同胞的官方人士，同时也是政府的窗口。在普及国语的过程中，警察干部深入民间、深入基层，加强政令宣导，是政府"去殖民化"和"再中国化"工作的执行者。警察干部承担基层的国语普及工作，一方面增强了警民互动，拉近了警民之间的距离，有助于日后警务工作的开展；另一方面也树立了良好的祖国警察形象，展现台湾回归祖国的新气象，这项工作确实非警务人员莫属。

三、组训义勇警察和义务警察，辅助治安工作

新旧政权交替之际，民生艰困，社会鱼龙混杂，为求自保，台湾民间纷纷成立各种自卫组织，但这些组织名称不一，组织纷乱。有的自卫组织"保民不足，扰民有余"，"社会治安情形并不十分良好"。

面对警力薄弱的困境，为统一警卫、稳固地方，台湾省警务处一方面加紧招训新的警察力量，另一方面解散各种自卫组织、编训义勇警察队。

---

① 参见（台）蔡慧玉访问、吴美慧记录：《光复台湾与战后警政："台湾警察干部训练班"口述访谈纪录》，台北："中央研究院"台湾史研究所，2014 年。转引自何妍：《光复初期的台湾警察训练：以"台湾警察干部训练班"为中心》，厦门大学硕士学位论文，2017 年。

1945 年 12 月，台湾省警务处颁布《台湾省各县市义勇警察编训暂行办法》，各级警察机关成立"义勇警察队"，择汰各种纷歧的民间自卫组织，纳入义勇警察，辅助正规警察维持社会治安。①

与招训新警察和调训留用台警不同，义勇警察队由各县市警察单位自行组织，自行训练。警务处的"适时颁令"（指《台湾省各县市义勇警察编训暂行办法》）减轻了各县市彼时因警力不足所产生的压力，义勇警察队在工作上协助县市警察工作，属于民防力量。

组训义勇警察队后不久，因义勇警察人数过多、人员良莠不齐，民众对其评价毁誉参半，未能收到预期效果，1946 年 4 月，警务处解散义勇警察队，制定《台湾省各县市义务警察组训办法》，以替代义勇警察。为切实达到义务警察协助维持治安的理想效果，《组训办法》要求选拔社会优秀人员出任义务警察，具体是由各县市警察单位"妥慎遴选，并由警务处派员审查认可后，始准充任"，此不同于大陆其他省，也不同于此前的义勇警察。

在各地组训义勇警察、义务警察的工作中，分发到各县市的"台干班"不少成员都承当了组训任务。在战后重建台湾警政的繁重工作中，我们到处可以看到大陆赴台警察干部的身影。②

四、接管初期的台湾社会治安状况

1946 年 9 月末，强台风横扫台湾，造成巨大经济损失，死伤 700 余人；12 月初，台南发生大地震，死伤 500 余人。1 年内，台湾遭受两次自然灾害袭击，光复之初的台湾经济雪上加霜。

日本投降前，为摧毁日本在台湾的军事和重要基础设施，美军对台湾进

---

① 《暂行办法》征募义勇警察的条件："第一，凡中华民国国民，体格健全，无不良嗜好者。第二，高小以上学校毕业，或具有同等学力者。第三，须有固定住址或正当职业者。第四，年龄在 20 岁以上，40 岁以下者。"职责方面，义勇警察队需承担以下任务："第一，奉行县市警察机关之命令办理一定之警察事务。第二，协助警察机关，维持地方安宁秩序，弹压并消灭反动及救护非常灾害事项。第三，各种情报搜集及报告。第四，遇有叛徒图谋扰乱治安，如查有确实证据，得拘送当地警察机关究办。"

② 因经费紧张或者治安良好，有的县市没有组训义务警察。义务警察计划实行至 1947 年 5 月为止。参见《中华民国三十五年度台湾省行政长官公署工作报告（八、警务）》，载张海鹏主编：《台湾省行政长官公署施政与工作报告》（台湾光复史料汇编第六编），重庆：重庆出版集团、重庆出版社，2017 年，第 585 页。

行了长达数月的轰炸。遭受战火摧毁的台湾，满目疮痍、百废待举，物价飞涨、工厂停工停产，失业人口激增，重建社会秩序的治安工作更显艰困。

日本在台湾推行警察政治已久，严刑峻法之下，台湾民众惧怕和服从警察已成习惯和常态，连莠民对警察也不无畏惧。政权更替时刻，按照陈仪的既定政策，台湾社会已由战时进入平时，而且将实行宪政，因此军政与民政必须分开。"以警察维持治安，而不仰仗军队"，因此警政接收和社会秩序的维护都主要落在"台干班"师生的身上。

"台干班"成员刚毕业就直面接管工作，虽然"不能迅速地建立信仰与权威，执行任务时效力自然薄弱些"，但这些年轻的接收干部勇于任事，因而接管工作"就一般而言，尚无大差"。1946 年 4 月至 11 月间，台湾中南部地区虽然发生"三大警民冲突事件"，其中台南县的布袋事件、新营事件都是因为疫病原因，警方处理得当，未引发社会危机。员林事件中，虽有当地派出所警察滥用司法权的问题，但双方当事人都有责任，也算得到妥善处理。[①]

1946 年，陈仪在评价光复初期的台湾警政时说，"现在台湾的治安，较日本占领时代，虽然稍差，但只是盗贼流氓的偷盗，较前增加而已，并没有与我以前主闽时所见到几百几千大股土匪的骚乱"，"台湾的秩序，从表现上看虽不甚好，但因为条件不同，维持到现在的程度并不容易"。他认为"倘若主持民政者时常要请军队帮忙维持治安，即表示台湾政治不上轨道，也可以说，够不上现代文明国家的条件，那是不行的"——以陈仪的标准观之，彼时的台湾社会治安还属较上轨道。[②]

"台干班"作为接收台湾的基本警力班底，以千人之力承担光复时期台湾治安维护责任，并协助各项行政接收与重建工作。他们奉献心力，深入台湾民间社会，足迹遍及台岛的山间与海隅，是台湾社会"再中国化"的

---

① "三大警民冲突事件"：1946 年 6 月，台南县布袋嘴霍乱流行，台南县交通警察封锁布袋嘴引发警民冲突；1946 年农历 7 月中元节，台南县新营镇民众请戏班唱戏，台南县警察局以霍乱尚在流行不宜聚众为由，强行驱散群众引发警民冲突；1946 年 11 月，因与当地议员、穿日式制服的法院司法人员发生案件纠纷，台中县员林镇大陆籍警察滥用权力引发警民冲突。参见褚静涛著：《国民政府收复台湾研究》，北京：中华书局，2013 年，第 683—687 页。

② 参见《陈仪在台湾省参议会第一届第二次大会的开幕式上的讲话》（1946 年 12 月 13 日），载陈鸣钟、陈兴唐主编：《台湾光复和光复后五年省情（上）》，南京：南京出版社，1989 年，第 316 页。

一线践行者，被称为台湾警政的奠基者并不为过。"台干班"后来影响台湾警政数十年，学生中佼佼者如庄亨岱出任过"警政署署长"，王善旺担任过"内政部常务次长"。

第四节　台湾警政的重建

三个月的接收工作结束后，重建工作随即展开。

重建工作既包括补充警力缺口、重建警察力量和社会秩序，也包括剔除日本殖民统治色彩的警政制度，重建能够革新和超越内地警政缺失的台湾新警政。

一、警察机构的设立

根据《台湾省行政长官公署组织大纲》，"长官公署"设秘书处、民政处、教育处、财政处、农林处、工矿处、交通处、警务处、会计处共9处。

根据《台湾警政接管计划草案》，警务处"综理全省警察事务，直隶台湾省政府"，内设总务科、行政科、司法科、外事科共4科，另设秘书、会计2室。接管后，台湾省警务处基本照此设立。[①] 另外根据现实需求、结合日据时台湾总督府警务局直属机构设置情况，在警务处之下设立7个附属机构：1. 警察训练所。由日据时期总督府下属的"警察官及司狱官练习所"接管而来。2. 警察大队。根据《台湾警政接管计划草案》第10条，设立警察大队，辖3个中队，每中队辖3个分队，每队辖3班，每班设警长1名，警员15名，分驻省内各冲要地点，以便镇压非常。[②] 3. 警察电讯管理所。日本殖民统治当局极重视警察通讯工作，设有警察专用电话，分由警务局及各州厅警察机关管理。接收后，台湾省警务处重新设立警察电讯管理所，

---

① 参见《台湾省参议会第一届第一次大会台湾省行政长官公署施政报告：台湾省警务处工作报告》（1946年5月3日），载张海鹏主编：《台湾省行政长官公署施政与工作报告》（台湾光复史料汇编第六编），重庆：重庆出版集团、重庆出版社，2017年，第48页。

② 《台湾警政接管计划草案》第10条："警务处暂设保安警察大队，辖三中队、九分队，以控制一部机动武力，镇压非常。武力由原有警额匀调编组，不另增加员额，俟全省秩序安定后，即行撤销。"

管理全省警察电话和无线电台。4. 警察修械所。系日据时期警察修械所修复而来，负责警察车辆、枪械等装备维修。5. 铁路警察署。6. 警察协会。7. 警察被服厂。①

　　光复后，台湾地方行政区划最终确定为 8 县 9 市，警察机构也据此设立。具体而言，在基隆市、台北市、新竹市、台中市、彰化市、嘉义市、台南市、高雄市及屏东市政府之下成立警察局；台北县、新竹县、台中县、台南县及高雄县政府下也设置警察局，但台东县、花莲县及澎湖县没有成立警察局，仅在县政府里设警务科。其次，市警察局下再设分局，分局下辖派出所；县警察局则于各区设区警察所，警务科下则设派出所。此外，市警察局的附属组织还有消防队、义勇消防队、义务警察队及驻卫警队；县警察局的附属组织则有保安警察队、义勇消防队及义务警察队。②

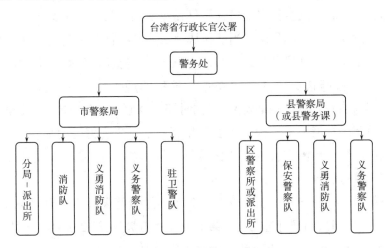

图 5-1　台湾省行政长官公署结构图

　　另外，重建工作还包括废除日本人的警衔和警察人事制度，改用大陆的警衔制度，建立新的警察人事任免制度。整体重建基本遵循《台湾警政接管计划草案》，警官由"长官公署"任免，警长、警员由警务处任免。日

---

　　① 《台湾警政接管计划草案》第 11 条规定的水警总队实际没有成立。
　　② 参见（台）陈纯莹：《光复初期台湾警政的接收与重建：以行政长官公署时期为中心的探讨》，载（台）赖泽涵主编：《台湾光复初期历史》，台北："中央研究院"中山人文社会科学研究所，1993 年，第 36—38 页。

据时期的巡查部长、巡查等名称被取消，巡查部长改为"警长"，巡查改为"警员"等。

二、警察权的重建

（一）"军警分离"，警察负责社会治安

清末民初，大陆的军警任务大多含混不分。台湾在日据中后期，军政退出，"警察万能"，严刑峻法和强大的警察权维持着台湾社会秩序。"警察大人"无所不在，指挥保甲、户警合一、犯罪即决，警察成为人人惧怕的对象。"当中华新警察要在这片土地重建新警政时，一些殖民时期'不合时宜'的统治技艺必须扬弃、修改或转变"。①

按照陈仪"军政与民政必须分开""以警察维持治安，而不仰仗军队"的治台政策，台湾社会治安的责任不借助军队的力量，完全交给警察机关，宪兵只起到偶尔协助的作用。当然，从"二二八事件"之后的台湾社会看，陈仪极力推崇的、现代文明必备的"军警分离"愿望在台湾并没有实现。

（二）推行违警罚法，颁布单行警察法规

根据《台湾接管计划纲要》，日据时期法令原则上都要废除，民国一切法令均适用于台湾，另可根据需要制定暂行法规。台湾光复后，为使台胞了解民国法令，台湾省警务处积极推行违警罚法，并参酌实际情形，颁布各种警察单行法规。

根据台湾省警务处订立的《台湾省各州厅接管期间三个月警务工作进度表》，违警罚法的推行进度是：第1个月"布告"，第2个月"宣传"，第3个月即开始"实行"。"警务处遂刊印违警罚法，附注日文，并编纂警务法令单行本，分发各级警察人员研读及向民众讲解，复于台湾警察及警风等刊物随时报道有关警察法令资料，或利用报纸通告之，俾广倡导，藉资遵守。此外，为求警察机关对于处理违警案件确实划一起见，特别订定处理违警案件划一办法，及违警罚锾提成充赏办法各一种，并制定各种书类表、式，通饬各级警察机关仿印采用，藉收整齐划一之效。"

从光复后的实际情况看，与日据时期的警察相比，台湾警察职权确实

---

① 转引自（台）陈纯莹：《走过大时代的身影：台湾警政史上的"台干班"（1945—1995）》，台湾科技大学硕士学位论文，2012年。

极大地被限缩，警察权的行使"仅限于违警罚法"。①

（三）将有关事项"脱警察化"，减少特种行业范围

虽然《台湾接管计划纲要》第16条规定"警察机关改组后，应注重警保组织，并加强其力量"，但光复初期，台湾省警务处却遵照《台湾警政接管计划草案》，将有关事项从警察主管事项中剥离：《台湾警政接管计划草案》第5条规定"接收后台湾户政应依照中央规定，归由自治机关办理，警察机关专办户口调查"；第6条"卫生行政划出隶属民政厅，警察机关只负执行之责"。据此，警务处将户籍划归民政处办理，警察机关只负责户口调查。"户、警分离后，户口调查簿正本移交民政机关接管，警察则留副簿继续办理户口查察事宜，以便监督管理地方不良分子，预防犯罪"。原来由警察机关主管的卫生行政和海港检疫事项被划归民政处办理，警察机关只负责环境卫生监督。另外，原属警察主管的山地教育、交易、授产、医疗等业务，分别划归教育、民政机关办理，警察机关则专负山地警卫之责，"当时山地警卫工作之重心在于查寻日军隐匿之武器与山地之保安"。

另外，根据国民政府法令，参酌地方实际情形，将日据时期警察机关所管理的74种特种营业，减少为旅馆、理发业、介绍业、按摩业等20种，分别拟定管理办法，倡导实行。"总之，除去了户政、山地行政、卫生行政……业务，光复后台湾警察的职权大体回归到一般警察的主办业务范围内，不再具有殖民地的色彩。"②

三、招募、培训台湾本地警察，重建警察力量

"长官公署"成立后，核定台湾省警察编制为9004人。当时赴台警务人员仅1001人，接收后、甄别前有台警5682人（其中警官255人，长警5427人），两者相加仍与编制员额差距颇大。政权过渡期间，为确保社会秩序，警政必须尽快步入轨道，因此，警力的补充成为重建的当务之急。

---

① 参见《陈仪在台湾省参议会第一届第二次大会上的讲话》，载陈鸣钟、陈兴唐主编：《台湾光复和光复后五年省情（上）》，南京：南京出版社，1989年，第316—317页。

② 参见（台）陈纯莹：《光复初期台湾警政的接收与重建：以行政长官公署时期为中心的探讨》，载（台）赖泽涵主编：《台湾光复初期历史》，台北："中央研究院"中山人文社会科学研究所，1993年，第48—50页。

　　台湾光复之初，在招募、培训台湾本土警察方面，"台湾警察专科学校"的前身——"台湾省警察训练所"可谓功不可没。[①]

　　1945 年 10 月 27 日，受降典礼一结束，"长官公署"撤销台湾总督府"警察官及司狱官练习所"，成立"台湾省警察训练所"（以下简称"警训所"），任命胡福相兼任所长。台湾省警务处通过"警训所"，以招募、培训新警察和调训留用台警两种方式，补充警力缺额，重建警察力量。

　　（一）招训新警察

　　台湾省警务处原计划立即调训全省留用台籍警察，但由于接收伊始，日警被遣送回国，各级警察机关人手不足，留用台警暂时无法离岗受训，因此，1946 年上半年先开展新警察招训工作，下半年开展台籍警察调训工作。

　　"警训所"成立后，立即开始招募新警察工作。根据《台湾警政接管计划草案》，招训依学历分警官班和警员班两个层次 4 种班级，高中以上学历为警官班，施以 6 个月基本警官训练；初中以上学历为警员班，施以 3 至 6 个月警员训练。前者招收 100 至 200 人，后者招收 3000 至 5000 人。

　　当时报考"警训所"新警察的主要是台湾省青年，也有少数大陆赴台青年。与"台干班"相比，这些新警察最大的区别是不谙"国文""国语"。警察作为"最接近民众之公务员"，若不懂"国文""国语"，则"政府之旨意无法表达，祖国之精神不能宣扬，失去警察领导之作用"。因此具备"通晓国文国语"的能力是对新进警察的最大要求，另外"警训所"的课程禁用日语、突出国语的普及和祖国国情的传授。

　　由于受训时间偏短，为求"在最短期间内变化气质，并能学以致用"，故"警训所"的教学内容"必须提纲挈领，择要施教，方能培养基本之警察精神，奠立警察学术之基础"。一般的情形是：国语教育占总教学时数的20%，政治训练占 20%，军事训练占 10%，警察学术占 50%。与"台干

---

　　① 1945 年，国民政府接收日本台湾总督府警察官、司狱官练习所，创设"台湾省警察训练所"。1948 年，"台湾省警察训练所"被改制为"台湾省警察学校"，办理初级警察教育。后经多次整合，于 1988 年升格为"台湾警察专科学校"，为 2 年制专科学校，其教学突出实用性、操作性，毕业生具有担任警正四阶以下职务的资格，是台湾基层警察的摇篮。"中央警察大学"和台湾警察专科学校是台湾地区目前仅有的两所警察院校。

班"相比，警训所的课程类别和课程数量都精简不少，但也根据光复后的台湾省情特点增加了山地行政、市容整理等新的科目。

截至 1946 年度，"警训所"共招募、培训新警察干部 3141 人，其中含工矿警察 1 期 300 人，森林警察 1 期 75 人，铁路警察 1 期 75 人。[①]

（二）调训留用台警

"登记考核台籍警察"是接收第 1、2 月的工作重点。据统计，全省应调训的留用台警有 4800 多人，"警训所"安排分 8 期调训，也分警官和警员两个层次，各期受训时间为 1 个月，计划 10 个月完成全部人员的调训任务。

与新警察的招训相比，留用台警的调训侧重灌输三民主义信仰和中华新警察精神，"国文""国语"自然也是重要的必修课，目的都是增强对祖国的向心力，以便融入新的政权体制并更好地开展警务工作。

无论对新警察的招训，还是对留用台警的调训，"警训所"的教职员主要由"台干班"师生担任。"台干班"的警察干部多数会闽南语或者客家话，也是被调到"警训所"担任台湾本省警察培训工作的原因。

至 1946 年底，日警被全部遣返后，通过招训新警察，台湾省各级警察机关实有警察人数增至 8288 人，其中警官 1387 人（台籍 419 人）；基层警员 6901 人（台籍 6226 人）。台籍警察占总数的比例为 80%，台籍警官与大陆籍警官比例为 30：70。[②]

四、组建专业警察，强化特定领域整治

早在 1940 年，国民政府曾在全国经济会议之下，成立临时经济检查队，执行取缔囤积居奇、投机操纵等事宜。嗣后隶属于国家总动员会议，于四川设总队，下设 3 个大队。其组织虽未纳入警察系统，但是性质类似经济警察。1947 年，上海市警察局曾经成立经济警察大队，内分金钞、纱布、粮食、燃料及日用品等 5 组。同年国民政府内政部警察总署曾举行全国警政检

① 参见《中华民国三十五年度台湾省行政长官公署工作报告（八、警务）》，载张海鹏主编：《台湾省行政长官公署施政与工作报告》（台湾光复史料汇编第六编），重庆：重庆出版集团、重庆出版社，2017 年，第 580 页。

② 参见褚静涛著：《国民政府收复台湾研究》，北京：中华书局，2013 年，第 668 页。

讨会议，拟普设经济警察，但因国共内战，时局动荡，经济警察制度终未建立。

日据台湾时，其总督府于1938年设立经济警察制度，对台湾经济进行强力统制，以支援其侵略战争。在"台调会"研究设计台湾接管方案过程中，吴健华在《论重建台湾政制之原则》一文中认为经济警察等属于特种警察，容易招致人民反感，社会情况好转后，其业务应当交给普通警察。

国民政府接管台湾后，警务处长胡福相为与日据时期警察相区隔，坚持废止经济警察。但随着接管工作逐步完成、警政事业走上正轨，行政长官陈仪强调为完成5年经济建设计划，必须设置经济警察，以配合统制与专卖制度。1947年1月22日，《台湾省经济警察组设计划大纲》颁布，警务处从现任警官及经济事业机构中罗致人才100人，在"警训所"设置"经济警察讲习班"，自1947年2月23日至3月23日，施以1个月讲习。①

"经济警察讲习班"举办期间，"二二八事件"爆发，学员陈应彭回忆当时情形："根本不知道外面发生了事情，也不知道有包围行政长官公署的情形。"② 学员们随即被调往台湾省警务处担任警卫任务，培训也因此中断了一段时间。

"二二八事件"显示维护台湾经济秩序的急迫性，促使台湾设置经济警察的脚步加快。1947年4月1日，根据《台湾省经济警察组设计划大纲》，警务处设置第四科（经济科），各县市警察局亦增设第四科，掌理范围为：关于经济与生产之保护事项，关于违反经济法令之取缔事项，关于经济情报之搜集事项，其他有关经济警察事项。

"二二八事件"后，台湾省政府主席魏道明以"在安定中求繁荣"为施政方针，强调实施经济警察制度并非要实施经济统制，而是要协助经济建设。然而战后重建中的台湾，重要物质仍供不应求，物价不断上涨，民生困苦，因此经济管制工作是当时经济警察的重心。1949年，陈诚继任台湾省主席，以"民生第一，人民至上"为施政原则，但彼时国共内战逆转，

---

① "台干班"不少成员也被选入"经济警察讲习班"。

② 参见（台）蔡慧玉访问、吴美慧记录：《光复台湾与战后警政："台湾警察干部训练班"口述访谈纪录》，台北："中央研究院"台湾史研究所，2014年。转引自何妍：《光复初期的台湾警察训练：以"台湾警察干部训练班"为中心》，厦门大学硕士学位论文，2017年。

大陆各省大批人员疏散来台，台湾人口遽增，粮食供不应求，于是囤积居奇、投机操纵的现象更加恶化，经济秩序呈现一片混乱，经济警察也面临更艰巨的挑战。

　　为强化经济警察组织，1950 年，台湾省府增加经济警察名额，全岛达到 400 人左右，协助整顿税收，加强查缉取缔工作，经济警察组织发展达到兴盛期，因其与日据时期的"战时经济警察"色彩相当接近，引发民众反感。显然经济警察为台湾经济提供了稳定的助力，同时也让警政当局试图改善的警民关系增添阻力。①

　　台湾省铁路交通较为完备，但日据时期没有铁路警察署，铁路交通秩序由沿线各段警察机关派警员负责。光复之初，铁路交通繁忙但治安不良，1946 年 1 月 23 日，台湾省警务处特设铁路警察署，将台湾省铁路东西两线分作 5 段，下设 12 个铁路警察所，负责维持各站和铁路沿线秩序。在"二二八事件"中，铁路警察署未能确保交通顺畅，且受创惨重，遂于 1947 年 4 月 1 日被撤销，铁路沿线治安工作转由台湾省铁路管理委员会警务室办理。

五、"二二八事件"对台湾警政重建的冲击

台湾警政的重建工作因"二二八事件"而受挫。

　　1947 年 2 月 27 日傍晚，台湾省专卖局缉私队在查缉私烟过程中，对个体烟贩林江迈粗暴执法引发"二二八事件"。事前缉私队要求警务处警察大队派员协助缉私，该队轮派的 4 名警员皆是大陆赴台的"台干班"——"初干班"的毕业者，分别为：分队长蔡厚勋，警员何惠民、张国杰、张启梓，他们随专卖局 6 名缉私员行动，除了张国杰，其余 3 人都携带配枪，但是 3 人皆未开枪。

　　当时"长官公署"、警务处、警察弹药库等的警卫防务由警务处警察大队及临时从"警训所"调集的"经济警察讲习班"学员负责。事件经广播传递开来后，各地群众蜂起，纷纷以警察局或派出所为主要攻击目标，抢夺枪械、打砸警察局或派出所公物。"二二八事件"爆发后，除直属警务处

---

① 有关经济警察部分参考台湾学者陈纯莹《战后台湾经济警察之研究（1947—1960）》一文，该文载台湾《人文社会学报》，2006 年第 2 期。

的警察大队还算积极执行任务外，台籍警察大多持消极态度，弃岗或观望，任由民众将警械、武器取走，甚至有台警加入抗争队伍。分散各地的"台干班"成员，不仅亲身经历了一场终生难忘的震撼教育，危机处理能力也面临严峻的考验。

受"二二八事件"冲击，台湾省的警政重建工作迅速转向。3月21日，"警备总部"下令展开绥靖清乡工作，警务工作的重点被迫转向协助军方绥靖清乡，如清查户口、收缴武器、严密监视治安顾虑人口、协助查办参加暴乱人员、协助驻军清除地痞流氓等。直至5月16日"戒严令"解除，协助绥靖清乡工作始告结束。

"二二八事件"后，台湾警政的重点转向"肃奸防谍"。警务处为了解社会动态，要求所属各机关搜集重要治安情报，各县市警察局则分别指定人员负责情报联络工作。此后，搜集"日共""台共""日谍""匪谍""俄谍"嫌疑分子名单，编成"奸嫌名册"并逐级上报成为各级警察机关重要工作任务。[1] 至此，台湾警察完全变为政权稳固的工具，台湾警政进入威权时期。

---

[1] 参见（台）陈纯莹：《走过大时代的身影：台湾警政史上的"台干班"（1945—1995）》，台湾科技大学硕士学位论文，2012年。

第三编　威权时期（1949—1990）

第六章 威权政体与"戒严"法令

一般而言，现代政治体制通常被分为三种类型：极权政体、威权政体、民主政体。威权政体是介于极权政体与民主政体之间的政治形态，强调国家对社会的控制，但社会在国家的支配下，仍具备部分自主力量。

威权政治体制出现于 20 世纪 20、30 年代的西南欧国家。1964 年，美籍西班牙学者胡安·林兹发表《西班牙的威权政体》一文，以西班牙佛朗哥政府为研究对象，首次提出"威权政体"的概念并作出界定。

台湾经历短暂的光复期后，1949 年，败退台湾的国民党政权为图"反攻复国"，将在大陆内战时的"动员戡乱体制"延续到台湾，并宣布台湾实行"戒严"。此后直至 1987 年解除"戒严"、1991 年终止"动员戡乱时期"，在长达 43 年的时间里，国民党政权对台湾社会实行严密的控制，这便是台湾的威权时期。

鉴于这一时期，台湾地区的实际控制权掌握在蒋介石及其子蒋经国手里，因此至 1988 年蒋经国去世前，该时期又被称为"两蒋时代"。

第一节 威权政体的确立

第二次国共内战后期，国民党在大陆的统治已进入倒计时。1948 年 12 月，蒋介石撤换"二二八事件"后上任的台湾省主席魏道明，任命陈诚为台湾省主席，开始为退往台湾做准备。

一、"戒严"期间

早在解放战争三大战役前夕，为动员国统区的人财物资源，"戡平"所谓的共产党"叛乱"，1948 年 5 月 10 日，国民党政权出台"动员戡乱时期临时条款"，宣布全国进入"动员戡乱时期"。

原定"动员戡乱时期"仅有两年半，但1949年10月1日中华人民共和国成立，国民党政权败退台湾后，1954年3月11日蒋介石政权在台北召开的第一届"国民大会"第二次会议上，宣布"动员戡乱时期临时条款"继续有效，台湾从而开始了"动员戡乱"非常时期。

在这43年里，台湾又有"戒严"叠加。

1949年5月，中国人民解放军在福建沿海待命，准备解放台湾。5月19日，台湾省主席兼省警备总司令陈诚颁布"台湾省戒严令"，宣布自1949年5月20日起在台湾省全境实施"戒严"。直至1987年7月15日解除"戒严"，台湾"戒严"时期共持续38年56天之久。①

"解严"之时，"动员戡乱时期"仍未结束。直到1991年5月1日，台湾当局才决定废止"动员戡乱时期临时条款"，结束长达近43年的"动员戡乱时期"。

在"戒严"叠加"动员戡乱"期间，为了"反攻复国"，台湾当局对社会进行严密的控制，台湾社会一直处在战争般的紧急状态，人民的基本权利没有保障。

二、威权政体形成的背景

1950年是国民党政权危机重重、生死存亡的一年。

（一）解放军攻台的军事压力

早在1949年3月，中共中央即发出"中国人民一定要解放台湾"的号召。10月1日，新中国成立，蒋介石与国民党部分军政人员退踞台湾。1950年4、5月间，海南岛和舟山群岛解放，中共中央再次提出"解放台湾为全党最重要的战斗任务"，华东军区，第三野战军前委发布了《关于攻台准备工作的指示》。解放台湾是渡海登陆战，新中国海军、空军力量非常薄弱，与国民党军队相差悬殊，没有海、空军配合，解放台湾实际上面临巨大的困难。1949年金门之战的失败，并没有动摇中国共产党解放台湾的决心。1950年6月，毛泽东主席命令第三野战军做好解放台湾的一切准备，

---

① 该"戒严令"实行时间仅次于叙利亚阿萨德政府所颁布的戒严令，是迄今为止世界上第二长的戒严令。

福建前线 10 余万兵力厉兵秣马，解放台湾进入最后的实施阶段。

（二）美国的"弃蒋"政策

台湾是否能够成为国民党统治集团的最后容身之地，最终取决于美国的态度。1949 年，蒋介石逃台前，美国的"弃蒋"态度已逐渐明显。一方面，美国先欧后亚的国际战略，使其不愿意在中国内战问题上铤而走险；另一方面，为阻止中苏结盟，美国又想借助台湾牵制中国。1950 年 1 月 5 日，美国时任总统杜鲁门正式就台湾问题发表声明，重申《开罗宣言》和《波茨坦公告》；承认中国对台湾拥有主权；表示美国无意在台湾获得特别权益和建立军事基地、美国无意在台湾建立"亲美独立"政权、美国政府不会向台湾提供军事援助或军事顾问，不介入中国内战等。美国的"弃蒋"脱身政策使刚刚在台湾落地的国民党政权几乎陷入绝境。

（三）朝鲜战争使台湾问题长期化

二战之后，美、苏两大军事集团为争夺世界霸权，逐渐形成相互对峙的"冷战"格局。1950 年 6 月 25 日，朝鲜内战爆发，美国将其视为以苏联为首的社会主义阵营在东北亚的扩张，挑战了美国的利益，因此武装干涉、军事介入朝鲜内战。6 月 27 日，杜鲁门以"共产党部队占领台湾，将构成对太平洋地区及驻扎在此区域内的美军直接的危险"为由，宣布"台海中立化"，并下令第七舰队侵入台湾海峡。美国政府同时抛出"台湾地位未定"论，随后恢复对国民党政权大规模的军事与经济援助。中国共产党作出了"抗美援朝，保家卫国"的决策，解放台湾的计划被迫暂时搁置。

朝鲜内战使美国的"弃蒋"政策调整为"扶蒋保台"，几近覆亡的国民党政权避免了被消灭的命运。在美国的支持下，台湾以"反攻复国"为企图，开始深耕台湾。而美国的经济与军事援助，也使国民党政权起死回生。1954 年 12 月，台湾与美国签订"共同防御条约"，国民党政权以顽固的反共立场被纳入西太平洋军事防线，获得以美国为主的西方国家阵营支持，也意味着中国人民解决台湾问题将陷入长期化。

三、国民党威权政体的确立

朝鲜战争缓解了存亡危机后，蒋介石彻底反思在大陆的溃败教训。他痛感党政军互相掣肘是战局失败的根本原因，决心对国民党进行彻底的改造，重新调整国民党与"政府"、军队和社会之间的关系，重建国民党的领导地位和权威。

（一）国民党的党务改造

按照孙中山先生的"宪政三阶段"理论，1947 年"中华民国宪法"实施后，国民党应该从一个领导革命的政党转变为一个宪政国家的普通政党，但秉承"国父遗教"的国民党退踞台湾后却走向了相反的方向。1950 年 1月，蒋介石亲自策划成立了国民党改造小组，7 月国民党通过"本党改造案"，将国民党界定为"革命民主政党"，意为"为民主而继续革命的政党"。对此，台湾学者江宜桦一针见血地指出，其"革命的手段用于扫除共产党，民主则用来表示自己属于自由阵营"。①

派系政治是国民党在大陆时的一个痼疾，党内有 CC 系、政学系、团派、军统系、财经系等派系。1950 年 8 月 5 日，国民党成立以陈诚、蒋经国等 16 人组成的"中央改造委员会"，正式接管"中央党部"的职权，取代原来的"中央执行委员会"和"中央监察委员会"，成功将派系人物和地方军阀势力排除在权力核心之外。9 月 1 日，"中央改造委员会"宣布"本党改造纲要"，国民党改造运动自此开始。

国民党改造从中央党部和直属区党部开始，在地方则成立省改造委员会和县市改造委员会，对地方党部和社会各部门也进行全面改造。在党务改造中，蒋介石精心挑选权力核心人物，清除派系人物，建立起自上而下，政令畅通的组织体系。通过改造，也拔擢了青年才俊，发展了党员人数，台籍党员被大量吸纳。

1951 年 2 月 1 日，"中央改造委员会"通过"反共抗俄总动员纲要"，以"反共抗俄"名义，明确国民党在政治、经济、文化、社会领域的领导中枢地位。1952 年 10 月 10 日，国民党在台北中山楼召开中国国民党第七次"全国代表大会"，修订"中国国民党党章"和"中国国民党政纲"等文件，选举成立第 7 届中央委员会，蒋经国当选中央常务委员，进入权力核心，至此国民党改造结束。

党务改造直接关系国民党在台湾统治的存亡续绝，是国民党整肃纲纪、重塑新生的"重要里程碑"。通过改造，国民党老迈衰朽的面目有所改观，

① 参见（台）江宜桦：《台湾战后政治思想与民主运动》，载（台）朱云汉等著：《台湾民主转型的经验与启示》，北京：社会科学文献出版社，2012 年，第 271—279 页。

派系内耗得以遏制，国民党的组织力、执行力明显增强，"党国威权统治"自此拉开序幕。

（二）"以党领政""以党领军"的党政军关系

国民党改造后虽然自称"革命民主政党"，但其在台湾建立的政权体系，却具有十分鲜明的"党国体制"的特征，主要体现在"以党领政"和"以党领军"上。

1. "以党领政"

根据"本党改造纲要"，在党政关系上，其指导思想是国民党的统治意志应由在民意机关与"政府部门"的党员透过法定程序变成"法令"和"政令"。1951年2月，"中央改造委员会"制定的"中国国民党党政关系大纲"规定：（1）在县市以上各级"民意机关"，设立由国民党籍"议员"组成的"议会党团"，凡是国民党员均须在"议会"中发挥党团作用。（2）在县市以上各级行政机关，设立"从政党员政治小组"，以贯彻执行上级政策。（3）在党、政、民意机关的协调方面，在"中央委员会"下设置"党政关系会议"，为党政关系的最高领导机关；在地方，直到乡镇都设置由党、政、民意机关主要党员组成的"政治综合小组"，负责相互之间的协调工作。

2. "以党领军"

国民党掌握军队的机制是"政战制度"，但推行"政战制度"的难度远大于"以党领政"。"政战制度"由两个系统组成：一是党务工作系统（党工系统），主要任务是在军中建立党组织，巩固国民党对军队的领导；二是军事性质的政治工作系统（政工系统），负责军队的政治精神教育和战时动员等。国民党在军队中引进"政战制度"，既不符合"宪法"关于政党不得介入军队的明文规定，也不符合美国的意愿，驻台美军顾问团多次质疑该制度浓郁的"苏联色彩"。[①]为规避"宪法"的禁止性条款和应付美国的干扰，蒋介石采取了更为灵活的措施，即在军中建立非公开的党组织（特种党部），负责党员发展、教育、动员、监督等党务工作。公开的则是政工系统，由"国防部"内设的"总政治部"（后改为"总政治作战部"）领导，

---

① "中华民国宪法"第138条："全国陆海空军，须超出个人、地域及党派关系以外，效忠国家，爱护人民。"第139条："任何党派及个人不得以武装力量为政争之工具。"

蒋经国担任主任。各级部队之政工主管，上自"总政治部"主任，下至营、连辅导长，为同级指挥官的政治幕僚长，兼任党部委员会书记，负责党工与政工业务。① 蒋经国在台北创办"政工干校"，持续培养军中政治作战干部。国民党的"政战制度"虽然完全背离"宪法"，但却实现了国民党对军队的严格控制，对巩固威权政体无疑至关重要。

国民党不仅掌控各级党政军组织，而且通过"党国体制"将党组织渗透到工农商学各个界别，实现了国民党对"国家"机器和社会各阶层的全部掌控和渗透，还通过对媒体和教育系统的控制，使台湾社会在思想上保持相对一致性。

（三）"地方自治"，解决政权的合法性问题

"地方自治"和土地改革，是国民党政权争取台湾本地人民支持，以获取政权合法性的重要举措。由于国民党当局与台湾社会没有渊源关系，地方选举可以产生一种效果，即国民党的统治是得到地方精英支持与合作的。

地方自治在孙中山先生的学说中占有重要地位。国民党在台湾实施的地方自治，基本上还是延续了孙中山先生的理论建构。② 1950 年 1 月，"台湾省各县市实施地方自治纲要"颁布，4 月，地方选举开始。③ 凡年满 20 岁、未被剥夺公民权且在选区内连续居住 6 个月以上的公民，均可成为选民；候选人不论党籍、可组织各种竞选活动，如设置竞选办事处和助选员、举办政见发表会和演讲、做竞选广告和传单、走访选区内的选民等。

国民党当局 1950 年在台湾实行的地方选举，最开始仅开放县市级以下地方公职选举，包括县市长、县市议员、乡镇长、乡镇市民代表、村里长。1954 年，省议员也被纳入地方选举范围，都是以公民直接选举方式选出。但 1994 年前台湾省长和"直辖市"市长等关键职位一直维持"行政院"派任的方式，不纳入地方选举的范围。

---

① 直到 1966 年，台湾地区才取消军中党部和党务专职干部，改由军事主官主管本单位的党务工作。参见陈文高：《"中华民国宪法"在中国台湾地区的发展以及其威权政体的政治转型研究》，复旦大学硕士学位论文，2009 年。

② 有论者认为，台湾的地方选举起源于日本殖民统治时期建立的"地方自治"制度。笔者根据自己的观察与研究，并不赞同上述判断，但认为日据时期的"自治"，一定程度影响国民党在台的地方自治方针。

③ 乡镇市民代表和村里长的选举在 1946 年 2 月已开始。

虽然台湾的县市层级选举很大程度上受国民党的操纵，说是"半自治"更为贴切，但从选举定期举办、选举参与人数的普遍性、选举过程的开放性等观察，仍然具备西方政治学理论上的"民主"意义。对国民党政权而言，在不构成对自身统治地位威胁的前提下，实行地方自治可以吸纳台湾本地精英，收编地方势力，形成政权的统治联盟，也使威权统治呈现出一定的政治多元性。①

（四）土地改革，国民党政权在台站稳脚跟

除了地方自治，败退台湾的国民党政权同时进行土地改革和一系列经济改革。特别是土地改革，不仅获得巨大成功，而且使国民党政权在台湾站稳了脚跟。

光复之初，国民党当局并没有在台进行土地改革的意图，台湾省行政长官公署仍然按照大陆时的粮食征收与分配制度，在台实行实物地租缴纳制，以应付国民党的内战需要。由于农民负担加重，地主被强制性收购余粮，台湾地区的农户和地主对国民党政策心存不满。

国民党政权在台湾实行的土地改革分三个步骤：

第一阶段的"三七五减租"。即佃农对地主缴纳的地租，一律不得超过正产物全年收获总量的37.5%，副产物则全归佃农所有。

第二阶段为"公地放领"。主要是将光复后从日本殖民机构及日本人私有的耕地接收后转换为公地的土地，放领给农民承租。1952年6月"台湾省放领公有耕地扶植自耕农实施办法"颁布，规定公有耕地，除公营生产事业机构业务上必须保留者以外，一律以最优厚的条件放领给现耕农民。至1952年底，该项政策已使台湾省5.5万户佃农拥有了自己的土地。

第三阶段是实施"耕者有其田"政策。该政策是指地主保留"七则至十二则水田"的三甲以维持生活，其余耕地由当局接收进行放领。当局则以七成实物土地债券和三成公营事业股票搭发，对地主土地进行地价补偿。②

---

① 参见孙代尧：《威权体制下台湾的地方选举与政治变迁》，载《台湾研究》，2002年第1期。

② 参见孙代尧著：《台湾威权体制及其转型研究》，北京：中国社会科学出版社，2003年，第72—73页。

土地改革对国民党政权在台湾初期的稳定与发展意义重大：第一，土地改革极大增加农民权益，从根本上改变了台湾传统农村社会的阶层结构。通过土地改革，国民党成功地和广大的台湾农户建立了信任关系，有利于稳定国民党的统治局势。第二，"二二八事件"之后，台湾社会唯一可以和国民党政权抗衡的阶层就是台湾地主阶级。土地改革剥夺了后者的土地特权，并使之遭到重创而走向消亡。地主阶级的消失，又排除了台湾现代化进程上最大的保守势力。① 第三，土地改革促进了台湾本地资本的形成。国民党当局在土地改革中征收了大量的土地，也为此向地主支付了巨额的地价补偿，为台湾本地资本的形成奠定了初步的基础。

第二节　"戒严"法令

经过两年多的党务改造，国民党成功建立了"以党领政""以党领军"的威权政体；又通过土地改革和地方自治，在台湾获得了一定的社会基础，站稳了脚跟，但标榜"民主宪政"的国民党政权在台湾还面临严峻的"法统"危机。

一、国民党政权的"法统"危机
（一）国民党政权的"法统"危机

"法统"一词是民国初期流行的政治术语，是指权力的法律来源或法律依据，即政权取得或传承的合法性与正当性。②

1911 年，孙中山先生领导的"中国同盟会"建立了中国历史上第一个有别于封建专制的资产阶级共和国——中华民国，共和的理念得到当时大多数人民的认可。1927 年蒋介石清洗、镇压共产党以后，在南京建立的国民政府继续打起中华民国的旗号。1946 年 12 月 25 日，蒋介石违反重庆谈

---

① 台湾光复之初，岛内地主阶级无论是在经济领域还是政治领域都是社会的领导阶层，在各级民意机构特别是省参议会里，几乎所有的参议员都是台湾各地有名的地主。参见陈文高：《"中华民国宪法"在中国台湾地区的发展以及其威权政体的政治转型研究》，复旦大学硕士学位论文，2009 年。

② 参见张晋藩：《辛亥革命百年话法统》，载《法学杂志》，2011 年第 11 期。

判约定,在强行召开的"国民大会"第一次会议上通过"中华民国宪法"。① 由于"国民大会"是在排除中国共产党和其他民主党派参加的情况下召开,因此中国共产党不承认"中华民国宪法"的代表性和合法性,但蒋介石为获得政治上的正当性,从此将"中华民国宪法"奉为其政权合法性的根据。

"中华民国宪法"颁布不久,中华人民共和国即宣告成立,并在大陆实行有效统治,在国际社会也得到绝大多数国家的承认,成为代表中国的唯一合法政权。1949 年 12 月 7 日,国民党政权败退台湾后,"中华民国"的统治地域仅及于台澎金马等岛屿,"中华民国宪法""代表全中国"的"法统"地位发生了根本的动摇,面临崩溃的危机。

(二)以"动员戡乱"维"法统"不坠

"中华民国宪法"是国民党声称对整个大陆拥有主权的法理依据,为延续其"法统"地位,蒋介石遂继续以"中华民国"国号和"中华民国宪法"为旗号,号召"反攻复国"。因此,1950 年 3 月,蒋介石在台北恢复"总统"职位后,即以"中华民国宪法"来重新建构作为运行实体的"中央民意机构"——"国大"和"一府五院"政治架构。② 但在"恢复"与"构建"时遭遇了极大的现实与法律麻烦:根据"中华民国宪法",构成"国民大会"代表、"监察院""立法院"委员按照大陆的省、市、县(含蒙古、西藏)配额选出。1946 年在大陆选出第一届"国会"后,因国民党政权逃到台湾,每 6 年改选一次的"国民大会"代表和"监察委员"、每 3 年改选一次的"立法委员"都无法改选了;而如果在台湾本地选举,则对外就面临是否还能再声称"中华民国""代表全中国"的问题。

为解决"中央民意代表"任期问题,1954 年 1 月 29 日,台当局由具有"宪法"解释权的"司法院大法官"作出"释字第 31 号"解释,宣告无限期延长"立法委员"和"监察委员"任职期限;同年,"行政院"通过决议,

① "中华民国宪法",1946 年 12 月 25 日通过,1947 年 1 月 1 日公布,1947 年 12 月 25 日生效。1949 年 2 月,中共中央发布《关于废除国民党的六法全书与确定解放区司法原则的指示》,正式否定"中华民国宪法"。

② 台湾地区的"中央政府"由"一府五院"组成:"一府"即"总统府","五院"为"立法院""司法院""行政院""考试院""监察院",分别行使"立法、司法、行政、考试、弹劾"五权。

称"在第二届代表选举不能实行时,可适用'宪法'第 28 条每届国民大会代表之任期至次届国民大会开会之日为止的条文"。如此,则国民党借"动员戡乱"之机将"国会"选举封闭,一劳永逸地解决"国民大会"代表的任期问题。这一封闭就长达 40 余年,第一届"中央民意代表"直到 1992 年底才全部退职,被诟病为"万年议员";由"国民大会""立法院""监察院"共同构成的"中华民国""国会"则被讥为举世罕见的"万年国会"。①

二、"戒严"法令统领社会

（一）"临时条款"成真正"宪法"

1. "临时条款"出炉,授予"总统"紧急处分权

"中华民国宪法"颁布不久,为镇压中国共产党领导的人民解放运动,1948 年 5 月 10 日,蒋介石在南京通过了"动员戡乱时期临时条款"（以下简称"临时条款"）,目的是在动员"戡平共产党叛乱"的幌子下,授予"总统"不受"宪法"限制的决定政治、经济和社会生活的紧急处分权。②"临时条款"原定的"动员戡乱时期"仅有两年半,败退台湾后,国民党政权在 1954 年 3 月 11 日召开第一届"国民大会"第二次会议,宣布"临时条款"继续在台湾实施。

2. 1960 年第一次修改"临时条款","总统"可连任

1960 年,蒋介石第 2 届"总统"任期即将届满。按照"中华民国宪法"规定,"总统"连选连任只能一次,如再连任即属"违宪"。3 月 11 日"国民大会"第三次会议召开,会上"临时条款"第 3 条被修改为"动员戡

---

① 台湾"司法院大法官释字第 76 号"解释称:"'国民大会'代表'全国国民'行使政权,'立法院'为最高立法机关,'监察院'为最高监察机关,均由人民直接、间接选举的代表或委员组成,虽其职权行使方式,如定期集会、多数开议、多数决等,不尽与民主国家国会相同,但其所行使的职权为民主国家国会重要职权。因此,就宪法上地位及职权性质而言,应认'国民大会''立法院''监察院'共同相当于民主国家的'国会'（因此也被称为'中央民意机构'）"。但笔者认为,从职权的范围看,台湾的"国会"与真正的"国会"还是相差甚远,而"立法院""监察院"又与"一府五院"部分重叠,因此,"国民大会"及其"国会"被岛内舆论诟病为"宪政乱源"不无道理。

② "动员戡乱时期临时条款",1948 年 5 月 10 日公布,1954 年 3 月 11 日决议继续有效,分别于 1960 年 3 月 11 日、1966 年 2 月 12 日、1966 年 3 月 22 日、1972 年 3 月 22 日修改,1991 年 5 月 1 日被废止。

乱时期总统、副总统得连选连任，不受宪法第 47 条连任一次之限制"。此为"临时条款"第一次修改，赋予"总统"不受限制的连任的权利。此后，蒋介石在 1966 年、1972 年都顺利当选第 4、5 届"总统"。1975 年 4 月 5 日蒋介石在"总统"任内去世，成为事实上的"终身总统"。

3. 继续修改"临时条款"，设置"国家安全会议"

根据 1946 年制定的"中华民国宪法"规定，"总统"仅有统帅三军的权力，其他行政权力均受"立法院"或"行政院"制约。1966 年 2 月、3 月与 1972 年 3 月，台当局三次修改"临时条款"，使"总统"的权力不断扩充，包括设置"动员戡乱"机构、决定"动员戡乱"大政方针和处理战地政务的权力，"总统"适应"戡乱"需要调整行政机构、人事机构和组织的权力，充实"民意代表"不受"宪法"规定限制的权力，宣告终止"动员戡乱时期"的权力等。据此，蒋介石无须经过"立法院"，在 1967 年直接设置了超越"五院"之上的"国家安全会议"。根据随后制定的"戡乱时期国家安全会议组织纲要"，"国家安全会议"不是"会议"，而是享有"决定动员戡乱大政方针"等 7 项重要权力的台当局最高决策机构。"国家安全会议"以"总统"为主席，"副总统""行政院长""行政院副院长""国防部长""外交部长""财政部长""经济部长""参谋总长""秘书长"等组成，下设情报特务机构——"国家安全局"。通过"国家安全会议"，"总统"蒋介石成为事实上的行政首脑，"行政院"则成为"国家安全会议"的执行机构。

"中华民国宪法"是维持蒋氏政权在台统治的合法性的基石，为了维持"法统"不坠，国民党政权首先以"动员戡乱"之名，以"国家"进入"动员戡乱时期"为由，将"临时条款"凌驾于自奉为"法统"的"中华民国宪法"之上，并使之发挥实际的"宪法"作用。其次，通过多次修改"临时条款"，使"总统"不仅可以连任，还享有几乎不受约束的专制独裁权。可以说，威权时期，台湾的真正"宪法"不是"中华民国宪法"，而是"临时条款"。

（二）宣布"戒严令"，行政、司法权移交"军管"

"戒严法"于 1934 年 11 月公布施行，经 1948 年、1949 年两次修订，共 13 个条文，规定了"戒严"的基本问题。① 其第 7 条规定："戒严时期，接战地域内地方行政事务及司法事务，移归该地最高司令官掌管，其地方行政官及司法官应受该地最高司令官之指挥。"

1949 年 5 月 19 日，台湾省主席兼省警备总司令部司令陈诚根据"戒严法"，宣布"台湾省戒严令"，划全省为台北市、北部、中南部、东部、澎湖五个"戒严区"，关闭港口、实施宵禁、严格出入境管理。②

"戒严"是"军事统治"的代名词。一个国家或地区，平常情况下，地方行政、司法事务属于民政，民政与军政是严格区分的。但台湾被宣布"戒严"后，作为所谓的"接战地域"，其地方行政及司法事务被"依法"移交给当地最高军事司令官掌管，也就是实行"军管"。在"戒严"状态下，常态"法律"不再适用，代之以各种"非常时期"的法令和军队指挥官的命令。

（三）以反共为目的的政治刑法极为严峻

为遏止所谓的"中共武力侵犯、渗透和颠覆活动"，台湾当局制定了扩及台湾社会几乎所有公私单位的政治审查制度——"连坐保证制度"，颁布"反共保民总体战纲要"，规定台湾人必须宣誓："我自己绝不通共，并不容人通共，如违此誓言，愿受民众大会制裁。"

1950 年 4 月，台湾当局修订公布"惩治叛乱条例"，扩大惩处范围，加重惩处标准。③ 1950 年 6 月颁布"戡乱时期检肃匪谍条例"，规定保甲长或里邻长应随时严密清查"匪谍潜伏"，"各机关、部队、学校工厂或其他团体所有人员，应取具二人以上之连保切结，如有发现匪谍潜伏，连保人与该管直属主管人员应受严厉处分"。④ "惩治叛乱条例"与"戡乱时期检肃匪谍条例"内容极为概括，法律责任极为严峻，动辄死刑，加之"刑法"第 100 条规定的"内乱罪"，成为国民党当局残酷迫害中国共产党人士、政

---

① "戒严法"最初由南京国民政府公布施行于 1934 年 11 月 29 日，1948 年 5 月 19 日、1949 年 1 月 14 日两次修订。

② 作为省政府主席兼省警备总司令的陈诚，本无权发布"戒严令"，但国民党政权为使其发布"戒严令"的行为合法化，1949 年 11 月 2 日，由"行政院"将台湾划定为"接战地域"；1950 年 3 月 14 日，由"立法院"追认陈诚发布的"戒严令"的合法性。

③ 台"惩治叛乱条例"，1949 年 6 月 21 日公布，1950 年 4 月 26 日修正后重新公布，1958 年 7 月 26 日再次修正，1991 年 5 月 22 日被废止。

④ 台"戡乱时期检肃匪谍条例"，1950 年 6 月 13 日公布，1953 年 12 月 28 日修正 1 次，1991 年 6 月 3 日被废止。

治异见人士、左派人士的特别刑法。整个 50 年代，台湾社会笼罩在可怕的"白色恐怖"中。60 年代之后，随着政治局势逐渐安定，相关政治案件有所减少，但"自由中国事件""美丽岛事件"再次向台湾民众宣示了参与政治的巨大危险性，大多数台湾民众对政治噤若寒蝉。但以"反共"为目的的"军事戒严体制"也孕育了日后不断高涨的社会抗争运动，国民党的"白色恐怖"也催生了自身的掘墓人。

（四）剥夺人民各项自由权利

根据"中华民国宪法"第 11 条"人民有言论、讲学、著作及出版之自由"，第 14 条"人民有集会及结社之自由"。1949 年 5 月 20 日，陈诚刚刚宣布台湾省进入"戒严"时期，5 月 27 日，"台湾全省警备总司令部"就根据"戒严令"，出台"戒严期间防止非法集会结社游行请愿罢课罢工罢市罢业等规定实施办法"，31 日出台"台湾省戒严期间新闻报纸杂志图书管制办法"，"党禁""报禁"由此开始。①

据统计，"戒严"期间，台湾地区冠以"非常时期""动员戡乱时期""戡乱时期""戡乱期间""戡乱"或"国家总动员"的法令有近百部，加上各类作业要点，则达数百项，这些所谓的法令对台湾人民人身、言论、通信秘密、迁徙等自由权利的限制、剥夺史无前例，对台湾社会形成了严密的禁锢，普通民众动辄被以"匪嫌"入罪。这些"戒严"法令统领台湾社会时间长达 40 余年，成为世界宪政史或法治发展史上的奇特现象。

三、"戒严"后期的"国家安全法"

（一）台"国家安全法"的立法背景和主要内容

"解严"前，在"反共军事戒严体制"下，岛内人民自由、民主权利受到剥夺或严重限制，标榜"民主宪政"的台湾当局遭到了社会各界和国际社会的强烈谴责。美国政界多次就这一问题举行听证会，对台湾当局提出严厉批评与责难，美国民主党甚至将"台湾应当取消戒严令"写进了该党纲领。②

---

① 1945 年设立于重庆的"台湾省警备总司令部"于 1947 年"二二八事件"后，被更名为"台湾全省警备总司令部"；后者于 1949 年 8 月被裁撤、另行成立"东南军政长官公署"及"台湾省保安司令部"。

② 参见吴庆荣：《海峡两岸〈国家安全法〉比较研究》，载《福建政法管理干部学院学报》，2003 年第 4 期。

1984 年 6 月，台湾"立法院外交委员会"召开座谈会，美籍华裔法学教授丘宏达提出以"国家安全法"替代"戒严法"，认为施行"国家安全法"仍可达到巩固内部，制止"叛乱"、防止"中共渗透和颠覆"的目的，而且一旦发生紧急情形，仍可采取应变措施。1985 年 6 月，台"立法院"提出"戒严"已不合时宜，主张制定"国家安全法"。

1987 年 6 月 23 日，台"立法院"三读通过"动员戡乱时期国家安全法"，仍冠有"动员戡乱时期"。寥寥 10 条，1000 余字，主要界定了发展组织、泄密、间谍等几种危害"国家"安全行为，规定"非现役军人，不受军事审判"，在"不得违背宪法，不得主张共产主义，不得主张分裂国土"（即"三原则"）的前提下，人民享有集会、结社自由等。

（二）台"国家安全法"是一部没有彻底"解严"的"特别法"

1987 年 7 月 15 日，迫于台湾岛内外巨大压力，蒋经国宣布解除"戒严"。同一天，"动员戡乱时期国家安全法"（以下简称"国安法"）生效。

台湾当局宣称制定"国安法"是推进"政治革新，扩大政治参与和保护人民权益"的重要步骤，但从该法的名称看，不仅仍冠以"动员戡乱"，而且在基本原则方面，仍坚持"三原则"，对集会结社，入出境，入出山、海防管制等规定了更为严厉的刑罚。台当局在草案说明中赤裸裸地表示，该法的立法目的为"贯彻反共国策，防止中共的渗透、分裂、颠覆、破坏及分离意识"。其新闻局长在"政府声明"中也振振有词："解严"之后，"中共对我之威胁迄未稍减；对我之渗透、颠覆不会放松，故我国仍然处于动员戡乱时期，而绝非为太平盛世之局面"。可见，台当局出台"国安法"并没有改变非常时期"反共军事戒严体制"的实质，该法仍属于非常态立法，实际上是"解严"之后颁布的一道新的"戒严令"。换言之，"国安法"是国民党在不得不"解严"、但也不敢彻底"解严"的心态下出台的，是一部没有彻底"解严"的"特别法"。

第七章　台湾警政的"以军领警"时期

1949 年至 1990 年，国民党政权在台湾实行"以党领政""以党领军"的威权政体，又通过土地改革和地方自治，在台湾站稳脚跟；以"动员戡乱"为名，通过不断修改"临时条款"，解决"法统"危机。

威权时期，警政体系作为威权政体的一部分，它是一个怎样的存在？对于威权政体的确立、存续又发挥了怎样的作用？充当了什么角色？

40 多年间，台湾社会，以"肃奸防谍"为头等大事，"戒严"法令统领所有法律制度，行政、司法权移交"军管"，警务工作完全服从于"反共军事戒严体制"，警政置于"军政"之下。不仅警察首长全部由军人担任，而且警察受军方、情治系统指挥，台湾学者称之为台湾警政的"以军领警"时期。①

警察的职责在于维护社会治安秩序，但威权时期，警察首要执行的是"戒严"法规。在"以军领警"的组织体系下，警察机关的主要任务是协助情治单位建构严密的社会"保防"网，"保防"任务远胜于治安职责，警察角色具有强烈的"工具"色彩。

---

① 本章有关"以军领警"时期的资料与部分内容参见（台）陈宜安：《"我国"国家体制与警政发展（1950—1987 年）》，台湾中国文化大学博士学位论文，2003 年；（台）陈纯莹：《"我国"威权体制建构初期之警政（1949—1958）》，载《人文社会学报》，2007 年第 3 期；《走过大时代的身影：台湾警政史上的"台干班"（1945—1995）》，台湾科技大学硕士学位论文，2012 年。

第一节 "以军领警"时期的战时警察角色

一、"以军领警"的指挥体系

（一）警方纳入"军管"，充当"工具"角色

1949 年至 1991 年，"戒严"期间，因为政治上实行"威权体制"，因此"安内惟警"的传统观念被彻底打破。依据"戒严法"第 7 条规定，"接战地域内由最高司令官掌管该地行政事务和司法事务，同时地方行政官、司法官应接受最高司令官指挥"。"戒严令"颁布后，"台湾省保安司令部"与"台湾警备总司令部"先后被赋予广泛的社会监管权和军政、民政指挥权，军法法庭拥有广泛的司法审判权，警察系统被纳入"军管"，军警混同一家。在"最高司令官指挥"之下，警察与军队、宪兵、情治等单位共同构成巩固政权、维持治安的强权机构。

在"以军领警"的组织体系下，警察机关的主要任务是协助情治单位建构严密的社会"保防"网，比如为军情机关搜集情报、监控指定对象、执行逮捕行动等，而维护治安的主业则不仅被置于其次，而且被虚化。比如在实施"户口查察"这一治安管理手段时，其目的也是配合"肃清匪谍"和对社会面的严密监控，仍不脱离其"工具"角色。根据台湾"中央研究院"近代史研究所出版的《"戒严"时期台北地区政治案件口述历史》、台湾省文献委员会编纂的《一九五〇年代白色恐怖时期口述历史专辑》以及台北市文献委员会出版的《"戒严"时期台北地区政治案件相关人士口述历史——白色恐怖事件查访》等资料，在所谓的"非常时期"，在军情机关对共产党人、政治异见人士进行的逮捕、关押、军法审判中，在"解严"后获得昭雪的诸多冤、假、错案中，都有警察充当"帮凶"的身影。①

（二）"以军领警"，地方没有指挥权

台湾光复后设立的台湾省警务处，是当时台湾省警察系统最高领导机关。1957 年 5 月 24 日，台北市爆发国民党踞台后首次重大治安事件——抗议美国"大使馆"的"五二四事件"，具有属地管辖权的台北市警察局除了

---

① 参见（台）陈纯莹：《"我国"威权体制建构初期之警政（1949—1958）》，载《人文社会学报》，2007 年第 3 期。

受"内政部"、台湾省警务处管辖外,还同时受军情、宪兵等机构的节制和指挥,警察系统多头指挥的混乱态势暴露无遗。[①]"五二四事件"后,台当局归罪于宪兵、警察等机关现场处置不力,裁撤"宪警首官"的同时决定开展内部整顿,理顺警察系统的指挥关系。台"内政部"也提出应当简化、统一治安机构的指挥权责。

1958年5月15日,台当局整合相关部门成立"台湾警备总司令部"(以下简称"警总",以区别于1945年成立的"警备总部"——"台湾省警备总司令部"),主管戒严期间卫戍、保安、后备军事动员、文化审核检查、入出境管制、邮电检查、电话通讯监察、定位监听等业务,既有维护政权安全职责,也有治安职能,任务庞杂,所谓"支前安后"。[②]警察机关虽隶属于行政系统,但"五二四事件"并没有改变台湾地方对警察机关无指挥权的局面,只是"多头指挥"改成由"警总"单一指挥,而"警总"既是"警",更是"军"——"警总"隶属于"国防部",为"国军"分支,警察系统被"军管"的实质没有改变。而根据"戒严令","警总"拥有极其广泛的权限,对人民生命财产有生杀予夺的大权,以至于台湾社会谈"警总"色变。"警总"存续期间,台湾社会"特务政治"盛行、人民基本权利没有保障。直到1992年被裁撤、改制为"国防部海岸巡防司令部","警总"一直是"戒严"时期台湾地区执行"反共军事戒严体制"最主要的军事机构之一。

(三)1972年"警政署"成立,"署"处合一

1949年以后,由于国民党政权实际管辖幅员仅及台、澎、金、马,所以负责台湾警政业务的台湾省警务处,实际上与"中央政府""内政部警政司"所辖区域几乎重合。1972年7月15日,台当局强化警政组织体系,将"内政部"警政司改制为"警政署",但因为台湾省警务处又未予以废除,因此,"警政署署长"兼警务处长,"署"处合署办公机制形成。[③]表面上,

---

① "五二四事件",或称"刘自然事件":刘自然是"革命实践研究院"打字员。1957年3月20日深夜,在阳明山美军顾问团上士雷诺兹住所外,雷诺兹因疑刘自然偷窥其妻洗澡发生争执,开枪致刘死亡。5月23日,美国军事法庭宣判雷诺兹无罪,消息传出,引发民众不满情绪。5月24日,死者之妻到台北市中正路的美国"大使馆"门口抗议,民众聚集声援,导致群体性事件。

② 1958年5月15日成立的"台湾警备总司令部"所整合的单位有"台湾省保安司令部""台湾防卫总司令部""台湾省民防司令部""台北卫戍总司令部"等。

③ "署"处合署办公一直延续至1995年。

似乎"中央是中央,地方是地方",但"署"、处两套机构与人马,叠床架屋,带来诸多组织效率、指挥效能等方面问题。

二、"以军领警"时期的军人警政首长

（一）"以军领警"时期历任警政首长

台湾光复后,受"二二八事件"影响,首任警务处处长胡福相于1947年3月8日辞去台湾省警务处处长职务,其后由王民宁、胡国振先后继任该职。[①] 1949年2月,军人出身的王成章出任台湾省警务处处长,此后直至1990年,40余年间,台湾警政首长均由军人担任。

表7-1　1949—1990年台湾地区警政首长列表

任序	姓名	省籍	任职时间	任期时长
第1任	王成章	江西	1949.2—1950.4	1年2月
第2任	陶一珊	江苏	1950.4—1953.6	3年2月
第3任	陈仙洲	河北	1953.6—1955.12	2年6月
第4任	乐干	四川	1955.12—1957.5	1年5月
第5任	郭永	湖南	1957.5—1962.9	5年4月
第6任	张国疆	辽宁	1962.9—1964.9	2年
第7任	周中峰	山东	1964.9—1967.6	2年9月
第8任	黄对墀	—	1967.6—1968.9	1年3月
第9任	罗扬鞭	湖南	1968.9—1972.7	3年10月
第10任	周菊村	湖南	1972.7—1976.12	4年5月
第11任	孔令晟	江苏	1976.12—1980.6	3年6月
第12任	何恩廷	河北	1980.6—1984.7	4年1月
第13任	罗张	江西	1984.7—1990.8	6年1月

因为"警政署"于1972年成立,因此此前的第1任王成章至第9任罗

---

① 王民宁,台北人,教育背景为台湾开南商工学校、北京大学、日本陆军士官学校,有军职历练,1945年光复时返台,任"警备总部少将"、副官处长等职。胡国振,浙江人,黄埔陆军军官学校第4期毕业,曾奉命创办杭州警官学校,历任该校指导员、巡警班主任,厦门警察局局长等职。王民宁、胡国振担任台湾省警务处处长的时间分别为1947年3月至1948年11月,1948年11月至1949年2月。

扬鞭，称警务处处长；第 10 任周菊村开始，称"警政署署长"。

（二）历任警政首长履历背景分析

1. 以军人履历或背景为主

1949 年至 1990 年，台湾地区的警政负责人共轮换了 13 位，从其履历或背景看，13 位警政负责人以军人为主，个别有警察履历或专业背景；时间上又可以 1957 年"五二四事件"为界，前后有所差别：前期 4 位警政首长虽然来自军队，但除了第 2 任警务处长陶一珊出自完整的情治背景，其他 3 任都有警察专业背景或履历：如第 1 任王成章与警界颇有渊源；第 3 任陈仙洲虽久任军职，但曾任河北省会警察局长；第 4 任乐干在南京国民政府时期曾任首都警政厅厅长，从警资历与经验丰富，只短暂担任过军职。"五二四事件"后，从第 5 任警务处长郭永开始，警政首长的军人色彩愈发浓厚，警务处长基本上纯"军人化"。①

2. 均为"外省人"或出身士林官邸

70 年代以后全球"民主化"浪潮澎湃，蒋经国开启"本土化"政策，在党政系统、甚至在"中央层级"大胆启用本省籍精英，但经历 1987 年"解严"，至 1990 年第一个真正出身警政系统的庄亨岱任职"警政署署长"，台湾警察系统最高首长不仅由军人出任，而且也都是"外省人"。"显示蒋经国在世期间并未完成警政民主化，党、军、警系统仍是统治者所掌控。意味着领导者对于巩固政权的警察首长任命，始终不曾松绑，亦即蒋经国执政时期所推动的本土化政策并未落实于警界高层首长"。②

另一个明显的现象是：1972 年"警政署"成立后，多任"警政署署长"有两蒋身边工作履历。如首任"警政署署长"周菊村，出身士林官邸，曾任"澎湖防卫司令""警总副司令"；继任的孔令晟曾任"总统府"侍卫长、"海军陆战队司令"。

（三）军人警政首长使警察组织文化军事化

"以军领警"、叠加军人担任警政首长，警察机关不仅没有自身独立的角色定位，而且军事化的领导和工作方式渗透警政系统，警察的"工具"

---

① 仅有黄对墀出身警察专业。

② 参见（台）陈宜安：《我国国家体制与警政发展（1950—1987 年）》，台湾文化大学博士学位论文，2003 年。

色彩浓厚,军事思维、"敌情意识"进入警察组织文化。如陶一珊强调"一般社会的观念,都是一军二警三保甲,我是军人出身,应该负起警察配合三军的责任"。郭永主张"军事上用兵要分主战场和次战场,适当地运用兵力,以求胜利。警察对社会不良分子作战亦然,自己人也好,老百姓也好,如果有破坏我们和危害治安的行为,都是我们的敌人,我们要全力对付他,消灭他"。① 在"以军领警"时期,配合维护威权政体、稳固政权的需要,警察执行任务简单粗暴、没有法治理念和为民服务意识。但从内部观察,"以军领警"实际上是以军政作风行使警察权,警察的治安秩序维护角色和功能受到极大抑制,警政没有自主性,警民关系处于紧张与对立的状态。

三、"以军领警"时期的战时警察角色

（一）警政部门负责执行的"戒严"法规

前文已述,"戒严令"颁布后,台当局即根据"戒严法""临时条款"颁布近百项管制法令和"作业要点",其中警察部门负责执行的"戒严"法规有 30 余部,除了"惩治叛乱条例""戡乱时期检肃匪谍条例"等"政治刑法"外,还涉及出入境管制、山地管制、进出海岸及重要军事设施管制、渔船民进出港口检查、流氓检肃、集会结社游行请愿管制、罢课罢工罢市罢业管制、交通管制、出版物检查、户口查察、邮电检查等方面。通过这些"非常时期"的"非常法令",配合"消患于未萌,弭祸于无形"最高原则,警政工作在保安检查、检肃"匪谍"的同时也承担了铲除治安祸害、取缔流氓黑帮、查缉非法枪弹、处理治安事件等维持社会秩序的职责。

（二）"保防"任务超过治安职责

警政的主要职责无疑在于维护社会治安秩序,"戒严"期间,所谓"治安与保防并重",但实际上"肃奸防谍"的"保防"任务远胜于治安主责。1950 年 10 月,台湾省警务处拟定"台湾战时警察工作方案",明确"肃奸防谍"为"战时"台湾警察主要工作,要求警务人员密切监视社会动态,进行"社会调查",对有"日共""台共""日谍""匪谍""俄谍"嫌疑的人员,编成"奸嫌名册"以便侦防。规定刑警队为情报搜集站,各分局刑

---

① 参见（台）陈宜安:《我国国家体制与警政发展（1950—1987 年）》,台湾文化大学博士学位论文,2003 年。

事组为情报搜集组，每一警勤区则为"肃奸防谍"责任区，每一名警员均担负"肃奸防谍"的职责，各单位需将搜集的重要治安情资摘要，层层上报至警务处。1950 年 4 月，警政当局破获中共在台的重要组织，随后在 6 月公布的"戡乱时期检肃匪谍条例"中，所肃清的对象除了"匪谍"之外，就增加了"袒共""亲共"分子、"投机分子"以及散播"失败主义"言论者，所囊括的"匪谍"范围之广，惩罚之严厉，以致人人自危。

（三）执行严密的"户口查察"制度

户口政策包括静态的户口登记与动态的人口调查，动态的人口调查被称为"户口查察"。"户警分离"是指将户政与警政双轨分工，前者由民政部门负责，后者由警察部门负责的管理制度。反之，"户警合一"是指户政与警政合二为一，均由警察部门负责的管理制度。

户政由自治机关——即民政机关办理，是民主宪政的要求，也是孙中山先生地方自治思想的重要内容，将户政纳入警政，实行"户警合一"被认为是违背民主潮流和违"宪"的行为。

1. 推动"户警合一"，强化户籍监控

台湾光复后，台湾省警务处根据《台湾警政接管计划草案》，改变日据时期严密监控台湾社会的"户警合一"做法，实行"户警分离"。[①] 1946 年 1 月 3 日国民政府修订的"户籍法"和"户籍法施行细则"也规定户籍行政由民政机关主管；1953 年国民党政权在台湾颁布的"警察法"第 9 条规定"户口查察"为警察职权之一——该规定也没有将户籍行政纳入警察职权。可见，其"户警分离"的法源基础较为明确。

1949 年，国民党政权退踞台湾后，为了布建起严密的侦防网络和"肃清匪谍"，转而致力于推动"户警合一"，以便强化社会管控。1950 年 8 月 1 日起施行的"台湾省各县市户政机关与警察机关联合办公办法"要求各县市将乡镇公所户籍员配置于警察派出所办公，以受理户籍事务。1952—1953 年间，"台湾省整理户籍计划纲要""台湾省整理户籍实施办法"又规定在警察派出所、分驻所成立户口申报处，实施基层户政与警政人员合署办公，进一步推动"户警合一"。

1969 年 7 月，全台正式将户政工作划归警务处办理，试行"户警合

---

① 参见"台湾警政的重建"一节。

一"。1975 年 4 月根据"行政院"修订的"戡乱时期台湾地区户政改进办法",各乡、镇、市、区户政事务所改隶警察机关,"户警合一"正式实施。

在"戒严"背景下,实施"户警合一",使户籍登记和户口调查一元化,对于肃清"匪谍"、有效防制"共党"渗透、强化政治侦防的重要性甚至上升到台当局最高"领袖"都要在重要场合提到。蒋介石在 1951 年孙中山纪念会讲话、1952 年元旦文告、1953 年的"总统"文告中多次强调"改善户政,加强户警合一",要求"户警合一"要尽早实施。

2. 严密的"户口查察"制度

关于"户口查察"的内容,根据 1950 年实施的"台湾省各县市户政机关与警察机关联合办公办法",主要包括流动人口登记、特种人口登记、失踪人口查寻、户口与人事动态调查、人口甄别等,是警勤区警员的基本工作,也是治安基础信息的最主要来源。

"戒严"期间,在"肃奸防谍"的"保防"压力下,在"警总"的主导指挥之下,台湾省警务处提出"严密户口查察计划",规定各县市警察局为具体执行单位,要求以警勤区为基本单元,警员必须全面掌握警勤区的状况,熟记人口与户口信息,达到"见人知名、见名知人"的熟练程度。1962 年出台的"台湾省戒严时期户口临时检查实施办法"规定警察分局作为户口临时检查执行单位,针对辖区的户口检查每月不得少于一次;检查后需将统计成果及处理情形,逐级呈报县市政府警察局、台湾省警务处与"警总",由此布建起严密的侦防网络。①

1965 年 5 月 10 日,台湾省警务处颁布"加强各县市警察局(所)警勤区工作实施方案",进一步规范在警勤区的"户口查察"工作,确保人口甄

---

① "台湾省戒严时期户口临时检查实施办法"第 2 条:"户口临时之检查,由台湾警备总司令部基于治安需要,授权台湾省警务处督饬各县市警察局(所)会同村里邻长或村里干事办理,必要时得商请各该地区军宪派员参加协助。"第 4 条:"户口临时检查以警察分局为单位,每月不得少于一次,各县市警察局(所)于必要时并得举行扩大或全面性检查。"第 6 条:"各县市警察局(所)平时应注意搜集资料,确定户口临时检查范围与重点。"第 12 条:"户口临时检查情形,各县市警察局(所)应按次统计成果及处理情形,呈报县市政府(局)暨台湾省警务处汇列总表,分报台湾省政府暨台湾省警备总司令部。"

别达到实际效果。①

户政管理是布建基层侦防的最重要手段。户政与警政结合，以警政掌理户政，配合紧密的户口调查措施，统治触角借此延伸至基层社会，并适时掌握民间异动，对于稳固政权至关重要。但在严密的社会侦防机制下，民众处于无所不在的监控中，警民关系更趋紧张与对立。因此，70 年代后期台湾"警政现代化"努力中，将改善警民关系作为重要而迫切的议题就不难理解了。

第二节 "解严"前夕的"警政现代化"努力

"戒严"40 年间，台湾社会政治氛围大致可以分为前后两个时期：前期是"白色恐怖"最为黑暗的 50、60 年代；后期则是从 1972 年蒋经国任"行政院院长"、开启"本土化"政策后，台湾社会各项管制开始松动，政治转型开始。

台湾警政的变化与发展，深受台湾社会政治氛围的影响，在有些方面也呈现出"以军领警"前后期略为不同的特点，特别是在警察政策方面，但警察人事和警察业务庞杂的情况则没有变化。

一、"以军领警"时期的警察人事与派系

（一）警察主官的人事权集中于高层和军方

"戒严"时期，在"以军领警"体制下，警政最高首长人选以军事命令方式由军人转任，警察人事制度无法可依，"人治"色彩浓郁。

1976 年 1 月 17 日，规范警察人事制度的"警察人员管理条例"公布施行。② 根据该条例第 21 条："警监职务，由内政部遴任或报请行政院遴任""警正、警佐职务，由内政部遴任或交由省（市）政府遴任"，"以至于不仅地方警察原有的权限被吸纳于中央，并且中央尚利用其对警监、警正一阶

---

① 参见（台）陈宜安：《我国国家体制与警政发展（1950—1987 年）》，台湾文化大学博士学位论文，2003 年。

② 台"警察人员管理条例"迄今共修改 7 次，2007 年修改时更名为"警察人员人事条例"，最新修改时间为 2018 年 6 月 6 日。

及警正二阶以上重要主管职务人员（指县市分局长及刑警队长以上职务人员）之统筹检讨权，而掌握全国各级警察机关之主管人选，从而亦掌控对于这些干部之指挥监督权，再利用指挥监督权相当程度地控制全国警察业务、勤务"。① ——1972 年"警政署"已成立，由此可见"警政署"并无警政系统县市分局长及刑警队长以上级别的人事遴任权，警察主官的人事权归"内政部"而不是"警政署"。

结合 1949 年至 1990 年期间，台湾地区警政最高首长均由军人转任的事实看，警政系统虽然属于行政系统，但"以军领警"时期，警察主官的人事权归"中央"，地方没有人事权；而在"中央"，即便是"以军领警"后期，警察人事"有法可依"了，但"内政部"也不是真正决定警察最高首长人事权的单位，而是军方高层，甚至是"最高领导"。②

（二）台湾警界的人事派系变化

1945 至 1949 年间，台湾警察系统由留用台警、"台干班"与"中央警官学校"正科毕业生三类人员构成：留用的台警人数最多；"台干班"次之、一般分派在各级警察机关、县市警察局、派出所，处于骨干地位；正科毕业生人数最少，但与在大陆时一样，拥有最正统警官的优越地位。

1949 年，因在内战中溃败，国民党军政人员大批撤退台湾，"中央警官学校"各班期同学及各省警察干部也大量退台并加入台湾警察系统，台湾省警务处奉令安置撤退到台的警察人员。除了前述的留用台警、"台干班"与"中央警官学校"正科毕业生之外，台湾警察系统的人事竞争与派别渐趋复杂，还有"军转警""特科"（指非正科招考毕业者）"山东帮""福建帮""江苏帮"等等，通常都以"出身"或"省籍"归类。③

70 年代后期，警界的人事派系才逐渐简化，分为警察出身与"军转警"

---

① 参见（台）陈宜安：《我国国家体制与警政发展（1950—1987 年）》，台湾文化大学博士学位论文，2003 年。

② 前节已述，"以军领警"时期，多位警政最高首长出身士林官邸。根据一些资料所见，决定人选的甚至直接是蒋介石或蒋经国本人，军方高层实际上也只是表面现象。

③ "山东帮"指 1949 年 6 月 2 日从青岛集体败退台湾的两千余青岛市官警。这批官警到台不久被改编为陆军，驻守澎湖 6 年，1958 年重回警察阵营。参见（台）陈纯莹：《走过大时代的身影：台湾警政史上的"台干班"（1945—1995）》，台湾科技大学硕士学位论文，2012 年。

两大系统，而警察专业出身的阵营又慢慢形成以期别、省籍为主之分。

二、"以军领警"时期的警察业务特点

（一）警察职能泛化、协办业务繁杂

"以军领警"体系下，警察的"工具化"角色不仅体现在警察附庸于军情机关，充当战时警察角色，而且也体现为警察职能泛化、常态化协助其他行政机关执行行政事务。早在台湾光复时期，因行政机构不全，不少行政事务没有相应机构承办，而警察组织机构设置较全、执行力强、警察人员素质较高，台当局将警察视为推行政令的最佳工具，要求警察机关先行办理。"戒严"前期，在"军管"背景下，行政单位执行公务一旦遇到阻碍，都诉诸警察协办，警察单位因而又承接各类协办业务，行政机关则对警察单位形成"习惯性依赖"。警察任务包括卫生、建设、税捐、民政、社政、教育、农林、新闻、警备、电信、建筑、工商、消防、户政以及乡镇市区公所管理之事务等，自身任务与协办业务交织，几乎无所不管。特别是警察在协办业务上牵扯大量时间、精力，其打击犯罪、维护治安秩序的本职工作就顾及不上，本末倒置，自然引发社会怨恨与舆论指责。

警察业务繁杂与1953年"警察法"第2条规定的"警察任务为依法维持公共秩序，保护社会安全，防止一切危害，促进人民福利"不无关系，特别是其中的"防止一切危害，促进人民福利"就是警方协办业务的法律来源。有鉴于此，台警政当局多次呼吁"减少协办业务、厘清警察职权"，但几无成效。"内政部"仅于1958年5月23日将收养、森林虫害防治等10项业务剥离给其他相关行政职能部门，警察部门职能庞杂、泛化的情况没有得到根本改变。①

---

① 1958年5月23日台湾当局获准划拨回原单位的10项警察协办业务为："1. 改革现行养女习俗与保护养女工作，交由民政厅及社会处办理。2. 推行民众补习教育，交由各县市乡镇公所办理。3. 签证粮食购运证，交由粮食局办理。4. 检查畜牲异动情形，交由农林厅办理。5. 森林防治虫害交由农林厅办理。6. 监督配售黄豆，交由物资局办理。7. 查缉私自买卖美援豆饼，交由粮食局办理。8. 改善山胞生活，交由民政厅办理。9. 推行山胞教育，督导国校民教班学生上课，交由教育厅办理。10. 奖励山地实行定耕农业，交由农林厅办理。"参见（台）陈纯莹：《"我国威权体制"建构初期之警政（1949—1958）》，载《人文社会学报》，2007年第3期。

（二）后期防处"违常"活动的克制策略

70 年代后，台湾开始出现街头群众抗争运动，因为属于"戒严"时期，集会游行为非法，因此，街头群众抗争运动被行政当局称为"违常活动"。

1. 处理"中坜违常活动"

1977 年 11 月 19 日，台湾桃园县中坜市爆发对台湾民主政治有重要影响的"中坜事件"，警方奉命到场处置。当时，警方因为将被指称涉嫌选票作弊的范姜新林带回警察分局保护，导致群众在中坜警察分局聚集喊骂、投掷石头，警方奉令"打不还手、骂不还口""立场坚定、态度温和"，以致警员多人受伤。情势越来越紧急，出身"台干班"、时任桃园县警察局长的王善旺电话请示上级，得到"务必忍耐到底，不得发生流血冲突"的指示。后来情势逐渐失去控制，警方镇暴车挡风玻璃被砸破、车辆被翻覆路旁，中坜警察分局与相邻的消防队被纵火，王善旺局长下令警方人员撤离。根据台湾省警务处事后报告，"中坜事件"中，警察人员伤 22 人，被焚毁车辆 16 部，消防分队办公厅、警察分局大礼堂、派出所 5 幢宿舍被毁。王善旺回忆，"当时警方的配备，足可以武力对付动乱的场面，但是我们不能如此做。警察若以武力对抗，难免波及无辜，何况最高当局指示必须祥和处理，不能发生流血事件"。

2. 处理"美丽岛违常活动"

1979 年 12 月 10 日发生在高雄市的"美丽岛事件"，不仅是台湾政治转型过程著名的政治事件，也是一场更大规模的警民冲突事件。虽然外界关于该事件究竟是军警人员挑起的"先镇后暴"，还是群众引发的"先暴后镇"各执一词，但从台湾学者陈纯莹对事件亲历者的访谈看，警方和军情单位仍采"打不还手、骂不还口"的克制态度：为阻止《美丽岛》杂志社发动的"国际人权日"集会游行，12 月 10 日中午，在南部"警总"的指挥下，高雄宪兵司令部、高雄市警察局及冈山保安总队全面动员，联合进行交通管制。晚上 6 点，游行队伍从《美丽岛》杂志高雄市服务处出发，至大圆环聚集，群众手持火把，镇暴部队、宪兵、警察包围大圆环周边。晚上 8 点半，镇暴车上冒出几缕白烟，群众误以为镇暴警察喷射催泪瓦斯而开始骚动，与维持封锁线的宪警爆发严重冲突，警方劝退群众解散未果后释放催泪瓦斯，镇暴部队手持盾牌配合镇暴车逼近游行队伍，在场群众以石块及棍棒回击，双方发生更大规模冲突。据官方统计，军警约有 183 人受伤，民众有50多人受伤，受伤军警人数远超民众，在警界和社会都引发很大的震动效果。

出身"台干班"、作为警察局督察长参与"美丽岛违常活动"现场指挥的翁锦魁和在高雄市情治部门服务并亲历现场处置的高明辉回忆称，"美丽岛事件"发生前，"警总副总司令"何恩廷将军曾召集南部地区的宪、警、情治单位副首长级以上官员会议，以沙盘推演方式模拟可能的"违常活动"及现场处置，会议主持人曾明确传达有关"绝对不准流血"的决策要求。

3. 处理"新约教会违常活动"

70年代末至80年代末期，高雄县锡安山住民、新约教派信众曾试图建立类似于教廷的宗教小国，并主张拥有教育权、财政权等。由于其主张涉嫌"分裂国土"及强迫入学等问题，当地有关部门多次驱赶信徒下山，造成新约教会与当地有关部门的长期对抗。1981年，出身"台干班"的曾克平调任属地旗山警察分局分局长，多方协调与新约教会的关系，寻求妥善处理办法。1986年3月8日，200多名新约教徒以"回家是天经地义，不必国民党批准"为由，分乘车辆夜访锡安山。他们上山时，旗山分局采取沿路拦车检查及抄录证件的方式监控。教徒齐聚山上后，警方与便衣情治人员跟随其后录像搜证，直至教徒下山为止，警方采取柔性、克制的处理方法，警民之间未发生冲突，警方的合理处置因此获得上级嘉奖与舆论肯定。①

三、"解严"前夕的"警政现代化"努力

"以军领警"前期，警政没有自主性，谈不上"警政改革"。② 而在后期，1972年"警政署"成立，随着社会整体环境的改变、世界科技的进步与发展，回应社会需求与民众期盼，台湾警政开始了"现代化"的努力。

（一）1978年"改进警政工作方案"推行

1. "改进警政工作方案"出台背景

70年代后期，岛内经济飞速发展，民主与自由呼声高涨，台当局意识

---

① 参见（台）陈纯莹：《走过大时代的身影：台湾警政史上的"台干班"（1945—1995）》，台湾科技大学硕士学位论文，2012年。

② 始自1962年台湾省警务处处长张国疆任上的"日新项目"可谓台湾警政"现代化"的初步探索。

到警政作为"安内"力量的重要性，开始了自身的发展与革新。1976 年，"行政院院长"蒋经国任命曾任"总统府"侍卫长的孔令晟执掌"警政署"，提出警政改革初步构想。1978 年，孙运璿接任"行政院院长"，着手推动警政改革。时任"内政部部长"邱创焕回忆："孙院长就任后推行各种改革不遗余力，其最先着手推行的就是警政改革，于就任后的第二次院会中，就指示内政部应于 1 个月内提出警政业务改进方案。创焕奉示后即督促警政署孔令晟署长遵照研办。"①

2. "改进警政工作方案"三阶段

"改进警政工作方案"从 1978 年至 1985 年分为三个阶段：1978 年 8 月 24 日，孔令晟"署长"任上，"改进警政工作方案"第一阶段开始。1980 年 11 月 21 日，仍在孔令晟"署长"任上，继续推进第二阶段。1983 年 9 月 6 日，何恩廷"署长"任上，"改进警政工作方案"第三阶段继续推进。三个阶段大致是以整体预防和快速反应为目标，一方面针对现实勤务，选择重点，予以强化；另一方面着眼长远、发展警政现代化，双轨并行推动警政的改进和创新。各个阶段又有不同侧重点，前后有延续性，后两个阶段继续执行前阶段未完成的工作。至 1985 年 6 月，在罗张"署长"任内，"改进警政工作方案"执行完毕，共历经 3 位"署长"。

3. "改进警政工作方案"主要内容

1979 年，为配合警政革新、彰显警察荣誉感、责任感和法治意义，台当局将"警察法"实施的日子——6 月 15 日定为"警察节"。时任"署长"长孔令晟揭示"警察节"的理念即为"警政现代化"。他强调："警政现代化"不仅意指警政设备与科技现代化，而且重要的是警察执行职务的观念、态度、效率、风纪等的"现代化"与"法治化"。

根据笔者研究，"改进警政工作方案"三阶段在推进台湾警政改革与创新方面可以总结为以下五点：第一，转变思想理念与作风。要求确立民主法治的现代警察观念，改进警察风纪，努力增进警民关系，为警政现代化推展创造有利条件。第二，健全警察组织与人事制度。以扩大基层巡佐与

① 转引自（台）桑维明、章光明：《第四章警察政策发展史》，载"内政部警政署""中央警察大学"编撰：《台湾警政发展史》（主编：章光明），台北："中央警察大学"出版社，2013 年，第 124 页。

警员比例，提高资深及基层警员待遇为主，重点改进基层人事与考核制度，提高基层警察工作积极性。第三，大力发展警察科技。在斥巨资提高警察装备水平的基础上，创建三级勤务指挥中心、布建电脑资讯系统、跨区的110民众报案系统、SCA警察对内广播系统等，基本实现勤务指挥现代化，警察机动力和快速反应能力增强。第四，着力提升犯罪预防和打击能力。在勤务指挥现代化基础上，建立犯罪资料缩影检索系统，完善报案、破案制度，整治治安、交通秩序，开展各类专项整治运动等，整体犯罪侦防能力得到提高。第五，完善警察教育体制。建立养成教育、进修教育与深造教育衔接互补的较为完整的警察教育体系。

4. "改进警政工作方案"的成效与评价

"改进警政工作方案"以"警政现代化"为主要目标，全面改善台湾警察系统既有作风，推动警政的科学化、机动化、信息化，是1949年后台湾地区警察系统最具规模、最为完整、也是最系统的改革，被认为"拉开岛内警政现代化进程之序幕"。"改进警政工作方案"实施的结果也有败笔和争议，如裁并派出所和新勤务制度的改革就备受指责，孔令晟"署长"也因此黯然离职。

（二）　1985年"五年警政建设方案"推行

1. "五年警政建设方案"出台背景

进入80年代，台湾社会处于急剧的变革中，治安形势严峻而复杂，街头"违常活动"增加，警察任务更加艰巨繁重。1985年7月19日，罗张"署长"任内，在总结、检讨"改进警政工作方案"基础上，经"行政院"核定，台"警政署"推出"五年警政建设方案"，以应对形势，进一步推进警政现代化发展。

2. "五年警政建设方案"的主要内容与成效

"五年警政建设方案"自1985年7月至1990年6月，目标是进一步提升犯罪打击和治安维护能力，努力防救各种灾害，积极推动为民服务，建立良好警民关系。"五年警政建设方案"为大型警政计划，又可分解为改进组织制度、精实教育训练、改善待遇福利、充实装备器材、整理法令规章等5个子计划。5年实施过程中，"警政署"在执勤装备和电子信息系统方面投资巨大，成效颇为明显。1990年6月，除"指纹电脑化自动析鉴系统"等项未完成外，其他建设项目顺利结束，警察执勤机动化水平和侦防能力获得大幅提升。①

（三）"解严"前后扩大警力编制，应对治安压力

"五年警政建设方案"实施期间，也是台湾跨越"解严"和终止"戡乱"期间，原来由"警总"、军情部门主导的各项管制职责逐步过渡给警方承担，如出入境管制和各项安全检查。为加强安检工作领导，"警政署"设置安检组，掌管全台安全检查工作。所有机场、港口出入境安检工作，人员与行李的一线检查工作均改由警察系统承担。为接管渔船民进出港的安检工作，沿海 18 个县、市警察局临时设置 392 个分驻所、派出所或驻在所，警力缺口巨大。

与此同时，警政当局提出"为民服务"理念，1987 年 11 月 11 日核准通过"警察为民服务工作之改进措施"，对警方便民利民工作提出具体要求，"为民服务"明确成为警察工作的重要内容。

1988 年 1 月 20 日，台当局公布"动员戡乱时期集会游行法"，警政系统作为集会游行的主管机关，处置街头"违常活动"成为警方不得不面对的常规警务。蓬勃汹涌的街头群众抗争活动，对台湾社会的政治发展和治安秩序都造成很大冲击。每一次处置"违常活动"，警方都要投入大量警力，原有警力已不敷应对。

总之，面对形势的发展与警政革新要求，台警政当局向"行政院"提出扩大警察编制计划，以应对不断增强的治安压力。"解严"前后，经"行政院"核定，台湾警政系统增加的警察力量约为 2.2 万人。

①　参见（台）桑维明、章光明：《第四章警察政策发展史》，载"内政部警政署""中央警察大学"编撰：《台湾警政发展史》（主编：章光明），台北："中央警察大学"出版社，2013 年，第 113—127 页。

第四编　转型至今（1990 至今）

第八章　威权政体的民主转型

1987 年 7 月，台湾当局宣布解除"戒严令"；1991 年 5 月，宣布终止"动员戡乱时期"，台湾"威权政体"正式走入历史。

国民党威权政体的确立过程，也是其结构性缺陷不断显现和被冲击的过程。学界一般认为，台湾社会的政治转型从 20 世纪 70 年代就已开始。具体而言，是从 1972 年蒋经国担任"行政院院长"之后，经历 1991 年李登辉宣布终止"动员戡乱时期"和废止"动员戡乱时期临时条款"，直至 2000 年实现所谓的政党轮替的政治运作。

这一时期，政治上，国民党的统治权威不断弱化，台湾政治力量对比发生了根本变化；经济上，在"美援"的支持下，通过推行一系列振兴计划，经济快速发展，产业加速升级，成功实现经济转型并跻身"亚洲四小龙"。

由于取消"党禁"、开放"报禁"，废除严重侵犯人权的政治刑法、通过"集会游行法"等，台湾社会呈现了相对宽松的政治局面。而警察系统也因为脱离"军管"，开始走向专业化。虽然新兴社会运动蓬勃、保障人权呼声高涨，给台湾警政带来全新的挑战，但同时也迎来了变革与转型的契机。

第一节　转型时期的经济与政治

转型是一个渐进而漫长的过程，而不是一个时间节点。作为过渡，转型的重要特征是政治竞争者之间为了新的政治竞争规则而彼此缠斗。①

---

① 参见吴春来、段晖：《台湾地区政治转型的研究途径》，载《中国青年政治学院学报》，2007 年第 6 期。

一、转型期间

（一）蒋经国时代

20 世纪 70 年代，以西南欧的葡萄牙、西班牙民主化为开端，世界范围内掀起了一个要求民主、反对独裁专制统治的第三波"民主化浪潮"。80 年代以后，第三波"民主化浪潮"蔓延到欧洲、拉丁美洲和亚洲的三十几个国家、地区。特别是 1986 年菲律宾、1987 年韩国等近邻威权统治的垮台对国民党产生震撼效果，也给岛内反对派带来示范效应。

1972 年蒋经国就任"行政院长"后开启"本土化"政策，吸纳台湾本省籍精英进入"中央政权"机构，以加强国民党统治台湾地区的合法性。1978 年蒋经国接任"总统"，同时安排本省人谢东闵担任"副总统"。1984 年，蒋经国提名"本土化"政策下培养出来的李登辉"竞选""副总统"。1986 年蒋经国开始"政治革新"；1987 年解除"戒严"，解除"党禁""报禁"、开放台胞赴大陆探亲。蒋经国时代是台湾政治转型和经济走向现代化的关键时期。

（二）李登辉掌权时期

1988 年 1 月 13 日，蒋经国因心力衰竭去世，"副总统"李登辉继任第 7 任"总统"。1990 年 2 月 19 日，在"国民大会"第 8 次会议上，李登辉当选第 8 任"总统"。李登辉掌权后，开始主导国民党新一轮的本土化政策。

1991 年 4 月 30 日，李登辉在记者招待会上正式宣布：自 5 月 1 日起，废止"动员戡乱时期临时条款"，终止"动员戡乱时期"。此后至 1994 年，"国民大会"及"立法院"全面改选，"宪法"修改两阶段完成、"总统"由"自由地区"选民直接选举。至此，李登辉完成"本土化"重要步骤和"宪政改革"。

1996 年 3 月，李登辉在自己主导的台湾地区首次"总统"公民直接选举中，当选第 9 任"总统"。

从蒋经国到李登辉，本土化政策使岛内反对力量逐步壮大，国民党的统治权威不断弱化，台湾政治力量对比由此开始发生根本变化。

2000 年，民进党陈水扁当选第 10 任"总统"，台湾首次出现政党轮替，西方式所谓"政党政治"在台湾基本确立。

二、转型时期台湾的经济发展与起飞

（一）　50、60 年代台湾经济发展

光复后至 1949 年，随着国民党政权的溃退，共有 200 多万国民党政权军政人员、眷属等"外省人"涌入台湾，台湾人口从 650 万剧增至 800 多万。立足未稳的国民党政权面临财政基础薄弱、军费负担沉重、民生物资短缺、金融体制不稳、通货膨胀严重、国际收支逆差巨大、外汇严重不足等问题，迫切需要发展经济、站稳脚跟。

国民党政权退台之初的困境因美援的到来而获得缓解。1950 年朝鲜战争爆发后，美国大力援助台湾，从 1951 年至 1965 年 6 月底，前后 14 年半的期间，台湾接受美援总数达 14 亿 8000 多万美元，平均每年约 1 亿美元。抓住美援之机，蒋介石重用工程师尹仲容，先后任命他为"中央信托局局长"、"经济部部长"、"外贸会"主任委员、"美援会"副主任委员、台湾银行董事长等职，主持制定台湾工业发展计划，实行"计划性自由经济"，对重要行业和部门利用行政权力直接进行资源配置和经济宏观调控，对无关国计民生的行业，则充分发挥市场机制作用，快速扶持创建民生必需的衣、食、住、行以及进口替代工业。

日据时期，台湾总督府实行"工业日本，农业台湾"的主导政策，台湾经济以米、糖等农业经济为主，后期虽然转向以军需产业为重点的"工业化"，但经过美军轰炸，工农业基础设施损毁严重，重建成本很高。1953 年第一期 4 年"经建计划"开始实施，经济发展所必需的公路、桥梁、航空、铁路等基础设施得到改善。通过土地改革、大规模发展中小企业等，台湾经济迅速恢复并趋于稳定，各项经济指标达到了较高水平。

1965 年 7 月，美援停止后，台湾经济开始自力成长。为缓解外汇短缺、财政与投资资金不足问题，台当局出台措施吸引外资、鼓励储蓄与投资，设立出口加工区增加外贸收入，经济政策转向出口导向，也取得成功，为70 年代的经济起飞打下良好的基础。

（二）　70 年代台湾经济起飞

国民党在内外交困的极度危机中建立的"反共军事戒严体制"严重地践踏了台湾民众的基本权利，但这种体制对经济的恢复和发展却提供了较长时期的政治与社会稳定。在"戒严"期间，经济发展中深层次的社会矛盾被抑制，民众对政治讳莫如深，心无旁骛经商、办实业，台湾社会呈现出"政冷经热"的局面。

台湾经济的起飞就发生在"蒋经国时代"。1972年，接过"行政院长"权杖的蒋经国重用孙运璿、李国鼎等既年轻又专业的技术官僚，推行一系列的经济振兴计划。

1974年至1985年，是台湾经济转型和产业升级的关键时期，台当局紧跟美日脚步，投资高科技产业，大力发展电子与信息技术，电子产业蓬勃发展，集成电路、电脑等耗能少、污染低、附加值高的科技产业逐步取代传统产业。台当局还设立新竹科学工业园区，助力产业升级。整个20世纪80年代，台湾的年GDP增速基本都在8%以上，成功实现了从传统农业向现代工商业社会的转型，成为新兴工业化地区，与香港地区及韩国、新加坡共誉为"亚洲四小龙"。至1988年，台湾地区人均GDP已突破1000美元大关。[①]

（三） 70、 80年代中产阶级崛起

中产阶级是指现代工商业社会中，介于社会顶层的大资本家与底层平民之间的阶层，包括企业管理人员、中小企业主、专业技术人员、知识分子、公务员与教师等。

经济快速发展和经济结构成功转型急剧催生了台湾的中产阶级。1975至1980年，台湾中产阶级数量剧增，80年代中叶，中产阶级已经占到了台湾总人口的20%—30%。中产阶级拥有较强的经济实力或较高的社会地位，是台湾社会举足轻重的中坚力量，但在政治上却没有什么话语权。尤其是知识分子，他们对经济与社会发展的贡献与所享有的政治资源不相匹配，要求分享政治权力的愿望非常强烈，往往成为反对运动的领导者与策略提供者。处于经济上"有纳税"、政治上却"无参与"状态的中小企业家对现状更加不满，他们具备投入政治活动的财力和社会资源，往往在经济上为反对势力提供资助。

政治学理论认为，民主政治多半产生于中产阶级人数众多的地区。一

---

① 同一时期大陆的人均GDP仅有283美元。参见（台）梁明义、王文音：《台湾半世纪以来快速经济发展的回顾与省思》，https://www.tedc.org.tw/sol2017/sol/hand-out13.pdf，访问日期：2022年1月3日。

个拥有大量中产阶级的社会，远比各个阶级较为平均的社会更容易孕育民主制度。在国民党威权体制下，台湾地区创造经济奇迹的同时造就的大量中产阶级，为民主化提供了巨大的动力，也应验了政治学理论关于中产阶级与民主化关系的论断。

三、转型时期台湾的内外政治形势

（一）媒体力量对国民党的制衡作用

由于杂志的影响力远不如报纸，长期实行"报禁"的国民党政权在台湾对杂志言论的管制比较宽松，只要不宣传共产主义和"台独"，基本不受限制，这为台湾社会留下了思想的缺口。

1.1960年的"自由中国事件"

《自由中国》是1949年11月由雷震、胡适、殷海光等一些国民党人和自由主义知识分子在台北创办的政论性杂志，发行人为胡适，实际负责人是雷震。《自由中国》对时政的批评尺度越来越大，包括质疑国民党政权的军队"国家化"、反对蒋介石连任第3届"总统"、抨击国民党代表"全中国"的"正统性"，甚至指出国民党死抱"反攻大陆"的口号不放，目的只不过是为"一党独大"和维持集权统治寻找借口等等。1960年5、6月间，《自由中国》联合中国民主社会党、中国青年党和一些台籍人士，成立"地方选举改进座谈会"，宣布筹组"中国民主党"；7、8月间，举行4次分区座谈会，情治单位对其密切监控。9月1日，《自由中国》刊出殷海光执笔的社论《大江东流挡不住》，声言组党就像民主潮流无可阻挡，终于触犯国民党容忍极限。9月蒋介石下令"警总"以涉嫌"判乱罪"为由，逮捕雷震等人。雷震后来被判处有期徒刑10年，《自由中国》停刊，筹组中的新党也胎死腹中。

2.1979年的"美丽岛事件"

"自由中国案"后，国民党对言论的管制更趋严格，台湾社会进入"沉寂的60年代"。1979年8月，以组建政党为目的的《美丽岛》杂志创刊。12月10日，以《美丽岛》杂志社成员为核心的"党外"人士，在高雄市组织数千民众举行"国际人权日"集会游行，民众高呼"打倒特务统治""反对国民党专政"等口号，要求民主与自由。军警奉命镇压，双方近200

人流血受伤，酿成震惊海内外的"美丽岛事件"。① 事件后，《美丽岛》杂志被查封，事件领导人悉数被捕并被以"阴谋颠覆政府罪"判刑入狱。"美丽岛事件"虽然以国民党采取强制镇压措施而收场，但它对国民党威权体制的冲击及对政治转型的影响不可低估。"美丽岛军法大审"的8位受刑人中，有7人出狱后先后担任民进党主席或代理主席。事件表明民主转型已成为台湾社会共识，陈水扁、谢长廷、苏贞昌等辩护律师群体从此走上政治舞台，一个没有党名却有政党实质的反对党已悄然形成。

（二）"党外"反对势力的组织化趋势

1977年台湾首次"五项地方公职人员"选举中发生的"中坜事件"被认为是台湾政治转型过程中的一个重要事件。② 1977年11月19日，是台湾实行地方自治以来最大规模的地方选举投票日，桃园县中坜市第213号投票所传出国民党选票舞弊的消息，数百市民愤而前往投票所并与到场的警方发生冲突。随后事件进一步扩大，万余民众包围中坜市警察分局，烧毁警车，纵火焚烧中坜分局和紧邻的消防分队，警方发射催泪瓦斯并开枪，导致2名青年死亡，警民多人受伤。受事件影响，未获国民党提名而回到家乡参选桃园县县长的许信良以22万余票获胜，顺利击败国民党籍候选人欧宪瑜，当选桃园县县长，此即"中坜事件"。

该次选举结果揭晓，在20个县市长和77个省"议员"席次中，反对势力一举拿下4个县市长和21个省议席，还斩获6个台北市议员，146个县市议员，21个乡镇市长，国民党遭受退台后最大的选举挫折。此后，反对势力受选举结果和"中坜事件"鼓舞而逐渐激进化，改变以往各自为政的策略而走向联合化，地方性势力逐步发展为全岛性力量。

（三）持续高涨的街头群众抗争运动

台湾的街头群众抗争运动主要发生在20世纪70年代后。随着台湾经济发展、教育普及、中产阶级的崛起和壮大，台湾民众的政治认知发生了巨大的改变，街头抗议事件逐年增加，工运、农运、学运、妇女运动等等，层出不穷，这在威权时期几乎是不敢想象的，因此也被称为"新兴社会运动"。

---

① 1979年的"美丽岛事件"也是"二二八事件"后规模最大的一场警民冲突。
② "五项地方公职人员"，指县市长、县市议员、台湾省议员、台北市议员与各县的乡镇市长。

1980 年代，台湾街头抗争运动更呈激增态势。据统计，1983 年至 1987 年，台湾共发生街头抗争运动 1500 余起。仅 1986 年就有 1200 余次大小不等的街头抗议活动，约 9 万多人次参加。街头抗争运动的诉求包括教育、医疗、环保、宗教等各类民生、社会问题，或要求台当局改革不合理的制度、或要求予以保障等，与旨在改变现有政治格局的反对运动在性质上不同，但两者在反对"国家机器"的压迫上却具有一致性，因此两者能够互相策应、彼此强化，自下而上对国民党政权形成进一步变革的压力。

（四）美国对台政策的调整

新中国诞生后，国际影响日益扩大，但以美国为首的西方国家敌视社会主义国家，拒不承认中华人民共和国，两岸在国际舞台上长期进行着"联合国代表权"的较量。① 1971 年 10 月 25 日，第 26 届联合国大会以压倒性多数通过 2758 号决议，承认中华人民共和国为中国在联合国组织的唯一合法代表，并将蒋介石的代表在联合国组织及其所属一切机构中驱逐出去。台湾当局的"国际地位"一落千丈，国民党遭到退台后"最大挫折"。

1970 年代伊始，美国调整地缘政治战略和对华政策，中美关系开始解冻。1971 年 7 月，美国国家安全事务助理基辛格秘访北京，为美国总统尼克松访华打前站。1972 年 2 月，尼克松到访北京，中美两国实现了历史性的握手。2 月 28 日，中美双方在上海发表了著名的《中美联合公报》。在公报中，美国承认"在台湾海峡两边的中国人都认为只有一个中国，台湾是中国的一部分，美国政府对这一立场不提出异议"。1979 年 1 月 1 日，中美正式建立外交关系，美国声明：美国承认只有一个中国、中华人民共和国是代表中国的唯一合法政府、台湾是中国的一部分。随后，美台"断交"，美台"共同防御条约"终止、美方军事人员撤出台湾。随着世界上越来越多的国家断绝与台湾当局的关系，台湾当局在国际上日趋孤立。②

（五）大陆对台政策的变化

20 世纪 70 年代后期，中国的国际安全环境大为改善。1978 年 12 月，

---

①　1945 年 10 月 24 日，中国成为联合国创始会员国和常任理事国。由于美国的支持，台湾当局从 1949 年至 1971 年得以维系其在联合国的代表权地位。

②　中美建交时，中国的建交国达 116 个，与台湾当局维持"外交关系"的国家则减少到 22 个。

十一届三中全会把党和国家的工作重心集中到经济建设上，实行改革开放，对台工作方针与政策也进行了调整。

1979 年元旦，全国人大常委会发表《告台湾同胞书》，郑重宣布了争取和平统一的大政方针。随后，为推动和平统一进程，大陆方面又陆续提出一系列政策主张，两岸关系趋向缓和。1981 年 9 月 30 日，全国人大常委会委员长叶剑英对新华社记者发表谈话，阐述了台湾回归祖国、实现和平统一的九条方针（后被简称为"叶九条"）。1982 年 1 月 11 日，邓小平在会见美国华人协会主席李耀滋时，以"一个国家、两种制度"来概括"叶九条"，至此"和平统一、一国两制"的对台政策正式形成。

1982 年 12 月，《中华人民共和国宪法》修订，第 31 条规定了"国家在必要时得设立特别行政区，在特别行政区内实行的制度按照具体情况由全国人民代表大会以法律规定"，至此，"一国两制"不仅是政策，更有了宪法保障。1983 年 6 月 26 日，邓小平在会见美籍华人学者杨力宇时，进一步阐述了"和平统一、一国两制"的六条构想（后被简称为"邓六条"）。[①]大陆对台政策的转变对国民党的"戒严"体制产生了极大的冲击，也使得国民党的"反攻复国"口号显得荒诞不经。

四、台湾政治自由化转型的软着陆

（一）蒋经国的"本土化"政策

1972 年，蒋经国就任"行政院长"时，正值台湾当局被逐出联合国、"国际地位"一落千丈之际。为扎根台湾，蒋经国不得不开启对台湾政治发展产生深刻影响的本土化政策，一方面在党政系统大胆"启用青年才俊"，在国民党中常会和"行政院"部会首长中增加、扩充本省人比例，另一方面实行"国会"增额选举，增加台湾人和海外华侨代表人数比例。现任"国民大会"代表和"立法委员""监察委员"基本是 1947 年国民党退台前的产物，经"大法官解释"和"行政院"决议，虽然形式上勉强解决"中央民意代表"的任期问题，但作为"民主政治"的笑柄，早已成为"党外"反对势力和社会民众的众矢之的。为消除严重的对立情绪，蒋经国决定定

---

① 参见孙亚夫、李鹏等著：《两岸关系 40 年历程（1979—2019）》，北京：九州出版社，2020 年，第 24—28 页。

期举行"中央民意代表增额选举"。1972 年至 1991 年"万年国会"废除前，增额"国大代表"和"监察委员"选举共举办了 3 次、"立法委员"选举共举办 6 次，台籍"民意代表"比例不断增加。作为"中央层级"的"国会"增额选举，本省人席次的扩大意味着作为国民党"法统"实体象征的"中央民意代表机构"逐渐走向本土化、台湾化。

（二）"开放地方"造成"地方包围中央"

台湾地方选举的持续举办，虽然有助于收编地方政治精英、纾缓合法性危机，但地方选举造就了一个由民选的"县市长"和"议员"组成的政治群体，对国民党政权而言实为一柄双刃剑。这些具有地方派系背景的本土精英，因为缺乏上升至政治高层的制度化渠道，早期专心致力于培植草根基础和本土势力，并在基层民主逐步发展过程中得以历练、成长。当"中央民意代表机构"开放选举乃至 1996 年"总统"直选，这些地方政治精英已身经百战、越来越成熟，以至于向"中央层级"机关、乃至"总统"宝座发起冲击已是自然而然和水到渠成之势了。

（三）蒋经国晚年的"政治革新"

美国对台政策的调整、大陆"和平统一、一国两制"对台政策的变化、风起云涌的社会运动使执政的国民党当局面临空前的压力。1986 年 3 月，国民党召开十二届三中全会，蒋经国呼吁"以党的革新带动全面的革新，开拓台湾光明的前途"，并指示成立一个 12 人的"政治革新小组"，研究政治改革问题。"政治革新小组"提出"充实中央民意机构""地方自治法制化""国家安全法""人民团体组织法制化""社会风气与治安""党的中心任务"共 6 个议题。根据这些议题，国民党开始"解严"前的准备。

1986 年 9 月 28 日，反对阵营在台北市圆山大饭店举行的"党外选举后援会"推荐大会中，突然宣布成立"民主进步党"（简称"民进党"）。消息传来，国民党内部都在等待蒋经国的态度，但蒋经国采取了容忍的态度。9 天后，蒋经国在接受美国华盛顿邮报发行人葛兰姆女士专访时，表示台湾将解除"戒严"并开放"党禁""报禁"，间接地宣告承认民进党成立的合法化。

10 月 5 日，蒋经国在国民党中常会发表"本开阔无私胸襟使宪政更臻完美"的著名讲话，指出："时代在变、环境在变，潮流也在变；因应这些变迁，本党必须以新的观念、新的做法，在民主宪政体制的基础上，推动革新措施。唯有如此，才能与时代潮流相结合，才能与民众永远在一起。"

1987 年 7 月 14 日，蒋经国宣布自 15 日零时起解除在台湾地区实施了近 40 年的"戒严"，开放"党禁"、开放"报禁"，这是国民党政权政治转型的标志性事件；11 月，开放老兵返乡探亲，开启两岸关系新的里程碑。

蒋经国顺应时势，以"新的观念"和"新的做法"，采取温和、稳健方式，使台湾社会走向民主化的过程中没有发生大的社会动荡，从而实现威权政体到政治自由化的"软着陆"。

第二节　转型时期的法制变革

随着"戒严令"的解除，国民党对台湾的专制独裁统治开始松动。尽管"解严"并不彻底，但"军管"状态终究结束了，台湾社会呈现了相对宽松的政治局面。

按照蒋经国设定的政治改革框架，国民党在台湾政治自由化转型后仍可在一段时间内主导政局的发展。因为国民党仍掌控着代表"民意"的机构——"国民大会""立法院"和"监察院"，而根据"宪法"，"国民大会"行使选举"总统"和修改"宪法"的权利，"立法院"则制定除"宪法"以外的其他"法律"，掌控最高行政权、"立法"权，则自然能够掌控政局。

一、"修宪"与"总统"直选
（一）李登辉与反对势力结盟

尽管有"中央民意代表增额选举"，但反对力量的目的不止于此。由于"国民大会"仍被众多国民党"资深国代"把持，而"总统"由"国民大会"选举，如果没有突破既有政治框架，"党外"势力短期内可以争取到的仍是有限的"中央民意代表"席位，永远无法问鼎权力核心。但本省人李登辉的上台，给反对力量突破现有政治框架带来转机。因此，以民进党为首的"党外"势力向国民党政权提出挑战：一、解散第一届"国民大会"，选举第二届"国民大会"。二、修改"宪法"，"总统"直选。

蒋经国去世后，国民党内部分裂成"主流派"和"非主流派"。本土出身的李登辉利用"总统"职位，很快成为"主流派"领袖。他上台后不久就雄心勃勃地声称要"建立一个法治化的社会"，要在"创造了经济奇迹之

后，再创造一个政治的奇迹"，但他在国民党内的位置并不稳固。1990 年 3
月 21 日，新一届"总统"选举中，李登辉虽然最后成功当选第 8 任"总
统"，但在党内提名环节就险象环生。李登辉更加意识到如果不改变既有政
治框架，6 年后仍由"国民大会"选举"总统"，尽管可以确保政权在国民
党手里，但未必在他李登辉手里。但如果以"总统"身份、以推动"宪政
改革"为号召，与"党外"势力配合，则自己可能会因为积极推动"宪政"
而获得台湾民众的认可，从而击败国民党内代表传统势力的"非主流派"
对他的阻击。因此，李登辉决定与"党外"势力合作，推动解散第一届
"国民大会"、推动"修宪"、推动"总统"直选。①

　　1990 年 6 月 28 日——"野百合学生运动"之后，李登辉召开跨党派的
"国是会议"，出席会议的 130 余名代表除了国民党、民进党成员和"国民
大会代表"外，还有学者、商界人士、媒体、宗教团体代表、前异见人士、
曾经的政治犯、无党派代表等。② 最后，"国是会议"在"宪政改革"方面
达成"总统民选""省长民选""终止动员戡乱时期和废除临时条款""资
深中央民代尽速退职""宪法应予修订"等"共识"。自此，李登辉基本上
达到了与反对势力结盟、把民间力量引入政治改革进程的目的。

　　（二）"总统"从直选到民选

　　在"总统"选举方式上，是采取类似美国总统选举人团的"委任直选"
制还是"公民直选"制，国民党当然选择前者。因为如果公民直选"总
统"，"国民大会"的存在就是多余的，国民党从此就失去了对政局的掌控
权。李登辉当然选择了后者，因此国民党内"主流派"和"非主流派"展
开了激烈的争斗。民进党不仅发动游行等体制外抗争手段，而且民进党籍
"国代"还联合无党籍"国代"退出"国大"临时会，积极策应李登辉的
"公民直选"制。1994 年 8 月 1 日，国民党"主流派"主导的两阶段"修宪"
顺利完成，"宪法""增修条文"主要包括：自 1996 年起，"总统""副总统"

---

　　①　参见陈文高：《"中华民国宪法"在中国台湾地区的发展以及其威权政体的政治
转型研究》，复旦大学硕士学位论文，2009 年。

　　②　"野百合学生运动"：1990 年 3 月 16 日至 22 日，来自台湾各地的数千名大学生
在台北中正纪念堂广场静坐示威，提出解散"万年国会"、重建"国民大会"、废除
"临时条款"、重建"宪法"秩序、召开"国是会议"以及制定政治经济改革时间表等
诉求。

由"全体人民"直接选举产生，任期由 6 年改为 4 年；"国民大会"自 1996 年第三届起每 4 年改选一次，不再行使选举"总统"权；省长也实行民选等。

1996 年 3 月，台湾地区举行首次"总统"直选，李登辉与连战搭档，取得 54% 的选票，战胜了民进党候选人彭明敏、谢长廷和另外两组独立参选人，当选第 9 任"总统"。"总统"由人民直接选举产生，标志着台湾政治开始走向所谓"民主化"。

2000 年 3 月，台湾第 2 次"总统""公民直选"，民进党籍"总统""副总统"候选人陈水扁、吕秀莲当选，台湾出现了第一次政党轮替，说明台湾政治开始向西方政党政治过渡。2008 年 3 月，台湾再次"大选"结果，国民党候选人马英九、萧万长获胜，中国国民党在 2000 年败选后再次执政，西方式政党政治在台湾渐趋成熟。

二、政治法制变革居于中心地位

1986 至 1990 年间，是国民党威权体制转型的关键时期，也是"政治立法热季"，政治性"法律"在短期内密集完成，为"政治革新"和政治自由化提供法律基础。虽然政治性法律的数量在这一时期的立法中占比并不大，但直接影响台湾政局的发展、关系台湾社会变革，因此从草案提出、审议、到表决通过，始终受到岛内社会各阶层、各派政治势力、甚至国际社会的密切关注。

（一）通过"人民团体法"，正式取消"党禁"

"党禁"是指现代政权禁止民众自由组建政党参与政府运作。台湾颁布"戒严令"后，依"戒严法"第 11 条规定，"戒严地区最高司令官有权停止或者解散集会结社及游行请愿"，台湾由此开始严厉的"党禁"。当时台湾的政党除国民党外，只有从大陆迁去的中国青年党和中国民主社会党，对国民党基本没有制衡能力。

1987 年 7 月 15 日蒋经国宣布"解严"，"党禁"因此失效。1989 年 1 月 27 日，"动员戡乱时期人民团体法"（以下简称"人团法"）修订颁布，正式解除"党禁"。"人团法"尽管名字上仍被冠以"动员戡乱时期"，但却是台湾正式解除"党禁"的一部重要"法律"。①

"人团法"将人民团体分为职业团体、社会团体和政治团体。政党即属政治团体，被列为人民团体之一。"戒严"期间，台湾当局对包括宗教团体在内的任何"人民团体"的成立采取的是严格的"许可制"，"人团法"原草案仍拟采用"许可制"，后由于民进党等非国民党"立委"的坚决反对，才改为"报备制"。"报备制"使组党结社几乎没有什么门槛，依据"人团法"，政党还可"推荐候选人参加公职人员选举""平等使用公共场地及公营大众传播媒体之权利"等。

"人团法"颁布后，台湾岛内各种政治力量及其代表人物纷纷登台、竞相组党或登记成立政党。截至1989年底，就有包括国民党、民进党在内的40余个政党到主管机关正式备案。"人团法"的颁布标志着台湾的"党禁"正式开放，国民党一党专制统治开始解体，台湾开始朝向以政党政治为特征的现代西方民主政治方向发展。

（二）修改"选举罢免法"，赋予政党参选法律地位

1989年2月3日，台"立法院"通过"动员戡乱时期公职人员选举罢免法修正案"（以下简称"选罢法"）。② 该次修正较之原"选罢法"，最重要的突破是对政党参选赋予"法律"地位：1. 政党可推荐候选人参加公职选举，并享有减半缴纳保证金的优惠。2. 在竞选活动期间，政党可为其候选人举办政见发表会及印发宣传品，政党候选人可在报纸、杂志上刊登竞选广告或悬挂、竖立竞选标语、旗帜等。3. 个人或营利事业可对竞选政党予以捐赠、助选。此外，还修正增加了选举公费补贴、选举罢免诉讼由一审终结改为二审终结等。

"选罢法"赋予政党参选"法律"地位，为公平竞选提供经济保障，加强司法保障，这些都是"政党政治"发展的必然要求。

（三）解除报刊审查制度，正式开放"报禁"

鉴于在大陆的失败教训，国民党退台后强化对媒体的控制，但在"民

---

① 台"动员戡乱时期人民团体法"实际上是在修订1942年2月10日制定公布的《非常时期人民团体组织法》的基础上颁布的，修订的同时更名为"动员戡乱时期人民团体"；1992年7月27日再次更名为"人民团体法"。后经6次修改，最新修改时间为2021年1月27日。

② 原台"选罢法"于1980年5月公布施行，1983年修改一次。

主宪政"的招牌下，台当局又不能赤裸裸地完全限制言论自由，因此对新闻自由的限制采取有步骤的、策略性的钳制措施。

前节已述，国民党对杂志的限制较为宽松，但对电视、广播和报纸的限制特别严格。依"戒严法"第 11 条，"戒严地区最高司令官有权取缔言论讲学新闻杂志图画告白标语暨其他出版物之认为与军事有妨害者"，这便是其实行"报禁"的主要"法律"依据。全岛电视台、广播电台由国民党的党、政、军系统直接掌控，报纸则从许可证发放、纸张供应、版面篇幅等方面进行更加严格的管控。1987 年"报禁"解除前，台湾报纸数量一直维持在 31 家。为了防止、惩罚报纸、杂志批评当局的行为，国民党当局通过"台湾地区戒严时期出版物管制办法""台湾省戒严期间新闻杂志管制办法"等法令赋予相关军警单位审查报刊的权力，因而时常出现出版物因报道内容或用语不符合相关法令被勒令停刊的现象。

国民党还在"中央改造委员会"下设第四组，负责制定新闻政策，经常召集国民党籍媒体负责人和新闻主管，"提示党的新闻规范与规格"，要求媒体协助"加强精神武装巩固国内心防""配合三民主义支持国家发展计划"等。对于民营媒体，则以成立"新闻党部"等办法控制，或者由国民党"忠贞党员"担任采编主管。台湾最有影响力的两大民营报纸《联合报》和《中国时报》的发行人王惕吾、余纪忠均为国民党党员，后来还被委以国民党中常委的要职。

1987 年 12 月 1 日，台"行政院新闻局"宣布，自 1988 年 1 月 1 日起解除报刊审查制度，正式开放"报禁"，"台湾地区戒严时期出版物管制办法""台湾省戒严期间新闻杂志管制办法"等子法也相应失效。

（四）通过"集会游行法"，恢复普通民众表现自由

1988 年 1 月 11 日，台湾地区通过"动员戡乱时期集会游行法"（以下简称"集会游行法"），规定经过许可，人民可以集会、游行。① 该法要求"为保障人民集会、游行之自由"，主管机关对集会、游行作出不予许可、限制或命令解散的决定时，"应公平合理考量人民集会、游行权利与其他法

---

① 台"动员戡乱时期集会游行法"于 1988 年 1 月 20 日公布，1992 年 7 月 27 日更名为"集会游行法"，共修改 3 次，最新修改时间为 2021 年 1 月 27 日。

益间之均衡维护，以适当之方法为之，不得逾越所欲达成目的之必要限度"。① 集会、游行的主管机关还被要求"对于合法举行之集会、游行，不得以强暴、胁迫或其他非法方法予以妨害"。集会游行作为普通民众表达言论自由的主要形式，之所以应受保护，即在于其有助于民主政治的运作，特别是有关公共事务的批判讨论，能使主权在民的精神得以实现。

"集会游行法"是继"国安法"之后台湾地区又一部代表政治变革的重要法律。该法虽然与"国安法"一样，都被冠以"动员戡乱时期"，都坚持"三原则"，但毕竟恢复了"宪法"关于人民集会、游行的权利，从而使社会各阶层民众都能在一定范围内通过集会、游行表达自己的思想和"诉求"。

（五）"国安法"删除"不得主张共产主义"

台湾当局 1987 年颁发的"动员戡乱时期国家安全法"仍然保留着较深的"反共军事戒严体制"的痕迹，仍顽固坚持"三原则"，是一部没有彻底"解严"的"特别法"。1992 年 7 月 7 日，"国安法"第一次修改时，仅将名称中的"动员戡乱时期"6 个字剔除。

2008 年 6 月 20 日，台"司法院大法官"对"人民团体法"作出"释字第 644 号"解释，宣告台湾"人团法"关于"人民团体"的组织及活动"不得主张共产主义"的规定违反"宪法"原则，宣告相关条款自动失效。

受"释字第 644 号"解释约束，2011 年 11 月 23 日，台湾"国安法"第 3 次修改，终于将"不得主张共产主义或分裂'国土'"删除。这意味着，共产主义信仰从此在台湾岛内能够成为普通民众的自由选择，共产党在台湾岛内的合法地位得到保障，客观上呼应了两岸进一步深化交流的现实需求。但该次修订将"禁共产主义"和"禁分裂'国土'"同时删除，前者实为"皮"，后者实为"肉"，前者不得不为，后者则为"台独"政治势力在台湾的蔓延大开绿灯。

（六）废除政治刑法，扩大人权保障

"戒严"时期，台湾当局颁布了许多政治刑法，普通民众动辄得咎，其

---

① 台湾地区使用的"表现自由"一词，泛指人民表达意见、观念、情绪、事实等信息的权利。具体而言是指"中华民国宪法"第 11 条规定的言论、讲学、著作及出版 4 种自由权利。讲学、著作及出版是学者、专业人士或者知识分子言论自由的表达方式，而集会游行则是普通民众言论自由的表达形式，也属于表现自由的范畴。

中最严厉的当属 1949 年 6 月 21 日颁布的"惩治叛乱条例"、1950 年 6 月 13
日颁布的"戡乱时期检肃匪谍条例",以及该两条例指向的"刑法"第 100
条,触犯这些法令将被处以死刑,预备或阴谋犯也要被处以 10 年以上有期
徒刑。根据"惩治叛乱条例",违反者"不论身分概由军事机关审判",军
事机关一审审判后,即交付执行,不服判决的,"解严"后才能上诉。

　　直到 1987 年颁布"国安法","军政"才废除,才有"非现役军人,不
受军事审判"的明确规定。但上述政治刑法却迟迟不予废止,社会各界纷
纷发起各种抗争运动,强烈要求废除这些严重侵害人权的特别刑法。在民
间的持续压力之下,1991 年 5 月 22 日,1991 年 6 月 3 日,"惩治叛乱条例"
和"戡乱时期检肃匪谍条例"被相继废除。1992 年 5 月 15 日,"立法院"
终于通过"刑法第 100 条"的修正案,阴谋犯和预备犯从此不再被认定为
"叛乱罪"。

第九章 台湾警政的"专业领导时期"

随着"威权体制"的结束，台湾地区警政发展的"以军领警时期"也画上了句号。1990年8月，警察专业背景出身、原籍福建泉州的庄亨岱出任台湾警察系统最高首长，台湾警政步入"专业领导时期"，也标志着台湾警政转型的开始。

台湾警政的"以军领警时期"与"专业领导时期"在警察人事、任务、组织方面都存在巨大差别，前者以巩固政权为目的，附属于军政系统，受"警总"等军事、情治系统指挥，后者脱离军警混同角色定位、回归行政系统，警政独立发展并走向专业化。

台湾警政"专业领导时期"最主要的特征是警政最高首长来自警察系统并推动各项警政建设。此外，从"专业化"角度观察，警察执法观念的转变、警察业务的限缩、"脱警察化"趋势、警察法制的人权保障倾向等，也是转型时期台湾警政"专业化"的重要体现。

第一节 台湾警政专业化的开始

一、"专业领导时期"的警察首长

从1972年至今，历任警政"署长"共有16位。[①] 前4位周菊村、孔令晟、何恩廷、罗张，均出身军人。台湾警察学术界公认，台湾警政专业化

---

① 本节有关"专业领导时期"的资料与部分内容参见（台）桑维明、章光明：《第四章警察政策发展史》，载"内政部警政署""中央警察大学"编撰：《台湾警政发展史》（主编：章光明），台北："中央警察大学"出版社，2013年，第128—148页。

的标志始自 1990 年第 5 任 "警政署署长" 庄亨岱。[①] 他不仅出身警察系统，而且在短暂的 3 年 4 个月任期内组织一系列改革，使台湾警政从职责任务、人事政策到执法观念都发生了根本的扭转。

（一）"专业领导时期"的首任"署长"

庄亨岱是光复前"台湾警察干部训练班"——"台干班"学员，1945 年赴台参与光复后的警政接收，历任督察员、区警察所长、分局长、督察长、副局长，宜兰县警察局长、桃园县警察局长、铁路警察局长、保安警察第一总队总队长，1987 年 5 月出任刑事警察局长。1990 年 8 月，庄亨岱以"犯罪克星"令誉出掌"警政署"，成为首位专业出身的"署长"。

早在履任刑事警察局局长时，非刑警出身的庄亨岱就指挥侦破了大量重大刑案，"把刑事局的招牌刷得雪亮"。荣升"警政署署长"后，他加大犯罪打击力度，组织缉捕十大枪击要犯，引渡通缉案犯回台湾，积极检肃流氓帮派、遏制暴力犯罪，展现了卓越的专业领导能力，也扭转了解严初期恶化的治安情势。其次，为革除台湾警界保守、排外的"系统"观念与派系观念，庄亨岱推出以绩效评比决定人事升迁的考核办法，建立公正、平允、开放与交流的人事制度，深得警心与各界赞誉。

庄亨岱任内，正值台湾"解严"初期，社会多元开放，聚众活动日渐活跃，如何管理聚众活动，避免冲突与对峙，成为台湾警政面临的重大挑战。1992 年 4 月 19 日，民进党在台北市发起一场"全民公投"聚众活动（以下简称"419 群众事件"）。在庄亨岱指挥下，警方以"流水怪招"使事件和平落幕，开创了处置聚众活动的典范，"在治安史上留下令人惊奇的一页"。[②] "419 群众事件"的成功处置不是一件简单的个案，在台湾宣布终止"动员戡乱"的初期，作为台湾警察系统最高领导，庄亨岱善于把握时

---

① 庄亨岱（1926 年—2009 年），福建泉州人，中国国民党籍。2009 年因心脏病发去世，享年 84 岁，遗体归葬祖籍泉州。

② 1992 年 4 月 19 日，民进党发起"全民公投"聚众活动，数千名群众在台北市忠孝西路及重庆南路静坐抗争，连续三昼夜不肯离散，民众深受影响而怨声载道，要求警察执行公权力。静坐群众则放话，若警方镇压将不惜玉石俱焚。庄亨岱"署长"顶着当局内部强硬对付示威的压力，亲自指挥灵活妥善处置。拂晓时分，只见数辆消防喷水车驶至现场，警方似乎没有任何行动，静坐的民众正感纳闷，却发现裤底湿透，警方趁机派女警出场柔性劝离。群众在夜深又狼狈的情况下，只好怏怏离场。

势与契机，秉持行政中立、平和理性、刚柔并用的聚众活动处置原则，树立警察在民主转型过程的正面影响，成为他对台湾警政的最大贡献。

1992 年 8 月 1 日，"台湾警备总司令部"（"警总"）被裁撤，"内政部警政署"真正成为台湾警政最高机关，指挥监督全台警政。庄亨岱任职"警政署署长"直至 1993 年 12 月，是警政系统走向独立的过渡期的当家人。2009 年，庄亨岱去世，马英九在悼词中评价他："尤以接掌警政署，订定主管绩效评核，建立人事平允制度，明效大验，远谟周备；柔性处理聚众事件，悉心化解社会危机，折冲调济，孔洽时宜"；"综其生平，振警界之声威，成淑世之鸿业"，"诚开台湾警史新页"。

（二）"专业领导时期"的历任"署长"

从庄亨岱"署长"开始，"专业领导时期"历任"警政署长"共有 12 位，均出身警察科班。从任期上看，第 14 任"警政署长"王卓钧任期最长，为 6 年 9 个月，其次为第 16 任、即现任陈家钦，已任职 4 年余，其余任期多在 1 至 3 年间（第 11 任张四良仅任职 9 个月），显示"警政署长"人事变动较为频繁。

表 9-1 1990 年至今台湾地区警政"署长"列表

任序	姓名	任职时间	任期时长
第 5 任	庄亨岱	1990.8—1993.12	3 年 4 月
第 6 任	卢毓钧	1993.12—1995.5	1 年 5 月
第 7 任	颜世锡	1995.5—1996.6	1 年 1 月
第 8 任	姚高桥	1996.6—1997.8	1 年 2 月
第 9 任	丁原进	1997.9—2000.8	2 年 11 月
第 10 任	王进旺	2000.8—2003.7	2 年 11 月
第 11 任	张四良	2003.7—2004.4	9 月
第 12 任	谢银党	2004.4—2006.3	1 年 11 月
第 13 任	侯友宜	2006.3—2008.6	2 年 3 月
第 14 任	王卓钧	2008.6—2015.3	6 年 9 月
第 15 任	陈国恩	2015.4—2017.9	2 年 5 月
第 16 任	陈家钦	2017.9 至今	4 年余

二、"专业领导"初期的警政发展建设

警政建设是一项长期的过程,在"解严"前后的警政现代化努力基础上,"专业领导时期"的历任"署长"持续推动警政革新,均有所建树。从1990年至1995年的"后续警政建设方案"、2000年至2004年的"警政再造方案"、2004年至2007年的"警政精进方案"、2011至2013年的"警政发展方案"等4个大型警政计划看,在这"专业领导"初期的20多年间,台湾警政从警察组织内部、外部两个方面都朝向专业化迈进。

(一)加强组织内部建设

1990年至1995年的"后续警政建设方案"时期,主要是设立新的警察机构,健全警察组织,如成立交通警察局、环境保护警察局、安全警卫警察局、科学鉴识中心、警政研究中心等。其中,交通警察局的设立,说明警察任务中交通秩序维护职能的加强,成立科学鉴识中心则与此时期警察科学的迅速发展有关。其次,革新警察人事制度,建立现代化勤务指挥中心,加强机动反应能力也是此时期警政发展的着力点。配合人事与勤务改革需求,警察训练基地得以拓展,警察人员执勤专业技能训练、科技人才培训开始强化,警察教育训练更加多元与精实。

(二)提高科技侦防能力

从1990年至2013年的4个大型警政计划,几乎都涉及机动车辆、枪支械弹、通讯器材、刑事侦防装备的采购更新,短短20多年,硬件建设成果十分可观。针对街头聚众活动的增加,台湾警方在规划、建设科技化防爆处理系统,精进防爆鉴识能力等方面更有长足发展。2000年前后,全球网络通信科技快速发展,网络电话诈骗等新型态犯罪在台湾加速蔓延,台湾警方加大科技研发和投入,开发多功能治安信息系统、刑事侦查系统,强化110勤务指挥管制系统,科技侦防能力得到明显提升。

(三)提出"全民治安"理念

台湾"解严"后,社会逐步开放,除了街面聚众活动增加,社会治安也面临新的形势与挑战,台湾警方提出"全民治安"理念并继续朝专业化发展。综合这一时期台湾地区的治安策略,从"全民拼治安行动方案""台湾健康社区六星计划推动方案"等行动看,其"全民治安"理念,深受第四次警务革命,即社区警政潮流影响,倡导治安的责任主体除了警察以外,

当局各机关、"全民"都要参与其中。① 具体措施方面，改变以往由警察单打独斗的做法，建立跨"部会"、跨各局处的防盗、防诈骗平台，同时加强警民合作，发动地方自治团体、民间社团、社区居民共同预防犯罪，净化社区治安。

（四）"服务"观念进入警政视野

转型期，台湾社会跟随全球范围内的"政府再造"风潮，当局机构开始转变职能，"为民服务"成为行政要追求的目标愿景。为提升服务质量，当局机构甚至兴起一股师法企业"顾客导向"的风潮。在这个大背景下，配合社会的脉动，从第6任"署长"卢毓钧开始，"服务"功能进入警政视野。1994年，"警政署"调整原来"刑事绩效挂帅"的风气，设计警勤区工作的"家户服务卡"，警察服务功能开始萌芽。为打造"亚洲第一"的安全、亲民环境，台湾警方也采行"全面品质管理"的企业经营理念，进行许多新的尝试与探索，使服务标准化，希望建成"廉能、专业、效率、便民"的优质警政，全面提升警察服务品质，实现"有效维护社会治安，营造安宁社会"的目标。

三、台湾警政"专业化"的其他表现

台湾"警察法"颁布于1953年，时值"以军领警时期"。根据其第2条，警察任务包括税捐、民政、社政、教育、农林、新闻、电信、观光等，囊括了诸多行政机关的职能。

随着"专业领导时期"的到来，警察任务开始精简，朝业务专业化发展，原隶属于警察的户政、消防、移民、海巡等业务逐渐从警察系统分离，由新成立的一般行政机关主管，即"脱警察化"（又称"除警察化"）。同时，此一时期，警察的辅助任务也逐步移交给其他行政机关执行。

---

① 社区警政，顾名思义指警政社区化。社区警政的理念与思潮始自1970年代美国推行的以社区为导向的警政改革探索。社区警政的精确涵义并不统一，但根据美国警政学者的观点，它是警政工作的新哲学，是警察根植于民众的新概念。大致包括犯罪预防、警察服务社区的功能、警民互动共同寻求维护治安和控制犯罪的策略等。参见（台）王丰荣：《从我国社区警政之发展探讨嘉义市警政之实施》，台湾南华大学硕士学位论文，2002年。

（一）恢复户警分立，取消"户口查察"勤务方式

户籍行政是现代社会主要内政之一，"其优劣足以影响政治之全面"。从日据时期、光复时期、再到威权时期，台湾的户籍行政在警察与民政组织之间"几易其手"。1992 年 7 月，台"行政院"核定"户警分立实施方案"，取消"户警合一"，重新实行户警分隶，将静态的户籍行政复归各地新成立的户政事务所管理，警察机关不再管理户政业务，只负责动态的"户口查察"勤务。

"户口查察"是日据及"戒严"时期一项具有强制力和管控性质的勤务。随着户警分立和社会转型，警察组织实行多年的、未经立法授权的"户口查察"勤务因涉及人民的权利义务，有违法律保留原则而备受诟病。2007 年 7 月 4 日"警察勤务条例"专门修订第 11 条，改勤区查察以"家户访查"方式进行。2007 年 12 月 13 日、2008 年 2 月 26 日，"内政部"分别订立"警察勤务区家户访查办法""警察勤务区家户访查作业规定"，"户口查察"勤务走入历史。

（二）一般行政"脱警察化"，警察任务更趋专业化

1. 1995 年成立"消防署"

1995 年 3 月 1 日，"内政部"成立与"警政署"并列的"消防署"，警察不再管理消防业务，而改由地方机构下辖的消防局管理。

2. 2000 年成立"海岸巡防署"

台湾岛四面环海，"海防任务繁重"，2000 年台湾当局整合"警政署"水上警察局、"国防部海岸巡防司令部"、"财政部关税总局缉私舰艇"等海上事权单位，成立"海岸巡防署"，以治安执法职能为主，执掌海域、海岸事务，负责打击海上毒品、走私等违法犯罪行为，也包括发生在海域、海岸的危害"台湾安全"行为。职能相当于大陆边防、海洋与渔业局、海事局、海关等部门的综合。①

3. 2007 年成立"入出国及移民署"

"戒严"时期，台湾的出入境事务与海巡事务均隶属于原先的"警总"。2007 年 1 月 2 日，依据"入出国及移民法"，台湾当局整合相关部门，统一

---

① 2018 年，"海洋委员会"成立后，"海巡署"调整为该会所属机关并更名为"海洋委员会海巡署"，简称"海巡署"。

事权，成立"入出国及移民署"，以治安执法职能为主，主管入出境及移民事务。①

综上，台湾警政进入"专业领导时期"后，"在打击犯罪、提升警察科技水平、服务民众、保障人权等方面都有所作为与建树"。同时通过组织机构或职能调整，将户政、消防、移民、海巡等进行一般行政化后，警察任务更趋专业化，事权更集中。

第二节　警察法制的整备与警政转型

1991 年，"动员戡乱时期"终止后，台湾地区法制面临全面检修的严峻局面，警察法制的变动尤其频繁，立、改、废次数相当密集。一方面，1988 年制定"集会游行法"，1991 年制定"社会秩序维护法"，1990 年代频繁修改"刑事诉讼法""诉愿法""行政诉讼法"，2003 年出台"警察职权行使法"等；另一方面，在民间的持续压力之下，2009 年废止特定时期严重侵犯公民权利的"检肃流氓条例"。②

一、"集会游行法"颁布，台湾警政面临转型挑战

"戒严"时期，由于"中华民国宪法"被"动员戡乱时期临时条款"取而代之，因此其第 14 条关于"人民有集会及结社之自由"的规定被架空。"戒严"后，依据其"戒严法"第 11 条，台湾人民的集会、游行、请愿等自由权利被正式取消。1987 年"解严"后，随着政治上的开放，被长期压抑的公民权利意识觉醒，公众参与政治的热情高涨。1988 年 1 月 20 日，为应对社会变迁，台湾当局发布"动员戡乱时期集会游行法"，台湾人民从此可以遂行"中华民国宪法"第 14 条保障的集会、游行权利。③ 一时

---

① 2015 年"入出国及移民署"再次更名为"内政部移民署"，简称"移民署"，仍隶属于"内政部"。

② 本节有关警察法制的资料与部分内容参见（台）蔡庭榕、刘嘉发、林裕顺：《第七章警察法制发展史》，载"内政部警政署""中央警察大学"编撰：《台湾警政发展史》（主编：章光明），台北："中央警察大学"出版社，2013 年，第247—288 页。

③ 1992 年 7 月 27 日，因"戡乱"被终止，"动员戡乱时期集会游行法"更名为"集会游行法"。

间，社会运动在各地蔓延，台湾进入前所未有的公民社会及多元文化的发展环境，也使警政发展面临空前的巨大挑战。

警察机关是治安机关，维护社会秩序与安全是其职责所在，集会游行的开放给社会治安带来全新课题，不仅需要增加机构编制与警力，而且在聚众活动处置中，警察角色需要从"威权"转向"民主""法治"方向。在"警政署"的积极规划下，专职处理聚众活动的保安警察第一、四、五总队应运而生。1986 年 7 月至 1996 年 7 月，10 年间，台湾警力从 57444 人递增到 86602 人，其中扩增的警力即以保安机动警力为主。1992 年，首任专业"警政署署长"庄亨岱抓住警察在民主转型过程中角色转变的契机，应用"流水怪招"创新处理"419 群众事件"，树立了警察和平理性、刚柔并用处置聚众活动的典范，获得广泛赞誉。"419 群众事件"后，台湾警方在处理集会游行事件时，虽经历过曲折与跌撞，但最后基本实现角色定位的转变，遵循"保障合法、取缔非法、制裁暴力"的原则，以不流血的非暴力方式妥当处理，巩固其所谓的"法治的根基"。

二、在执法与司法领域，司法权开始全面制衡警察权

（一）警方的重大治安处罚权被法官接管

警察权涉及的公民人身权、财产权非常广泛，因此，公众对警察权有天然的敏感性。制定于 1943 年的"违警罚法"，对应大陆的《治安管理处罚法》，是台湾警察行政处罚权的主要法律依据。该法规定的"违警罚"有拘留、罚役、感训处分、罚锾、申诫、没入、勒令歇业、停止营业等种类，其中拘留、罚役和感训处分均涉及人身自由。① 根据"中华民国宪法"第 8 条第 1 项，限制人身自由处罚需由法院依法定程序做出，但是"违警罚法"却规定"由警察官署裁决"。② 1980 年 11 月 7 日，台湾"司法院大法官"启动"宪法"解释程序并做出"释字第 166 号"，宣告"违警罚法"关于拘

---

① 台"违警罚法"第 28 条："因游荡或懒惰而有违警行为之习惯者，得加重处罚，并得于执行完毕后，送交相当处所，施以矫正或令其学习生活技能。"——该条规定的处罚被称为"感训处分"或"矫正处分"，属于保安处分的一种。

② 台"中华民国宪法"第 8 条第 1 项："人民身体之自由应予保障。除现行犯之逮捕由法律另定外，非经司法或警察机关依法定程序，不得逮捕拘禁。非由法院依法定程序，不得审问处罚。非依法定程序之逮捕、拘禁、审问、处罚，得拒绝之。"

留、罚役"由警察官署裁决"的规定构成"违宪"。1990 年 1 月 19 日，"司法院大法官"以相同的理由做出"释字第 251 号"，宣告感训处分"由警察官署裁决"亦构成"违宪"，要求在 1991 年 7 月 1 日前"修法"，改由"法院依法定程序为之"，否则将直接失效。

由于台湾地区的"大法官"解释"宪法"具有高于"法律"的效力，对于公权力机关具有普遍的约束力，因此，配合"大法官释宪"会议决议，台"立法院"将其列入需要加速审查的重要法案。1991 年 6 月 29 日，"违警罚法"被"社会秩序维护法"取代。新制定的"社会秩序维护法"许多内容虽然延续了"违警罚法"的规定，但其最大的改变是删除了"罚役"这种处罚种类，涉及公民人身自由权利的拘留与感训处分、涉及重大财产权益的勒令歇业与停止营业，共 4 种处罚改由地方法院简易庭负责裁定，不再"由警察官署裁决"。"违警罚法"中其他不合时宜或极不明确的规定，也被修改或删除，以符合人权保障的"宪法"要求。

（二）"刑事诉讼法"多次修订，重大强制处分权受司法制约

台湾"刑事诉讼法"制订于 1928 年，至 2021 年共修改 46 次。其中，1990 至 2000 年修改 9 次；2001 至 2010 年修改 13 次，2011 至 2020 修改 17 次。

1. 警方前期的搜证时限被大大缩短

根据原"刑事诉讼法"，警察机关逮捕或接受现行犯后，应即解送检察官；检察官讯问后，认为有羁押必要者，应自拘提或逮捕之时起 3 日内声请法院羁押。[①] 1997 年 12 月，台湾地区修订"刑事诉讼法"第 91、92、93 条，将 3 日期限缩短为 24 小时，以落实"中华民国宪法"第 8 条第 2 项关于"24 小时内移送该管法院"的规定。[②] 据此，作为侦查机关和侦查辅助机关，检、警仅共享 24 小时的侦查时限。经由检警协调划分，警察机关仅有 16 小时可实施侦查询问、收集证据等行为，警方必须在可以拘束犯罪嫌疑人人身自由的 16 小时内完成前期搜证任务，这对于警方的查证能力与效

---

① "声请"为台湾地区表达习惯，与大陆"申请"为同一含义。

② 台"中华民国宪法"第 8 条第 2 项："人民因犯罪嫌疑被逮捕拘禁时，其逮捕拘禁机关应将逮捕拘禁原因，以书面告知本人及其本人指定之亲友，并至迟于 24 小时内移送该管法院审问。本人或他人亦得声请该管法院，于 24 小时内向逮捕之机关提审。"

率不能不说是一项严苛的挑战。

2. 警方的询问查证行为被严格规范与监督

在台湾地区的刑事司法体系中,检察官是犯罪侦查机关,警察机关仅属于"犯罪侦查辅助机关",所以台湾地区的"刑事诉讼法"规范的侦查行为往往针对检察官这一侦查主体。由于警察机关是侦查的辅助机关,其对犯罪嫌疑人查问的行为,在"刑事诉讼法"中不使用"讯问"而使用"询问"一词。1997 年,其"刑事诉讼法"增加第 100 条之 2,将"第九章被告之讯问"的适用范围延伸至警察机关的辅助侦查环节,但要求警察机关将"询问"过程连续录音或者录像,以备侦审机关调取监督。1998 年,其"刑事诉讼法"再次增加第 100 条之 3,禁止警察机关夜间询问犯罪嫌疑人,以充分保障人权。

3. 警方的搜索权需经司法权双重审查

台湾地区的搜索权对应大陆的搜查权,是一项强制处分权。2001 年前,其"刑事诉讼法"规定搜索证由检察官核发,且没有规定搜索证需要记载的案由与有效期。"修法"者认为,保障人权是近代全球普遍追求的重要价值,因此警察人员在侦查中的证据收集,必须更加严谨与规范。原"刑事诉讼法"关于搜索权由检察官准驳的规定违反法官保留原则和正当程序原则;搜索证没有明确记载事项要求,也有侵犯基本人权之嫌。因此,2001年,"刑事诉讼法"第 128 条之 1 被修改为"侦查中的检察官认有搜索之必要者,除第 131 条第 2 项所定情形外,应以书面记载前条第 2 项各款之事项,并叙述理由,声请该管法院核发搜索票。司法警察官因调查犯罪嫌疑人犯罪情形及搜集证据,认有搜索之必要时,得依前项规定,报请检察官许可后,向该管法院声请核发搜索票。前二项之声请经法院驳回者,不得声明不服。"同时还增订第 132-1 条,规定司法警察还应将执行搜索的结果陈报法院,以利日后审判时查考。① ——从此,除了声请搜索票需要明确填写案由与有效期间外,搜索决定权统归法院。即不仅警方的搜索权由法院核准,检察机关行使搜索权也需要声请法官核准。而且,作为侦查辅助机关,警察机关据以执行搜索权的搜索票是"报请检察官许可后,向该管法

---

① 台"刑事诉讼法"第 132-1 条:"检察官或司法警察于声请核发之搜索票执行后,应将执行结果陈报核发搜索票之法院,如未能执行者,应叙明其事由。"

院声请核发",说明其必要性需要经过双重检验。①

2002 年,"刑事诉讼法"修改的重点之一则针对紧急搜索权的严谨化与具体化。即在第 131 条第 1 项各款有关紧急搜索(径行搜索)的要件,加上"有事实足认"等定语,以约束侦查机关遵守比例原则,避免滥用搜索权。另增加第 131 条之 4"搜索执行后未陈报该管法院或经法院撤销者,审判时法院得宣告所扣得之物,不得作为证据。"——即引入"毒树之果"理论,否定违法搜索所获得证据的效力。

4. 警察权被限制在调查和协助侦查范围内

2003 年,"刑事诉讼法"第 19 次修改,这次修订涉及范围广、条款多。就警察权而言,虽然只是将警察的"侦查"犯罪用语全部修改为"调查",但该次修改对警方在侦查中的权限影响是根本性的。也就说,警察机关在侦查犯罪中的作为,被进一步限缩在犯罪调查和接受检察官指挥协助侦查范围内。

(三)"通讯保障及监察法"修改,通讯监察权需经双重审查

通讯监察权也是强制处分权的一种。以通讯监察手段秘密收集情报信息,在台湾地区由来已久,"戒严"时期,甚至达到泛滥地步。1990 年之前,台湾地区未曾正式使用"通讯监察"一词,大多以"窃听"或"通讯窃听"来称谓。"解严"后,因执行"通讯窃听"的依据仅为机关组织法或行政命令,并无法律明文授权,其合法性与正当性面临空前危机,通讯监察法制化遂很快被提上议事日程。1990 年"法务部"着手制定草案,历经 8 年,至 1999 年 7 月 14 日"通讯保障及监察法"始获通过,但因"立法"技术与现实等问题,执行效果并不理想。

"通讯保障及监察法"第 5 条第 2 项规定:"前项通讯监察书,侦查中由检察官依司法警察机关声请或依职权核发。"针对该规定,2007 年 7 月 20 日,"司法院大法官"做出"释字第 631 号"认为,通讯监察在特定期间内持续限制受监察人秘密通讯自由,受监察人通常无从得知,以至于无从行使刑事诉讼法所赋予之各种防御权;通讯监察可能同时侵害无辜第三人秘密通讯自由,与刑事诉讼中司法机关执行的搜索、扣押手段相较,侵害人

---

① 1997、1998、2001 年台湾地区对"刑事诉讼法"的修改,也有相当条款兼顾打击犯罪和提升警方侦查效能。

民基本权利程度强烈、范围广泛。为制衡侦查机关强制处分权，由客观、独立行使职权的法官进行事前审查方符合正当程序要求与"宪法"保障人民秘密通讯自由的意旨，因此不仅要求引入司法制衡原则加强对检、警的通讯监察权制约，而且直接宣告该条款于 5 个月后失效。

2014 年 7 月 11 日，台立法机构根据前述"释字第 631 号"意见，将"通讯保障及监察法"第 5 条第 2 项正式修改为"前项通讯监察书，侦查中由检察官依司法警察机关声请或依职权以书面声请该管法院核发"。至此，侦查中，警方的通讯监察权需经检察官和法官的双重审查。

经过一系列修法，在刑事诉讼领域，台湾地区侦查权中的重大强制处分权，包括羁押权、搜索权、监听权全部由法官接掌。

三、"警察职权行使法"出台，警察职权明确化与程序化

警察权的行使一直是公众敏感的话题。台湾"警察法"制定于 1953 年，其第 9 条非常简略地规定警察有 8 项职权，但具体怎么行使职权，有哪些要件和程序则一直没有具体的立法。① 1956 年虽然订立"警察法施行细则"，但内容上仅细化、列明警察职权行使过程中准用的程序法。② 1972 年，台当局制定"警察勤务条例"，该条例第 11 条规定警察可以采取 6 种方式执行勤务，即查察、巡逻、临检、守望、值班、备勤，但其中"临检"

---

① 台"警察法"（公布日期为 1953 年 6 月 15 日，修改 4 次，最新修改日期为 2002 年 6 月 12 日）第 9 条："警察依法行使左列职权：一发布警察命令。二违警处分。三协助侦查犯罪。四执行搜索、扣押、拘提及逮捕。五行政执行。六使用警械。七有关警察业务之保安、正俗、交通、卫生、消防、救灾、营业建筑、市容整理、户口查察、外事处理等事项。八其他应执行法令事项。"

② 台"警察法施行细则"（公布日期为 1956 年 11 月 27 日，最新修改日期为 2000 年 11 月 22 日）第 10 条："本法第九条所称依法行使职权之警察，为警察机关与警察人员之总称，其职权行使如左：一发布警察命令，中央由内政部、直辖市由直辖市政府、县（市）由县（市）政府为之。二违警处分权之行使，依警察法令规定之程序为之。三协助侦查犯罪与执行搜索、扣押、拘提及逮捕，依刑事诉讼法及调度司法警察条例之规定之。四行政执行依行政执行法之规定行之。五使用警械依警械使用条例之规定行之。六有关警察业务之保安、正俗、交通、卫生、救灾、营业、建筑、市容整理、户口查察、外事处理等事项，以警察组织法令规定之职掌为主。七其他应执行法令事项，指其他有关警察业务。前项第三款协助侦查犯罪及第六款有关警察业务事项，警察执行机关应编列警察事业费预算。"

勤务较为敏感，备受社会质疑，警方在执法中遭遇一公民不满而引发诉讼，原告在诉讼中声请"司法院"启动"大法官释宪"程序对其进行违宪审查。

2001年12月14日，台"司法院大法官"做出"释字第535号"，认为"警察勤务条例"规定警察执行勤务的编组及分工，并对执行勤务方式加以列举，"已非单纯之组织法，实兼有行为法之性质"；警察人员执行勤务"应恪遵法制国家警察执勤之原则"，而该条例规定的"临检"措施影响人民行动自由、财产权及隐私权等甚巨却没有实施要件、程序规范和赋予救济权，因而构成"违宪"。"释字第535号"要求有关机关两年内参酌社会实际状况，通盘检讨订定警察执行职务法规，且要求"立法"必须遵循法律明确性原则、比例原则、程序正义原则及诚信原则。

在"释字第535号"的推动下，"警政署"及时规划、提出立法草案。2003年6月25日，"警察职权行使法"出台，该法赋予警察人员执行勤务时应付突发事故之权限，也通盘规范警察职权行使。对于"警察勤务条例"规定和"释字第535号"涉及的"临检"措施，则将其分解为身份查证、拦停交通工具、资料搜集等环节，对其实施要件、程序分别做出明确规范，并赋予执法对象当场异议权和事后提起诉愿、行政诉讼或损失补偿的权利，体现了保障公民权利的立法意图。①

四、"检肃流氓条例"——严重侵犯人权的"特别法"被废止

（一）"台湾省戒严时期取缔流氓办法"施行30年

1955年，国民党政权沿袭日据时期台湾总督府发布的《台湾浮浪者取缔规则》（1906年），以"行政院""院令"形式订立"台湾省戒严时期取缔流氓办法"。该办法赋予警察机关对"足以破坏社会秩序"之"流氓"，可以书面告诫并予列册辅导；对被认定为"流氓"且情节重大者，或被认定为"流氓"并告诫后1年内仍有"流氓"行为者，警察机关可以予以"感训处分"。该"感训处分"是一种限制人身自由并强制劳动的行政处罚，期限长达1年以上3年以下。在"戒严"时期，在"以军领警"情况下，

---

① 台"警察职权行使法"于2003年12月1日正式施行，目前仅在2011年4月27日修改一次。

"流氓"案件的认定和感训处分的执行实际上由军事机关负责，而且该办法赋予"治安机关"便宜行事的权限，仅仅凭借"秘密证人"的证言，即可将"流氓"提报感训处分，完全漠视公民基本权利保障。30 年间，"台湾省戒严时期取缔流氓办法"实际上成为台当局巩固政权、整肃异己的重要工具。

（二）"动员戡乱时期检肃流氓条例"施行 7 年

1985 年，"解严"前夕，"台湾省戒严时期取缔流氓办法"施行 30 年后，因社会情势变迁，为回应社会各界热切期待，该办法本应废止，但因其"对于维持社会治安具有相当重要之功能与贡献"，台"立法院"审议后，还将其从"行政命令"上升为"法律"，并更名为"动员戡乱时期检肃流氓条例"而继续有效。

（三）"检肃流氓条例"又施行 16 年

"解严"后，因发生一系列被施以感训处分人员绝食、血书陈情及暴动或疑遭体罚死亡事件后，感训处分作为军事管教制度的正当性面临大崩溃。1992 年，因"动员戡乱时期"终止，"动员戡乱时期检肃流氓条例"被更名为"检肃流氓条例"，但除了将军事机关涉入的程度全面淡化和在程序上有所补强外，实体内容换汤不换药。台湾社会已经脱离非常时期，但当局仍以治安优先名义，仅将"治安机关"改为警察机关，程序上仍"便宜行事"，继续对所谓涉案人员实行感训处分，以致引发舆论一片挞伐之声。

（四）三次被"大法官会议"宣告"违宪"而遭废止

1995 年 7 月 28 日、2001 年 3 月 22 日、2008 年 2 月 1 日，"司法院大法官"分别做出第 384、523、636 号解释，对"检肃流氓条例"当头棒喝，指出该条例多处明显违反"宪法"：1. 对"流氓"定义宽泛违反法律明确性原则。① 2. 警察机关可以直接强制人民到案、无须践行必要的司法程序；

---

① 参见台"检肃流氓条例"第 2 条："本条例所称流氓，为年满 18 岁以上之人，有左列情形之一，足以破坏社会秩序者，由直辖市警察分局、县（市）警察局提出具体事证，会同其他有关治安单位审查后，报经其直属上级警察机关复审认定之：一、擅组、主持、操纵或参与破坏社会秩序、危害他人生命、身体、自由、财产之帮派、组合者。二、非法制造、贩卖、运输、持有或介绍买卖枪炮、弹药、爆裂物者。三、霸占地盘、敲诈勒索、强迫买卖、白吃白喝、要挟滋事、欺压善良或为其幕后操纵者。四、经营、操纵职业性赌场，私设娼馆，引诱或强逼良家妇女为娼，为赌场、娼馆之保镖或恃强为人逼讨债务者。五、品行恶劣或游荡无赖，有事实足认为有破坏社会秩序或危害他人生命、身体、自由、财产之习惯者。"

"秘密证人"制度剥夺被认定"流氓"之人诉讼的防御权；刑事有罪判决与感训处分不能相互折抵，均构成违反正当法律程序原则和比例原则。① 3. 被认定为流氓并告诫后不得提起诉愿及行政诉讼，违反权利救济保障原则。4. 最长可达 2 个月的"留置"措施违反法律明确性原则、比例原则和正当法律程序原则。

2009 年 1 月 6 日，"鉴于人权与法治衡平之需求考量"，"检肃流氓条例"被正式废止。至此，这部在台湾社会施行 50 多年的、所谓"非常时期"严重侵害人权的特别法令，终于与其"流氓"一词一起走入历史。

五、大幅修改、完善"救济法"，加强公民基本权利保障

（一）"诉愿法"的修改

诉愿即行政复议。诉愿制度在防止行政行为的违法或不当，保障公民权利方面具有重要作用，是现代民主、法治的产物，世界各国普遍推行诉愿制度。

台湾的"诉愿法"于 1930 年 3 月 24 日制定，全文仅 14 条。国民党政权败退台湾后，"中华民国宪法"在台湾继续实行，虽然其第 16 条规定人民有诉愿、诉讼之权利，但"动员戡乱"和"戒严"体制下，台湾人民所享有的"宪法"权利有名无实。② "解严"后，台湾人民权利意识高涨，针对公权力机关行使职权过程中的侵权行为尤其敏感。但经过 4 次修改，至 1995 年，其"诉愿法"仍只有 26 条，内容仍非常简要，对人民权利保障依然薄弱。迫于情势，台"行政院"成立"诉愿法"研修小组，开始着手"诉愿法"的修改与充实。1998 年 10 月 2 日，台"立法院"三读通过大幅修订的"诉愿法"，条文增加至 101 条，内容近乎完备，不仅扩大诉愿主体、增设诉愿参加制度与再审查制度、改进诉愿审议委员会，而且在强化原处分机关自我省察功能、增强诉愿程序的规范性与公正性，完善诉愿权

---

① "第 384 号"解释还认为：感训处分是一种特别法上的保安处分，因其亦长期拘束人民人身自由，其行为矫治功能与刑罚目的契合，因此具密切关系。如果同一流氓行为经刑事判决有罪，又经一次感训处分，两者不能相互折抵，不仅违反比例原则，还违反"一事不再理"原则。

② 台"中华民国宪法"第 16 条："人民有请愿、诉愿及诉讼之权。"

保障、强化依法行政等方面都有很大提升。①

（二）"行政诉讼法"的修改

台湾的"行政诉讼法"也是国民政府在大陆时期的 1932 年 11 月 17 日制定，全文仅 27 条，也非常简略。同样在 1998 年，迫于"解严"后的形势需要并呼应"诉愿法"，"行政诉讼法"开始从明确化、细化各条款角度大修，扩充至 308 条，极大完善行政诉讼程序的公正性与透明性，且行政诉讼程序从一级一审制，改为二级二审制。② 2011 年，由于二级二审制下，"第一审行政法院"即"高等行政法院"仅设在台北、台中及高雄三地，不符合诉讼便利原则，"行政诉讼法"再次将其调整为"三级二审制"。三级法院为"地方法院行政诉讼庭""高等行政法院""最高行政法院"，各类行政案件均有二次审级救济机会。

第三节　"大法官释宪"制度与警察权

作为现代行政基本政务，警政无疑建立于法律之上，因此与警察法制的立、改、废息息相关。而 1990 年后，台湾地区警察法制的整备与警政转型发展离不开背后一个独特的、"地位日渐显赫"的政治法律制度——"大法官释宪"制度。③

1949 年国民党政权退台后，1946 年 12 月 25 日通过、1947 年 12 月 25 日生效的"中华民国宪法"在台湾继续实施。虽然 1948 年国民党当局公布"动员戡乱时期临时条款"取代"中华民国宪法"，但建构在后者基础上的大法官"释宪制度"没有被完全抛弃。随着"解严"和政治民主化进程，大法官"释宪制度"得以复活并积极发挥司法审查功能，将"中华民国宪法"所保障的人身、言论自由、平等权等人民的基本权利一一检视，成为台湾地区政治、经济、社会转型变革的一股巨大的力量和重要推手。

---

① 台"诉愿法"至今修改 7 次，最新修改时间为 2012 年 6 月 27 日。

② 台"行政诉讼法"至今修改 16 次，最新修改时间为 2021 年 12 月 8 日。

③ 台湾是中国的一部分、一个地区，并不具有国家根本法意义上的"宪法"，因此也不具备"制宪""修宪""释宪"权，但由于其大法官"释宪制度"在台湾地区政治法律制度中的重要性，本节仅就事论事。

一、台湾地区的"大法官释宪"制度

（一）已往的"大法官释宪"制度

"中华民国宪法"规定，"司法院"是最高司法机关，有权解释"宪法"以及统一解释法律和命令——这便是台湾地区"大法官释宪"的制度基础。① "司法院"解释"宪法"以及统一解释"法律"和命令的程序则由"司法院组织法"和"司法院大法官审理案件法"规定。②

台湾地区"大法官解释宪法"的事项包括对"宪法"疑义、"法律"与命令是否"违宪"、"法律"与命令彼此之间是否统一、地方自治条例是否"违宪"等。③ 从 1949 年 1 月 6 日"大法官释宪"制度第一次启动，至 2022 年 1 月，73 年间，"大法官"共做出 813 号解释，但前 30 年，"释宪"次数寥寥且以解释"宪法"疑义为主。"释宪制度"真正发展起来是"解严"后，而且类型上逐渐转以对法律与命令的"违宪"审查为主。

台湾地区的"大法官释宪"制度与法院审理各类案件的诉讼制度不同，大法官一旦做出解释，其拘束力不仅及于个案，而且具有"拘束各机关及人民之效力"，相关部门必须依其解释的内容和要求的时间，或停止相关法令条文的执行、或修改、或废止相关法令条文。

"徒法不可以自行"，"宪法"也一样。台湾"司法院"的"大法官"通过"释宪"扮演着"宪法"守护者的角色，在保障"宪法"实施和巩固其民主法治建设成果方面发挥着重大作用，因此在其政治法律架构中具有最高的权威性，在亚洲地区独树一帜。鉴此，我们选择"'大法官释宪'制度与警察权"这个角度，梳理台湾地区"大法官"已经做出的与警察权有

---

① 台"中华民国宪法"第 77 条："司法院为国家最高司法机关，掌理民事、刑事、行政诉讼之审判及公务员之惩戒。"第 78 条："司法院解释宪法，并有统一解释法律及命令之权。"第 171 条："法律与宪法牴触者无效。法律与宪法有无抵触发生疑义时，由司法院解释之。"第 172 条："命令与宪法或法律抵触者无效。"

② "司法院大法官审理案件法"（1993 年至 2022 年 1 月 3 日）的前身是"司法院大法官会议规则"（1948 至 1958 年）、"司法院大法官会议法"（1958 年至 1993 年）。

③ 1993 年制定的"司法院大法官审理案件法"明确可审"政党违宪之解散事项"；2005 年 6 月 10 日"中华民国宪法增修条文"第 5 条增加"总统、副总统之弹劾案件"。

关的"解释",从中可以更深入观察台湾地区警察法制、警政转型发展的脉络。

（二）未来的"宪法诉讼"制度

随着近年台湾社会的发展和"中华民国宪法"的多次增修,"大法官"解释"宪法"的事项扩大到"政党'违宪'解散案件""'总统''副总统'弹劾案件"等。2019 年 1 月 4 日,台湾当局升级"司法院大法官审理案件法",由立法机构通过了"宪法诉讼法",将"大法官释宪"制度修改为"宪法诉讼"制度,该规定于 3 年后的 2022 年 1 月 4 日生效。目前该规定已经正式生效上路。

"宪法诉讼法"较之"司法院大法官审理案件法"最大的变化,一是"司法院大法官"将不再以会议形式作出解释,而将以"宪法"法庭名义审理案件,并作成"判决"或"裁定"对外宣告,类似于我们熟悉的诉讼程序。二是弥补之前"违宪"审查制度的漏洞,将普通法院和行政法院的判决和裁定纳入审查范围,即"裁判'宪法'审查案件"。三是"宪法法庭"作出裁判的门槛进一步降低,审查程序更加公开透明,增加"专家咨询"及"法庭之友"制度等。

虽然"宪法诉讼"制度今后施行的效果还有待观察,但作为大法官"释宪制度"的升级版,其对未来台湾政治法律制度的影响无疑依然不容小觑。

二、"大法官释宪"制度与警察权

针对"大法官"已经做出的共 813 号解释,我们先按照是否与警察法制相关进行人工筛选,大约共获得 18 号解释（如下表）。其次,以是否与警察权"强相关"为标准,共筛选出 9 号解释（下表中标注 * 号者）。

表 9-2　与警察权有关的大法官"宪法"解释列表

年代	顺序	时间	解释编号	涉及的法令
20 世纪 80 年代	1	1980 年 11 月 7 日	*"释字第 166 号"	"违警罚法"
20 世纪 90 年代	2	1990 年 1 月 19 日	*"释字第 251 号"	"违警罚法"
	3	1995 年 7 月 28 日	*"释字第 384 号"	"检肃流氓条例"
	4	1998 年 1 月 23 日	*"释字第 445 号"	"集会游行法"
	5	1998 年 12 月 18 日	"释字第 471 号"	"枪炮弹药刀械管制条例"

年代	顺序	时间	解释编号	涉及的法令
20世纪90年代	6	2001年3月22日	*"释字第523号"	"检肃流氓条例"
	7	2001年6月29日	"释字第528号"	"组织犯罪防制条例"
	8	2001年12月14日	*"释字第535号"	"警察勤务条例"
	9	2003年1月24日	"释字第556号"	"组织犯罪防制条例"
	10	2003年4月18日	"释字第558号"	"国家安全法"
	11	2003年12月26日	"释字第570号"	"玩具枪管理规则"
	12	2005年1月28日	"释字第588号"	"行政执行法"
	13	2005年9月28日	*"释字第603号"	"户籍法"
	14	2007年7月20日	*"释字第631号"	"通讯保障及监察法"
	15	2008年2月1日	*"释字第636号"	"检肃流氓条例"
	16	2009年11月6日	"释字第666号"	"社会秩序维护法"
	17	2009年12月25日	"释字第669号"	"枪炮弹药刀械管制条例"
21世纪初叶	18	2011年7月29日	"释字第689号"	"社会秩序维护法"

　　根据我们对台湾地区"司法院大法官"已经做出的、与警察权密切相关的以上9号解释的全面研究与分析，其至少从五个方面对台湾警察权或警政发展产生了深刻的影响。

（一）推动司法权制约警察权

1. 1980年"释字第166号"

　　台湾地区"社会秩序维护法"的前身"违警罚法"制定于1943年。其中的"违警罚"有申诫、罚锾、没入、勒令歇业、停止营业、拘留、罚役、感训处分等措施。1980年11月7日，"司法院大法官"依声请启动"违宪"审查程序，作出的"释字第166号"指出：根据"中华民国宪法"第8条第1项，人民身体自由应予保障；无论审问或者处罚，均适用"法官保留"原则，由法院根据法定程序做出。拘留、罚役属有关人民身体自由之行政处罚，应由司法权裁决，"违警罚"却规定"由警察官署裁决"。"释字第166号"的"理由书"部分特别强调："违警罚法"系"行宪"前为维持社会安全及防止危害而公布施行，迄今"行宪"30余年，情势已有变更，主管机关仍未即修改。为保障人身自由权，"违警罚法"有关拘留、罚役由警察官署裁决之规定，"应迅改由法院依法定程序为之，以符'宪法'第8条第1项之本旨"。

"释字第166号"作成于1980年，当时台湾社会尚未"解严"，"大法官""释宪制度"尚处于蹒跚阶段，且籍籍无名，"释字第166号"没有指出失效时间以及对该条款如何处置，以致直到近10年后"释字第251号"作出，才最终实现司法权与警察行政权在立法上的重新划分和配套机制的建立。

2. 1990年"释字第251号"

时隔10年，1990年1月19日，针对"违警罚法"第28条规定的"感训处分"，"大法官"作出"释字第251号"，指出：感训处分与拘留、罚役同属限制人身权，应与拘留、罚役一并改由法院依法定程序裁决。"释字第251号"补充了"释字第166号"，进一步宣告"违警罚法"有关警察机关裁决拘留、罚役和感训处分的条款在半年后失效，并要求主管机关半年内必须修法。

1991年6月29日，台立法机构通过"社会秩序维护法"，以取代"违警罚法"。新订的"社会秩序维护法"取消罚役规定，将拘留、感训处分、勒令歇业、停止营业三种处罚纳入司法审查范围，规定警察机关应当将其移送地方法院简易庭裁定。①

根据"社会秩序维护法"对司法权与警察行政权的划分，1992年，"行政院"制定"违反社会秩序维护法案件处理办法"；1994年，"司法院"制订"台湾地方法院与警察机关处理违反社会秩序维护法案件联系办法"，就处理违反"社会秩序维护法"案件，建立制度化的警、法协调机制。

3. 1995年"释字第384号"

1995年7月28日，针对"检肃流氓条例"第6、7条授权警察机关对可能符合该法规定的"流氓"条件的人，可以直接强制到案，"司法院大法官"作出"释字第384号"，指出：人身自由权是基本人权，是"宪法"所

---

① 参见台"社会秩序维护法"第45条"1第四十三条第一项所列各款以外之案件，警察机关于讯问后，应即移送该管简易庭裁定。2前项警察机关请裁定之案件，该管简易庭认为不应处罚或以不处拘留、勒令歇业、停止营业为适当者，得径为不罚或其他处罚之裁定。"

保障的其他自由与权利的前提，根据"宪法"第 8 条第 1 项规定，凡限制人民身体自由之处置，不论刑事处分或者行政处分，均需由法院依据司法程序做出，才符合正当法律程序原则。①"释字第 384 号"直接宣告该规定至迟于 1996 年 12 月 31 日失效。1996 年 12 月 30 日，"检肃流氓条例"在该号解释规定的失效时间前 1 天，将警察机关直接强制到案的内容修改为"通知其到案询问"和"报请法院核发拘票"。②

4. 2007 年"释字第 631 号"

通信秘密与自由是世界各国宪法所规定的基本人权，也是隐私权的重要内容。解放战争时期，国民党政府不仅监听中共代表的电话，还对李宗仁、白崇禧等国民党要员实施窃听。③ 1999 年，台"通讯保障及监察法"在纷纷扰扰中延宕了 8 年终于落地。该规定将所有利用有线或无线传输的信息、邮件、书信，言论及谈话等均纳入保障范围，并限定申请通讯监察的案件类型必须是可能判处 3 年以上有期徒刑的重罪及贪污、走私等特定犯罪，前提是危害"国家"安全或社会秩序情节重大而有必要，在证据上必须有相当理由可信其通信内容与本案有关、且不能或难以其他方法收集或

①　原台"检肃流氓条例"第 6 条："经认定为流氓而其情节重大者，直辖巾警察分局、县（市）警察局得不经告诫，径行传唤之；不服传唤者，得强制其到案。"第 7 条："经认定为流氓于告诫后 1 年内，仍有第二条各款情形之一者，直辖市警察分局、县（市）警察局得传唤之；不服传唤者，得强制其到案。对正在实施中者，得不经传唤强制其到案。"

②　1996 年修改后的"检肃流氓条例"第 6 条："经认定为流氓而其情节重大者，直辖市警察分局、县（市）警察局经上级直属警察机关之同意，得不经告诫，通知其到案询问；经合法通知，无正当理由不到场者，得报请法院核发拘票。但有事实足认为其有逃亡之虞而情况急迫者，得径行拘提之。前项径行拘提，于执行后应即报请法院核发拘票，如法院不核发拘票时，应即将被拘提人释放。"第 7 条："经认定为流氓于告诫后 1 年内，仍有第二条各款情形之一者，直辖市警察分局、县（市）警察局得通知其到案询问；经合法通知，无正当理由不到场者，得报请法院核发拘票。但有事实足认为其有逃亡或严重破坏社会秩序之虞，且情况急迫者或正在实施中者，得径行拘提之。前项径行拘提，于执行后应即报请法院核发拘票，如法院不核发拘票时，应即将被拘提人释放。"

③　参见高群服著：《台湾秘密档案解密》，北京：台海出版社，2008 年，第 169—180 页。

调查证据者。①

"通讯保障及监察法"虽将通信监察法制化、透明化，禁止任意监察他人通信，限定的条件不可谓不严苛，但"通讯保障及监察法"在台湾地区涉及政治与"法律"的角力，其第 5 条第 2 项关于通讯监察书由司法警察机关声请检察官核发或者检察官依职权核发的规定不久就引来了"司法院大法官"的"违宪"审查。

2007 年 7 月 20 日，"大法官"作成"释字第 631 号"，指出：为保障"宪法"规定的人民秘密通信权和隐私权，并避免日益发展的通信科技被利用为犯罪工具，影响"国家"安全及社会秩序，通讯监察权应遵循法官保留原则，由法官核发通讯监察书，司法警察和检察官仅有执行权。"释字第631 号"的"解释书"并宣告该条款于 5 个月后失效。

2008 年，台湾地区爆出陈水扁家人"公车私用"事件，牵出"国防部军事情报局"监听"国家安全局"案件；2013 年 9 月，"最高法院检察署特侦组"监听"立法院院长"王金平等人的"关说"事件也被媒体曝光。在"释字第 631 号"和系列政治丑闻引发的强大舆论压力下，2014 年 7 月11 日，台立法机构终于下定决心严格规制通讯监察权，将"通讯保障及监察法"第 5 条第 2 项正式修改为：侦查机关据以实施的"通讯监察书"，需"声请该管法院核发。"——不仅对警察权形成双重制约，也制衡了检察权。

（二）推动集会游行民主化和警政转型

世界各国对于集会、游行的管理有许可制、报备制之分，1988 年台湾地区制定的"集会游行法"采许可制。② 1997 年，台湾有市民针对"集会游行法"提起"违宪"审查声请，理由是：1."集会游行法"对集会、游行采许可制，限制人民之基本权利，应采报备制。2."集会游行法"第 29 条规定对经命令解散而不解散的集会游行首谋者所处刑罚与"刑法"第 149条规定的"公然聚众不遵令解散罪"之刑度有失均衡。3."集会游行法"第

---

① 台"通讯保障及监察法"第 3 条："本法所称通讯如下：一、利用电信设备发送、储存、传输或接收符号、文字、影像、声音或其他信息之有线及无线电信。二、邮件及书信。三、言论及谈话。前项所称之通讯，以有事实足认受监察人对其通讯内容有隐私或秘密之合理期待者为限。"

② 台"集会游行法"第 29 条："集会、游行经该管主管机关命令解散而不解散，仍继续举行经制止而不遵从，首谋者处 2 年以下有期徒刑或拘役。"

11 条第一款规定的集会游行不得"主张共产主义或分裂国土"侵犯表现自由。4. 同条第二款"有事实足认为有危害'国家'安全、社会秩序或公共利益之虞者"、第三款"有危害生命、身体、自由或对财物造成重大损坏之虞者"的规定内容宽泛，违反法律明确性原则。

1998 年 1 月 23 日，"司法院大法官"作成"释字第 445 号"，对以上声请理由一一回应，其审查的结果既有肯定，也有否定。概括之，肯定的部分是：1."集会游行法"采许可制不构成"违宪"。因为集会是表达思想的重要手段，为表现自由范畴，是重要的基本人权。但因集会、游行对于社会治安存在潜在威胁，制定法律进行适当限制实属必要，因此许可制不构成"违宪"。2."集会游行法"所采许可制符合比例原则。因为该"法"虽采许可制，但并非特许制，仅对集会游行时间、地点、方式、路线、负责人、代理人或纠察员资格进行限制，该限制为维持社会秩序或增进公共利益所必要，因此不违反比例原则。3."集会游行法"第 29 条规定对经命令解散而不解散的集会游行首谋者所处刑罚与"刑法"第 149 条规定"公然聚众不遵令解散罪"之刑度相较，尚属均衡。

"释字第 445 号"否定的部分是：1."集会游行法"第 11 条第一款规定"主张共产主义或分裂国土"为不予许可之要件，实际上给予了主管机关（警察机关）对集会、游行的政治言论审查权，侵犯了表现自由。2. 同条第二、三款的规定确实"有欠具体明确"，违反了法律明确性原则。3. 该法第 9 条第 1 项关于偶发性集会、游行需要提前 2 日申请的规定不符现实情况，有违集会自由之"宪法"意旨。

较为特别的是，由于台"释宪制度"除为保障当事人基本权利外，也有阐明"宪法"真义的功能，故"释字第 445 号"解释范围不仅仅以声请人的声请为限。在声请范围之外，该号解释还对"集会游行法"进行了全盘检讨，内容涉及"宪法"保护的表现自由，法律的比例原则、明确性原则等。由于"集会自由具有无可替代之民主功能"，社会各界对该项审查广泛关切，审查过程中，"行政院""法务部""内政部""交通部""警政署"都发表了各自的意见，部分"大法官"还发表了"部分不同意见书"，足以说明审查过程之慎重。"释字第 445 号"的"理由书"部分洋洋洒洒两万多字，反复强调"和平进行之集会应受法律之充分保障"，并对其中被认定为"违宪"的部分直接宣告自解释公布之日失效。

2002 年 6 月 26 日，"集会游行法"第 3 次修改时，其第 11 条第一款被删除、同条第二款、三款前被加上"有明显事实足认为"等定语。第 9 条第 1 项偶发性集会、游行的申请时间被修改为不受提前申请时间限制。

"释字第 445 号"对"集会游行法"合"宪"性的全面审视，进一步明确了台湾社会"表现自由"的界限。该号解释虽然放宽了集会游行的言论管制及偶发性集会的程序管制，但同时也划定了警方在处置聚众活动过程中的警察权边界，对台湾警政转型有深远的影响。2003 年，在"司法院大法官释字第 585 号"解释的进一步推动下，"警察职权行使法"制定颁布，警察强制性手段被进一步限制，警方执法理念继续转向保障人权，警察任务向指导、服务和管理转型。

（三）推动立法规范警察行使职权行为

1972 年 8 月 28 日，台湾地区制定的"警察勤务条例"第 11 条规定了勤区查察、巡逻、临检、守望、值班、备勤共 6 种勤务方式，其中"临检"的规定为："临检：于公共场所或指定处所、路段，由服勤人员担任临场检查或路检，执行取缔、盘查及有关法令赋予之勤务。"

2001 年 12 月 14 日，"大法官"作出的"释字第 535 号"解释认为："临检"属对人或物之查验、干预，影响人民行动自由、财产权及隐私权等甚巨，应恪遵法治国家警察执勤原则；"警察勤务条例"没有授权警察人员可以不顾时间、地点及对象任意临检、取缔或随机检查、盘查，但也没有明确实施临检的要件和程序规范，也没有赋予当事人对违法临检行为的救济权，因此构成对人民自由权利的侵犯。该号解释还在"解释文"部分对实施临检的条件、程序及对"违法"临检行为的救济保障等直接提出具体的"修法"建议：

1. 临检条件。（1）警察执行临检勤务的场所应限制在已发生危害或依客观、合理判断易生危害之处所、交通工具或公共场所。其中住宅应受特别保护。（2）对人的临检行为必须有相当理由足认其行为已构成或即将发生危害，且应遵守比例原则，不得逾越必要程度。

2. 临检程序。（1）实施前应告知临检事由并表明身分。（2）临检应于现场实施，非经受临检人同意或特定情况，不得要求其同行至警察局、所接受盘查。（3）除非发现"违法"事实，否则查明身分后应即任其离去。

3. 违法临检的救济。（1）当场提出异议权。（2）经请求，警察人员应给予临检书面凭据，事后异议人可据以救济。

"释字第 535 号"要求主管机关应在两年内通盘检讨修订，并指出解释发布后警察实施临检行为应当在符合以上建议的前提下进行。该解释直接促成台当局将"警察职权行使法"的立法提上紧急议事日程。2003 年 6 月 25 日，"警察职权行使法"颁布，除了全盘参照"释字第 535 号"意见对临检之要件、程序及对违法临检行为的救济进行细化规定外，也全面规范了身份查证、资料搜集和强制处分等警察职权行使的其他行为。至此，台湾地区的警察职权行使走向明确化与程序化。

（四）推动"戒严"时期特别法令废止

前节已述，针对"检肃流氓条例"，台"司法院"曾经在 1995 年、2001 年、2008 年三次启动"违宪"审查程序，宣告相关条款"违宪"。兹进一步分解三次解释的说理部分：

1. 1995 年"释字第 384 号"

"释字第 384 号"除了宣告"检肃流氓条例"有关警察机关可以直接强制人民到案的规定"违宪"外，还认为：一是其第 12 条关于秘密证人制度的规定，剥夺被移送裁定人与证人对峙诘问之权利，并妨碍法院发现真相，欠缺实质正当。① 二是其第 21 条规定感训处分与刑罚不能相互折抵，违反"一事不再理原则"，欠缺实质正当，背离正当法律程序原则和比例原则。三是其第 5 条关于被认定为"流氓"并被告诫后，仅有声明异议权，没有提起诉愿及行政诉讼的权利，违反救济权保障原则。要求从解释公布之日起，至迟于 1996 年 12 月 31 日失效。

2. 2001 年"释字第 523 号"

2001 年 3 月 22 日作出的"释字第 523 号"仅针对该条例第 11 条第 1 项的"留置"处分，认为：该条例为确保感训处分顺利进行所规定的"留置"措施，实为拘束身体自由于一定处所之强制处分，但适用条件模糊，违反法律明确性原则、比例原则，侵犯人身自由权利，应于解释公布之日

---

① 台"检肃流氓条例"第 12 条第 1 项："警察机关及法院受理流氓案件，如检举人、被害人或证人要求保密姓名、身份者，应以秘密证人之方式个别讯问之；其传讯及笔录、文书之制作，均以代号代替真实姓名、身份，不得泄漏秘密证人之姓名、身份"。第 2 项："被移送裁定人及其选任之律师不得要求与秘密证人对质或诘问。"

起 1 年内失效。①

3. 2008 年"释字第 636 号"

2008 年 2 月 1 日作出的"释字第 636 号",指出"检肃流氓条例"有 4 处违宪:一是该条例第 2 条第三款霸占地盘、白吃白喝、要挟滋事、欺压善良,以及第 5 款品行恶劣、游荡无赖之规定,有未尽明确之处,与法律明确性原则不符。二是第 2 条被提报流氓之人,本应享有到场陈述意见权利,但警察机关却可直接强制移送"流氓"于法院,违反正当法律程序原则。三是再次宣告其第 12 条第 1 项规定的秘密证人制度过度限制被移送人诉讼防御权,违背比例原则、正当法律程序原则及救济权保障原则。四是宣告其第 13 条第 2 项关于法院不需告知感训期间的规定,也属过度剥夺身体自由,应予以检讨修正。

随着台湾社会的进一步转型,在"大法官释宪"制度的直接推动下,施行长达半世纪的、作为与警察执法密切相关的特别刑法,"检肃流氓条例"终因对人权保障有明显侵害而被彻底废除。

(五)推动警察执法注重隐私权保护

台湾地区"户籍法"原第 8 条第 2 项规定:依前项请领身份证,应捺指纹并录存。但未满十四岁请领者,不予捺指纹,俟年满十四岁时,应补捺指纹并录存。第 3 项规定:请领身份证,不依前项规定捺指纹者,不予发给。可见,对于未依规定留存指纹者,警察机关将拒绝发给身份证。

2005 年,时任"立法委员"的赖清德认为,"户籍法"将强制按捺并录存指纹作为核发身份证要件的上述规定侵犯人性尊严、人身自由、隐私权、人格权及信息自主权等基本权利,违反比例原则、法律保留原则、法律明确性及正当法律程序原则,联名其他"立委"等 84 人,声请"司法院"予以"违宪"审查。

2005 年 9 月 28 日,"大法官释字第 603 号"指出:指纹系个人身体之生物特征,具有人各不同、终身不变之特质,故一旦与个人身份连结,即属具备高度辨识功能之个人信息,属隐私权范畴。隐私权虽非"宪法"明文列举权利,但属不可或缺之基本权利。政府机关基于特定重大公益目的

---

① 台"检肃流氓条例"第 11 条第 1 项:"法院对被移送裁定之人,得予留置,其期间不得逾 1 月。但有继续留置之必要者,得延长 1 月,以 1 次为限。"

而有大规模搜集、录存人民指纹、并建立数据库储存之必要者，应以"法律"明文禁止法定目的外的使用，并对所搜集的指纹档案采取组织上与程序上必要之防护措施，但"户籍法"对强制按捺与录存指纹的目的未有明文规定，不符合明确性原则；身份证发给与否直接影响人民基本权利之行使，"户籍法"关于强制人民按捺指纹并予录存，否则不予发给身份证明的规定，损益失衡，手段过当，不符合比例原则。据此，"释字第603号"宣告"户籍法"上述规定自解释公布之日起不再适用。

"释字第603号"促使"户籍法"在后来的"修法"中删除了相关规定。该号解释对后来台湾地区在法制、技术、组织及程序规范化方面完善公权力机关搜集、保管与运用民众个人信息资料等都有极大促进作用。

纵观"大法官释宪"制度与警察权的互动过程，有几点可以总结：

第一，台湾的"大法官释宪"制度在法律实践层面，弥补了"成文法"的漏洞，解决了社会发展过程中的一些重大敏感的"法律"问题，对促进台湾地区法制发展发挥了独特的作用。

第二，与"警察法"有关、被判定"违宪"的主要原因都与"中华民国宪法"第二章"人民之权利义务"相关，特别是第23条"基本权利之限制"、第8条人身自由权，第16条救济权。

第三，从台湾"司法院大法官"作出的其他解释，可见"大法官"通过解释"宪法"，将婚姻自由权，姓名权，契约自由权，隐私权等这些"宪法"没有明文列举的权利也加以保护。也就是说，其"释宪"制度审查的事项包括明示的"宪法"权利与默示的"宪法"权利。[1]

第四节　台湾警政现状与主要特点

台湾警政先是沿袭清末民初近代警察制度，后经过转型时期法制整备的洗礼，近年更加快了学习西方警察制度与理念的步伐，走向了与大陆不

---

① 台"中华民国宪法"第22条："凡人民之其他自由及权利，不妨害社会秩序公共利益者，均受宪法之保障。"

同的发展道路，因此，两岸警察制度有很大差异性。[①]

一、台湾地区现行警政概略

台湾地区的警政系统主要是由"警政署"及其直属机关（构）与市、县警察局构成。

（一）台湾地区警政系统

1."警政署"

"警政署"是台湾地区最高警察主管机关，隶属于"内政部"，统辖全台警察事务，是台湾地区警政系统的塔尖（如下图）。[②]

台湾地区的警政系统在"警政署"的统辖下，由两个部分构成：一是直属机关（构），即"署属"机关（构），共20个；二是市、县警察局。

2.直属机关（构）

"警政署"直属机关（构）共有20个。其中，特别值得一提的是刑事警察局和保安警察总队：

（1）刑事警察局

台湾的刑事警察局是"警政署"下设的专业警察机关之一，统一指挥监督各市、县刑事警察单位。

根据较为通行的分类，警察从业务上被区分为刑事警察与行政警察。在台湾，警察也被区分为刑事警察与行政警察。刑事警察负责犯罪侦查与预防，通常穿着便衣，又称便衣警察，目前全台大约有6.8万名警察，其中刑事警察大约8000名左右。除了刑事警察外，派出所等负责其他事务的警察都属于行政警察，行政警察又称制服警察。

（2）保安警察总队

"警政署"直属的保安警察总队共有7个，即保安警察第一、第二、第三、第四、第五、第六、第七总队，属于"维护治安之保安机动警力"，这是大陆警察组织没有的特殊建制。其中，第一、四、五总队分别派驻台湾

---

① 清末民初诞生的近代警察制度也是从日本引入。台湾光复后，虽然遣退日警，重建警政，但仍保留了日据时期的一些警政特点。

② 根据台湾"警政署"数据，截至2021年底，"警政署"管辖的全台警察人数为69885人。

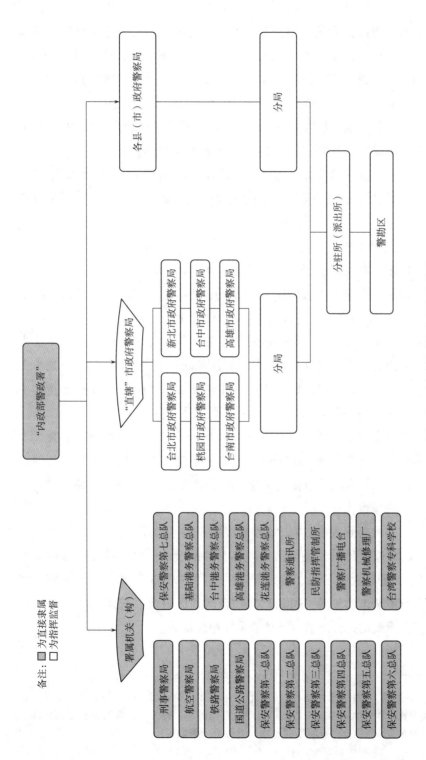

图 9-1　台湾地区警政系统示意图

191

北部、中部、南部，为北、中、南维护治安的机动警力，主要负责处置集会游行示威等聚众活动。第二总队负责维护"经济部"公营事业机构、科学工业园区安全暨保护智慧财产权。第三总队负责"财政部"机关安全及协助海关勤务。第六总队负责"中央"机关、"外交"代表机构、台北地区政府首长寓所警卫勤务与官员保护，即所谓"拱卫中枢及要员保护"。第七总队负责环境保护、"国家"公园、森林暨自然保育等勤务。

直辖市、各县（市）政府警察局均设有规模不同的保安警察大队、队，警察分局编制警备队，保安警察平时执行辖区巡逻，地方首长、要员保护任务等。

3. 市、县警察局

台湾地区的警察局根据市、县设立，此与大陆比较相似，最基层也是派出所。目前共有 6 个"直辖市"警察局，16 个县（市）警察局、158 个分局、1295 个派出所、212 个分驻所、4 个警察所。①

台湾地区市、县警察局内部机构设置相对简单，注重充实一线单位力量。以分局为例，通常只设 1 名局长、1 名副局长，下设 4 个组（分别负责行政管理、交通管理、保安保防业务、督查兼内部管理），1 个勤务指挥中心、1 个侦查队，然后就是设置 5—10 个派出所。

台湾的警察勤务主要由派出所执行。勤务运转中，90% 警力屯警于街面，强调对社会面的控制。上班时间，派出所除了所长和内勤外，其他警察均分班巡逻、访问民情或提供服务，巡逻期间需到指定地点打卡考勤。

4. "中央警察大学"

台湾"中央警察大学"，以培养高级警务人才为任务，其与"警政署"直属的台湾警察专科学校是台湾地区仅有的两所专门培养警务人才的警察院校。"中央警察大学"与"警政署"同属"内政部"，两者级别相同，属并列关系而不是隶属关系，因此上文"台湾地区警政系统示意图"中没有列出，但它无疑也是台湾警政系统的重要组成部分。

---

① "分驻所"，相当于派出所，是未设分局之乡、镇、市、区的最高执勤单位，通常编制规模比派出所大一点。其历史可追溯自日据时期。此外，台湾警察基层组织还有一个"驻在所"，也是日据点时期的产物，类似于"警勤区"。

（二）警察、警察法与警察职能

1. 警察定义

20世纪90年代后，台湾经历了近20年的"脱警察化"运动，"警察"的定义不断演变，有广义警察与狭义警察之分。狭义警察指"警政署"管辖的全台警察，广义警察还包括"海巡署""移民署""法务部调查局"以及"国安"与监狱等职能部门的司法警察。本书主要在狭义警察意义上展开。

2. "警察法"特点

台湾"警察法"采分散立法模式，其"警察法"于1953年6月15日颁布实施，仅20条，是其警察法制的"母法"与"基本法"，虽然包括警察法源、警察任务、"中央"与地方警察权限、警察组织、警察职权、警察行政救济、警察人员、警察教育、警察经费等警政基本内容，但都是原则性规定，非常简略。

台湾"警察法"已经历4次修订，第1次为1986年，将"警察专科学校"补充到第15条；第2次为1997年，配合"中央警官学校"更名，将原第15条中该校的名字修正为"中央警察大学"。第3次为2002年，配合"精省"政策，修正第3、4、15、16条，删除第7条；同年，第4次修订，配合"行政程序法"第174条之一，修正公布对武器弹药调配授权的第18条条文。

3. 警察的职能

与大陆公安机关相似，台湾警察机关职能也很广泛，甚至更加宽泛。在1990年代至2010年代的"脱警察化"过程中，"警政署"自上而下，不断精简警察任务，但除了治安、交通、犯罪预防、侦查辅助等主业外，警察机关仍然需要承担灾难救助、市容整理、防空避难设备管理维护和便民服务等综合性勤务，这与其"警察法"对于警察"任务"的界定不无关系。

台湾"警察法"第2条规定："警察任务为依法维持公共秩序，保护社会安全，防止一切危害，促进人民福利。"其中的"防止一切危害，促进人民福利"把警察的职能扩展到无所不包。其第9条列举的警察业务更包括了"保安、正俗、交通、卫生、消防、救灾、营业建筑、市容整理、户口查察、外事处理等事项"。

台湾"警察法"已施行近70年，最新一次修订为2002年6月12日，距今也已近 20 年。从历次修订内容看，都没有实质性改变，特别是关于警察 "任务" 的规定，过于滞后，未能与时并进：台湾 "警察法" 采狭义警察定义，但 2000 年、2007 年 "海岸巡防署" 和 "入出国及移民署" 即已先后从警政系统脱离而独立，但 "警察法" 第 5 条规定的水上警察、"国境" 警察业务职权至今未予删除；"消防署" 于 1995 年即已 "脱警察化" 而独立，"警察勤务条例" 也已于 2007 年 7 月 4 日将 "户口查察" 修改为 "家户访查" 方式，但 "警察法" 第 9 条有关消防、户口之警察职权，也至今未予修订。[①]

如今，随着台湾地区警政理念与实践的发展，警察的职能与任务已昨是今非，但其 "警察法" 的立法与现实社会严重脱节的问题一直没有得到改变，备受台湾警察学者和实务部门诟病。

二、台湾地区警政的主要特点

两岸社会发展阶段不同，警察制度差异悬殊，不一而足。警察工作极其繁杂，加之政策性强，所谓警政特点，尤其需要放在一个宽广的时空里，从不同的角度观察，结论可能也会不同。本节仅从未来两岸融合发展角度，择其要点，概述我们的观察与研究所得。

（一）职能与观念从打击犯罪转向重视为民服务

台湾 "解严" 前后，社会处于急剧的转型变革期，经济快速发展、民主与自由意识勃兴，人心思变，社会问题凸显。警务工作是与人民最近距离接触的政务，所谓 "春江水暖鸭先知"，对于社会的脉动，警察机关最先感知、也最先做出改变。

早在 20 世纪 70 年代初期，源自欧美的社区警政理念就是因为通过调查发现警察用在执法方面的时间，一般只占全部工作时间的 20% 左右，而 80% 的时间是用在向公众提供救助及其他服务性活动上，因此犯罪预防、服务等工作是与打击犯罪等执法行为同等重要、甚至更加重要的警务工作，以 "社区警政" 为标志的第四次警务革命就此拉开序幕。

---

① 台湾警察法学者郑善印教授也认为，既然台湾 "警察法" 采狭义警察概念，但其第 2 条却规定广泛的警察任务，实在是 "不合逻辑"。参见（台）郑善印：《两岸警察法制之比较》，载《月旦刑事法评论》，2018 年第 10 期。

受"社区警政"潮流影响，"解严"之后，台湾地区的警政也经历了从维护秩序到打击犯罪，再从打击犯罪到为民服务的过程。当然，警察"服务者"角色的转变，是一个渐进的过程，对于曾经被置于军管之下、沦为政治统治工具的台湾警察组织，执法观念转向为民服务，无疑更是一项重大的挑战。

"船小好调头"。90 年代以后，台湾"社会秩序维护法"颁布、"刑事诉讼法"多次修改，将警察权中对人身与财产的重大强制处分权剥离给法官、检察官后，客观上台湾警察的职能和任务已从"犯罪打击者"向"社会工作者"转化，甚至强调"保姆"的角色定位。台湾警方提出"民意为先、服务第一"的宣导口号，要求警员提供"顾客式服务"，警察单位实施服务考核，定期评鉴组织及个人的服务绩效，颁发警察服务品质奖等等。从媒体报道的情况看，连同寄存物品、带路这类的事情都可以求助派出所，民众也可以随意进入派出所喝水、看报等。

（二）侧重犯罪预防的"社区警政"理念方兴未艾

台湾地区的犯罪防治工作有一定的历史。早在 1956 年 6 月 16 日，为了遏制愈演愈烈的少年犯罪，台北市警察局就率先在刑事警察队成立了"少年组"，这是台湾警政史上处理少年犯罪防治问题的第一个专业单位。1973 年 1 月 31 日，"少年事件处理法"公布实施后，各市、县警察局刑警队正式设立"少年组"；2000 年 7 月 1 日，各地"少年组"被独立扩编成"少年警察队"。至此，"少年警察队"正式成为台湾地区处理少年犯罪及偏差行为的专业警察单位。①

"社区警政"理念兴起后，其犯罪预防策略要求警察进入社区，定期召开社区治安会议，切实掌握社会脉动与民意需求，调整警务策略予以回应，并加强与政府其他部门、社区组织、守望相助队、民间团体联系，共同做好犯罪预防工作。1979 年，根据形势变迁与实际业务需要，为加强犯罪预防工作，"警政署"在刑事警察局正式设立主管犯罪预防单位——"预防科"。

---

①　本节有关犯罪预防、家暴防治、儿童及少年保护、性侵害防治的资料与部分内容参见（台）廖有禄、王胜盟、陈用佛：《第八章犯罪侦防发展史》，载"内政部警政署""中央警察大学"编撰：《台湾警政发展史》（主编：章光明），台北："中央警察大学"出版社，2013 年，第 295—336 页。

2000 年前后，台湾地区出现网络电信诈骗犯罪后，因为打击效果不彰，台湾社会又重新认识到犯罪预防的重要性。2002 年 12 月，为更好地制定具体有效的犯罪防治政策，"内政部"设立由"部长"兼任主任委员，"内政部政务次长"、"警政署署长"及"中央警察大学"校长 3 人兼任副主任委员的"犯罪防治中心"，专责处理以下事务：（1）犯罪防治政策研究、规划。（2）犯罪调查及分析。（3）治安满意度调查。（4）犯罪防治信息系统建置。（5）犯罪防治工作成效评价。（6）犯罪防治意识推广。（7）其他有关犯罪防治事项。犯罪防治中心设置委员 17 人至 21 人，除了主任、副主任委员外，刑事警察局局长为执行长，处理中心相关事务，其余委员由专家、学者、公益团体或行政机关遴选。

针对新型犯罪，台湾警方体认到"并非所有犯罪都能被侦破，犯罪预防很可能有较令人满意的效果"，以犯罪预防为重点的社区警政再次成为重要的警政策略。

（三）警方依法执行保护妇幼等弱势群体工作

除了犯罪预防层面，在受害者保护方面，台湾地区也积极回应社会舆论与团体的呼吁，陆续出台一系列保护妇幼、少年儿童、性侵害被害者的法规，警方也相应地被纳入主管机关或者责任机关范围，依法保护弱势群体成为警察单位的一项重要工作。

1. 防治家暴专责机构和配套措施

台湾地区 1990 年代就开始关注家暴问题。1998 年颁布了具有"法入家门"意义的"家庭暴力防治法"，防治家庭成员间实施身体、精神或经济上不法侵害行为，并于 1999 年全面实行民事保护令制度。为顺应民意与政策要求，"警政署"首先积极规划专责警察组织的设立。2000 年在刑事警察局预防科下设"妇幼安全组"，专责妇幼安全工作，同时持续推动家暴防治工作向下扎根。至 2005 年，各地方警察局全面成立"妇幼警察队"，分驻所、派出所、社区也设置"家庭暴力防治官""社区家庭暴力防治官"等。其次，在加强警察人员防治家暴知能训练方面，警方侧重家庭暴力被害人及其未成年子女人身安全的维护及紧急处理、家庭暴力犯罪侦查与刑事案件资料统计等相关事宜，训练中特别要求防治家暴过程不能造成被害者二度伤害。此外，警察机关还建立家庭暴力案件相对人访查制度，完善警方保护流程。

2. 保护儿童及少年专责机构与具体权责

早于 2002 年 11 月，为落实保护少年政策，台"行政院"已成立"青少年事务促进委员会"，专责少年事务的统合工作。2003 年，"儿童福利法"与"少年福利法"合并，重新修正颁布"儿童及少年福利法"，儿童、少年的权益与福利保障工作得到加强。① 目前台湾少年警察工作组织，自上而下，有刑事警察局预防科内设的"少年组"，负责少年警察工作的整体设计与规划；有各市、县警察局内设的"少年警察队"，负责各辖区内少年警察工作的执行、规划与督导；各警察分局遴选适当官警担任"少年事件防制官"，专责办理少年事件防处工作；各分驻所、派出所兼办有关的少年警察工作。

3. 性侵害防治工作与具体权责

台湾地区除了"刑法"设有"妨害性自主罪"专章外，防治性侵害的特别规定还有几部。以"立法"时间为序，主要为："儿童及少年性剥削防制条例"②"性侵害犯罪防制法"③"性骚扰防治法"。④

性侵害犯罪是对人身权的严重侵犯，对被害人的身心都会造成永久的伤害。因年幼无知或被迫从事性交易的少年儿童，往往处于孤立无援的境地，立法加以特别保护，无疑非常必要。为防治少年儿童遭受任何形式的性剥削和性侵害，对加害人采取重罚政策，对被害者采取救援、安置的特别保护政策，是主管机关的共同责任。因此，"内政部"设立"家庭暴力及性侵害防治委员会"，负责性侵害防治的统合工作。

根据"性侵害犯罪防制法"第 3 条，警察机关是性侵害犯罪防治方面的主管机关，其"权责事项"是"性侵害被害人人身安全之维护、性侵害犯罪侦查、资料统计、加害人登记报到、查访、查阅等相关事宜"。2005

---

① 2011 年 11 月 30 日，台"儿童及少年福利法"更名为"儿童及少年福利与权益保障法"。根据该法第 2 条，12 岁以下为儿童，12 岁以上未满 18 岁为少年。

② 该条例最早使用"雏妓防制条例"名称，为避免"雏妓"一词带来标签效应，1995 年 8 月 11 日正式立法时，使用"儿童及少年性交易防制条例"。该条例目前已修改 9 次，2015 年 2 月 4 日修法时才更名为"儿童及少年性剥削防制条例"，该条例最新修改日期为 2018 年 1 月 3 日。

③ 台"性侵害犯罪防制法"，公布日期为 1997 年 1 月 22 日，修改 6 次，最新修改日期为 2015 年 12 月 23 日。

④ 台"性骚扰防治法"，公布日期为 2005 年 2 月 5 日，修改 2 次，最新修改日期为 2009 年 1 月 23 日。

年，"警政署"制定"警察机关办理性侵害案件处理原则"，责成各地警察局成立专责小组处理性侵害案件。目前，警方以"减少二度伤害""提高司法追诉"为两大工作目标，在"家庭暴力及性侵害防治委员会"统合下，秉持"专责处理""全程服务"两大原则，与"卫生署""法务部""教育部"及各地方政府共享资源，在工作人员教育训练、案件处理程序、证物采集保全等方面进行合作，以提高性侵害犯罪防治水平，为被害人提供有效保障。

"性骚扰防治法"则将性侵害犯罪以外、对他人实施违反意愿而与性或性别有关的行为列为"性骚扰"行为。其第25条规定，"意图性骚扰，乘人不及抗拒而为亲吻、拥抱或触摸其臀部、胸部或其它身体隐私处之行为者"，构成强制触摸罪。该法要求各市、县政府应设性骚扰防治委员会，主任委员由市、县长或副首长兼任；有关机关高级职员、社会公正人士、民间团体代表、学者、专家为委员；"立法"还要求构建从"内政部"到市、县政府主导的，由机关、部队、学校、机构或雇用人共同组成的预防、查处性骚扰组织网络。警察机关则负责"加害人不明或不知有无所属机关、部队、学校、机构或雇用人"的性骚扰报警事件和强制触摸罪案件的调查，调查后移送管辖检察机关侦办。对于性骚扰案（事）件，警方在办理过程中，应依据性骚扰防治准则，保护性骚扰案（事）件当事人权益，并与"妇幼警察队"衔接，进一步落实案件管控。

（四）考核与升迁采用"积分制"

台湾对警察的人事管理采用"积分制"，对日常工作进行量化评分，由此得出每个警察的积分，作为职务升迁和工作调动的依据。"警察人员升迁办法"规定，当警察机关职位空缺时，除了免予甄审的情况外，均应由"警政署"或交由职位出缺机关在符合资格及请调人员名单中，本着功绩原则评定并办理甄审。升职、迁调积分按高低顺序造册公告。公告后的名册按照出缺职位数一定比例取前几名，连同有关资料报"警政署"或职位出缺警察机关首长召集的人事甄审委员会评定升补或者迁调。如无适当人选，才向其他警察机关商调或向社会公开甄选。

（五）在刑事司法领域是"侦查辅助机关"

根据台"刑事诉讼法""法院组织法"等规定，检察官为侦查权主体，警察的职能是辅助侦查。即在刑事司法领域，检察官主导侦查，警察机关是"侦查辅助机关"，这完全不同于大陆。其理念来自大陆法系的法、德等国基于司法保护人权与分权制衡的传统。台湾地区学者将这种检警关系很形象地比喻为"将兵关系"。以下，我们从台湾检警关系这一角度详解台湾警方在刑事司法领域的"侦查辅助机关"地位：

1. 台湾检警关系的立法设置

在台湾地区检察官主导侦查模式下，警察机关是侦查辅助机关，刑事警察是检察官的助手，须听从检察官指挥和监督。

以针对人身自由的拘传、取保候审、监视居住、刑事拘留、逮捕共 5 种刑事强制措施为例，在大陆，除了逮捕需要检察院批准外，其他的强制措施，警方都有决定权。大陆刑事侦查中的强制措施在台湾被称为强制处分。台"刑事诉讼法"规定对人的强制处分包括拘提、具保或责付、监视住居、逮捕、羁押、禁见（参见下表 9-3）。

表 9-3　大陆刑事强制措施与台湾强制处分（对人部分）对应表

大陆	拘传	取保候审	监视居住	刑事拘留	逮捕	——
台湾	拘提	具保＼责付	监视住居	逮捕	羁押	禁见

具体而言，拘提类似大陆的拘传，但不同的是台湾的刑事警察只有拘提的执行权，决定权在检察官。根据其"刑事诉讼法"第 88-1 条，只有在"急迫"情况下，刑事警察才可以直接拘提犯罪嫌疑人，但应当在直接拘提后"报请检察官签发拘票"。[①] 具保或责付、监视住居的决定权在检察官和法官。而"羁押"和"禁见"这类职权，检察官还只有声请权，决定权在法院，刑事警察同样仅具有执行权。[②]

---

① 台"刑事诉讼法"第 88-1 条："1. 检察官、司法警察官或司法警察侦查犯罪，有下列情形之一而情况急迫者，得径行拘提之：一、因现行犯之供述，且有事实足认为共犯嫌疑重大者。二、在执行或在押中之脱逃者。三、有事实足认为犯罪嫌疑重大，经被盘查而逃逸者。但所犯显系最重本刑为 1 年以下有期徒刑、拘役或专科罚金之罪者，不在此限。四、所犯为死刑、无期徒刑或最轻本刑为 5 年以上有期徒刑之罪，嫌疑重大，有事实足认为有逃亡之虞者。2. 前项拘提，由检察官亲自执行时，得不用拘票；由司法警察官或司法警察执行时，以其急迫情况不及报告检察官者为限，于执行后，应即报请检察官签发拘票。如检察官不签发拘票时，应即将被拘提人释放。"
② 台湾没有刑事拘留这种"强制处分"，大陆的刑事拘留和扭送相当于台湾的逮捕；大陆的逮捕相当于台湾的"羁押"与"禁见"。

在两岸警务合作中，两岸刑事警察侦查职能的巨大反差经常导致合作困难，大陆公安机关与台湾刑事警察单位取得联系后，却发现对方并无相应职权，一些互助事项也就因此搁浅。

2. 台湾检警关系的现实情况

虽然"立法"上，台湾的检警关系被设定为"将兵关系"，但是台湾检察机关案多人少，面临很现实的"有将无兵"和"有权无能"状况：

第一，有将无兵。根据台湾地区检察官协会统计，近10年来全台检察官实有人数不超过2000人。除了需要刑事警察辅助侦查，他们还不得不借助于"检察事务官"。一位资深检察官在检察系统的培训课堂上告诉学员："刑事警察很不好指挥，以后你们办案尽量不要找他们，用检察事务官就好了。"但实际上，根据统计，台湾检察机关"有将无兵"不仅表现为检察官人力不足，还表现为检察事务官人力也不足。

第二，有权无能。警察处于治安第一线，在犯罪情报、现场搜集证据、网络技术手段、缉捕犯罪嫌疑人等专业化侦查能力与手段方面，刑事警察毕竟比检察官拥有先天与绝对的优势与资源，这是台湾检察机关"有权无能"的一方面。另一方面，更因检警分隶，检察系统属于"法务部"，警察系统属于"内政部"，警察人事不受检察机关制约，检察官的侦查指挥权或者主导权没有组织保障，有被警察机关架空之趋势。刑事警察单位对于检察官指挥侦查更始终存有消极抵触心态，其争取"立法"上的侦查主体地位的努力从未放弃。

3. 台湾检警关系的困境

也就是说，台湾的刑事侦查中，立法与实践的背离很明显。在具体司法实践中，绝大部分刑事案件，往往不等检察官指挥命令，刑事警察即直接进行调查并收集证据。除社会关注的重大刑案或者不需要太多侦查技术的"办公室"经济犯罪案件，才由检察官坐镇警局指挥侦查外，实际上绝大多数刑案，检察官既没有指挥领导侦查，也没有亲自参与侦查工作，而是由刑事警察独立侦查后移送检察机关，检察官只对案件进行事后的"法律审查"。事实上形成了"小案警察指挥检察官、大案调查局指挥检察官"的现状。①

———————

① 此处"调查局"指台"法务部调查局"，其前身为"中统"，主要担负"政治侦防"职能，也负责查贿、缉毒、查处重大经济犯罪等。该局调查"国安事件"的职能似乎更广为人知并令坊间闻之色变，其查办普通毒品和经济犯罪的职能反而多被忽略。台湾媒体经常使用"警调部门"或"检警调部门"一说，"调"即指"法务部调查局"。

学界据此认为台湾地区事实上存在双侦查主体，即检察官为侦查权的"形式主体"，警察为侦查权的"实质主体"，主张倒不如从"立法"上承认刑事警察独立的侦查权限和侦查主体资格。更有甚者，目前台湾地区规定检察署、处职权的"法律"规范其实是"法院组织法"，并没有哪一部"大法"真正赋予或者明确检察机关的侦查主导地位。因此，台湾检察官的侦查主体地位不仅名存实亡，而且实际上面临严峻的挑战。

（六）在治安管理领域无重大处罚决定权

大陆地区的《治安管理处罚法》对应台湾地区的"社会秩序维护法"。两者虽然名称不同，但整体结构、体例非常相似，有关处罚种类、责任年龄、违法主体等总则规定，有关管辖、调查、裁处、执行等程序规定，甚至大部分实体内容都非常接近。两者最主要的区别是在行政权与司法权的划分方面，具体而言，大陆没有在治安处罚领域引入司法权，台湾则将行政拘留和勒令歇业、停止营业的最终处罚权划归司法权。

根据《治安管理处罚法》，大陆警方对违反治安管理的嫌疑人有警告、罚款、拘留、吊销公安机关发放的许可证等处罚权，公安机关可以直接做出处罚，享有完整的受理、调查、裁决权限。台湾地区现行"社会秩序维护法"规定了申诫、罚锾、没入、拘留、勒令歇业、停止营业等6种处罚种类，台湾警方仅有申诫、罚锾和没入处罚权。[①] 拘留因为涉及人身自由权、勒令歇业与停止营业涉及重大财产权，根据"社会秩序维护法"规定，台湾警察机关"应即移送该管简易庭裁定"。也就是说，涉及人身自由和重大财产权利的治安案件实行法官保留原则，由法院按照简易司法程序裁决。

对于警察机关做出的申诫、罚锾、没入等处罚，被处罚人不服的，可以"声明异议"，但也是向"该管简易庭为之"，也与大陆《治安管理处罚法》实行的行政复议与行政诉讼双轨制有所不同。此外，根据"社会秩序维护法"第92条规定，台湾法院审理这类案件，适用刑事诉讼法规定，也

---

① 台"社会秩序维护法"的申诫、罚锾分别对应《治安管理处罚法》的治安警告、罚款；其停止营业大致对应《治安管理处罚法》的吊销公安机关发放的许可证和《行政处罚法》规定的责令停产停业、责令关闭；其没入对应《治安管理处罚法》的收缴和《行政处罚法》的没收违法所得、没收非法财物；其勒令歇业对应《行政处罚法》的暂扣许可证件。

就是说，按照"轻罪"程序处理。[①]

比较《治安管理处罚法》与"社会秩序维护法"，两者的差异还有：大陆的治安拘留期限为1—15日，合并执行不超过20日，台湾为1—3日，合并执行不超过5日；大陆对治安管理处罚的追究时效为6个月，台湾为2个月；大陆在《治安管理处罚法》中没有规定正当防卫、紧急避险、不可抗力等刑法中才有的免责事由，台湾则将正当防卫、紧急避难、不可抗力归属"违法阻却事由"，将其设为"不罚"事由。——这些差别的存在，说明台湾地区对违反治安管理行为的处罚总体为轻；也说明，大陆警方在治安管理领域拥有比台湾警方更大的警察权。[②]

此外，"社会秩序维护法"在2011年专门就"性交易专区"（即"红灯区"）增订的"第91条之1"非常特别，这是大陆所没有的规定。[③] 据其规定，"地方政府"可以规划设立"性交易专区"，在专区内从事性交易者并不违法，专区外从事性交易者才构成违法。这是2009年11月6日，台湾"司法院大法官释字第666号"推动的结果。但该条"立法"十多年来，尚未有"地方政府"规划设立"性交易专区"，台北、高雄等"五都"甚至口径一致地宣称，基于治安考虑不打算设置"红灯区"。但值得一提的是，允许设立"性交易专区"的立法说明台湾地区已经在"娼妓除罪化"方面迈出了一小步。

（七）警务工作法制化、精细化程度较高

台湾参与全球化活动较早，在社会治理、管理方面的法制化、精细化程度较高。目前台湾与警察有关的规定有500多部，从警察执法常用的"大法"到警察退休管理、甚至警察学校的宿舍管理，可谓事无巨细、应有尽有。如前述对警察日常工作、升职、调动采取"积分制"的量化考评制度，即从一个方面反映其警务的精细化。又如台湾警察院校招生、养成教

---

① 台"社会秩序维护法"第92条："法院受理违反本法案件，除本法有规定者外，准用刑事诉讼法之规定。"

② "公安机关拥有拘留决定权，受拘留处罚无听证权，有违人权保障及权力分立原则。"参见（台）傅美惠：《海峡两岸治安管理处罚法制之比较与借镜思维》，载《海峡法学》，2014年第6期。

③ 台"社会秩序维护法"第91条之1："直辖市、县（市）政府得因地制宜，制定自治条例，规划得从事性交易之区域及其管理。"

育管理、学生在校期间的待遇、毕业生考试录用、奖惩、法律救济等方面也均以立法形式——而不仅仅是校内规章制度，予以规范化与法制化。"警政署"每年会更新、编印最新年度"警察实用法令"，供有关实务与学术研究单位参考。"刑事警察局"每年亦会出台最新年度"中华民国刑案统计"，从犯罪时间、空间、类型、对象、主体、犯罪嫌疑人教育程度与职业分布等方面条分缕析，洋洋洒洒20余万字，文字、图形和海量数据，非常详尽。

台湾的车、路矛盾比较突出，但交通事故少、街面交通井然有序。台湾的摩托车（台湾称为"机车"）数量庞大（全台约1700万辆），但是在城市街头，随处可见其停放整齐划一。即便是在台北闹市区，也可见众多摩托车，无论车手是男是女，均疾驰而行，甚至在耳边呼啸而过，成街头一景。从合理划分警察与交通部门职责、治安与交通良性互动、到精细化与智能化的道路交通组织等，两岸在交通管理领域的交流互鉴值得进一步开展。

第五节　台湾警察教育与招录制度

根据台湾"警察法"第15条，台湾警察教育培训由"中央警察大学"和台湾警察专科学校实施，该两校也是台湾地区目前仅有的两所警察院校。①

两岸警察教育都实行学历教育与在职培训并重的体制，既重视学历教育又重视在职培训。就警察教育培训体制而言，台湾是世界上与大陆最接近的地区，因此，两岸警察教育培训具有很大的相似性与互补性。

一、台湾"中央警察大学"和警察专科学校

（一）"中央警察大学"

"中央警察大学"（以下简称"警大"）前身为"中央警官学校"，成立历史可以追溯至1936年。② 现今"警大"以"研究高深警察学术、培养

---

① 台"警察法"第15条规定："设立警察大学、警察专科学校，办理警察教育。"

② 1936年9月1日，国民政府为统一全国警官教育，合并内政部警官高等学校及浙江省警官学校，成立中央警官学校，1954年在台湾"复校"，1995年改制为"中央警察大学"。

警察专门人才"为己任，以"诚"为校训，以"力行"为校风，学制 4 年。其毕业生具有担任警正三阶以上职务的资格，是台湾警察教育最高学府和高阶警官的摇篮。① "警大"除了本科学历教育外，还实行硕士、博士学位教育。② "警大"经常举办各类研讨会，积极参与海峡两岸及港澳地区、世界警学交流，参与警察实务、有关部门决策咨询、研议，其作为与台湾地区"警政水准之提升与社会治安之维持息息相关"，是台湾"警政"及相关领域的重要智库。③

（二）台湾警察专科学校

台湾警察专科学校（以下简称"警专"）前身为"台湾省警察训练所"，1945 年成立于台湾，也有 70 余年历史。④ "警专"为 2 年制专科学校，该校共开设 6 个专业，其教学突出实用性、操作性，毕业生具有担任警正四阶以下职务的资格，是台湾基层警察的摇篮。⑤ 其教育目标为培养"忠贞爱'国'、品操端正、学识优良、体魄强健、敬业乐群、具备执行各种警察、消防勤务、业务能力之基层人员"。因为"警大"与"警专"各有不同的培养目标定位，其毕业生起点存在警官与基层警员的差别，常见台湾学术和实务界将"两校"表述为"官警两校"（以下即简称"两校"）。

（三）"两校"都承担学历教育与在职培训职能

台湾"警察教育条例"第 2 条规定"警察教育分为养成教育、进修教育、深造教育"。"警大"与"警专"都承担养成教育和进修教育，深造教育则单独由"警大"承担。养成教育，即等同于大陆的学历教育，主要指

---

① 台湾地区警衔基本沿用其在大陆时期所制定的警衔制度，由高至低分为警监、警正、警佐共 3 等 13 级，与德国现行警衔级别的设置有较多相似之处。

② "警大"本科设有 13 个学系，为行政警察、刑事警察、公共安全、犯罪防治、消防、交通、外事警察、行政管理、资讯管理、法律、鉴识科学、水上警察、"国境"警察；台湾大学一般实行"系所合一"，"警大"也不例外。除了"国境"警察学系外，"警大"其余各系均设有研究所硕士班，另有犯罪防治及鉴识所设有博士班。

③ 参阅台湾地区"司法院大法官释字第 626 号"。

④ "台湾省警察训练所"于 1945 年在接收日本台湾总督府警察官、司狱官练习所基础上创设，1948 年改制为"台湾省警察学校"，办理初级警察教育。后经多次整合，于 1988 年升格为"台湾警察专科学校"，办理基层警察教育。

⑤ 目前"警专"的 6 个专业，分别是行政警察科、刑事警察科、交通管理科、消防安全科、海洋巡防专业科、科技侦查科。

"警大"的 4 年制本科教育和"警专"的 2 年制专科教育;其进修教育则涵括在职警察岗位培训和警衔、职务晋升等各级各类培训,"警大"与"警专"的分工是,前者专司警官的进修教育,后者负责基层警察的进修教育;深造教育则指"警大"的硕士、博士学位教育和警察人员晋升警正、警监前的警衔晋升培训,即"警正班""警监班"。

二、台湾警察养成教育理念与警察教育独立性问题

(一)台湾警察养成教育理念

台湾警察在养成教育阶段,非常注重通识教育和学生综合素质。目前"两校"均设有"通识教育中心",专门负责规划全校的通识课程,以塑造"全人警察"的理念作为通识教育的内涵,要求"专才"教育与"通才"教育均衡发展,并落实在课程设置和学务管理等校务中。特别是"警大",强调"品德与学术并重""通识教育与专业教育均衡"的教育理念,倡导"哲学为本、科学为体、警学为用"。其教学规划中,设人文艺术、社会科学、自然科学和语文四大类通识课程,学分占比方面向通识教育倾斜,特别关注塑造"全人警官",专业设置也比大陆宽广。

台湾警察养成教育中通识教育经历了一个"去政治化"的过程:早期因威权统治,"以党领政""以军领警",警察教育强调政治化养成。"警官学校"时期曾一度实行"三化"教育,即:思想政治化、行动军事化和学术科学化。① 随着台湾社会政治结构的变迁和所谓的政党轮替,学习西方实行公务员"政治中立"的主张勃兴并影响到警察教育界,其养成教育中的政治色彩开始淡化,由此通识教育进入视野。通识教育的目的是使受教育者确立健全的人格并体认所承担的社会角色和责任,从而实现人的全面、和谐发展。台湾警察教育界体认到警察作为执法者,能否慎行权力,往往与其品质、道德、观念、价值、性格等素质最为相关,认为职业能力反在其次;拥有强制力的警察如果没有高标准的道德要求、理性和民主素养,

---

① 思想政治化,要求做到统一意志、服从领袖;行动军事化,要求行动达到迅速确实、秘密静肃;学术科学化,强调考察实验,精确缜密。参见(台)刘文仕:《警察人员对政治中立原则认知之研究》,载《警察法学》,2005 年第 4 期。

容易沦为执法者的工具或合法的暴力，甚至是派系恶斗的牺牲品。①

警察教育本身具有教育与职业训练的双重性质，台湾两所警校将 4 年制本科教育与 2 年制专科教育称为"养成教育"，其与"学历教育"，虽仅二字之差，但强调的不是学历，甚至也不是"学力"，而是健全人格与警察素养、独特的警察职业伦理。表面上是"养成教育"与"学历教育"之别，背后实际上是警察教育是否有必要独立于其他专业教育之争的问题。

20 世纪后半叶，台湾高等教育从传统的精英教育转型为大众化教育时，台湾社会曾经质疑过警察教育的独立性，提出停办"两校"，"未来新进警察人员均招自大学毕业生"即可。但警察教育界坚持警察任务与一般公务人员不同，警察教育应具有不同于一般教育的特质。② 更因为"警察乃内政之灵魂"，所以不仅有必要将警察教育独立于其他专业教育，而且必须建立最合理、最健全的警察教育体系。目前，台湾地区对于警察教育独立性暨养成教育的见解不仅在警察教育界获得共识，而且也得到政界、司法界的支持。③

（二）警察教育独立性问题探讨

大陆对警察教育的特殊性与独立性的认识也经历了一些曲折，但后续也走向了与台湾的殊途同归。实践也证明，除了专业知识、警务实战技能外，警察意识这种特殊素质的培养，非经较长时间的养成教育不能见其功，这应当是警察人才培养极其重要的规律。

大陆高等教育、职业教育总体上重专业、轻人文，警察院校也不例外。近年大陆高等教育从跨越式发展转向内涵建设，教育部《关于 2013 年深化教育领域综合改革的意见》提出：鼓励和支持高校结合实际，探索通识教育新模式，但通识教育依然尚未成为高等教育的关注重点。高等教育研究

---

① 参见（台）林丽珊：《台湾"警察大学"通识教育刍议》，载《通识在线》，2011 年第 35 期。

② 台湾学者黄富源认为"警察教育在于研究警察学术与培育术德兼修、文武合一的警察专门人才，故成为专业色彩十分明显之学校"。参见（台）黄富源：《警察人员教考训用配合之探讨》，载《"国家"精英》，2006 年第 4 期。

③ 台湾地区"司法院大法官释字第 626 号"解释书专门指出：警察学校教育，学科与术科兼修，具团队性、服务性、耐劳性要求，与一般大专院校教育内容明显不同。警察工作因组织及任务上之特殊性，而与一般大学未尽相同，宜由接受完整警察专业教育训练者担任。时任台湾行政机构负责人江宜桦在"警大"开学典礼中勉励学生的讲话中也曾有类似表述。

专家、曾任厦门大学副校长、博士生导师的邬大光教授在对国内 100 余所大学专业设置状况进行统计研究的基础上，深刻地指出："长期以来，专业教育的制度基础与文化基础根深蒂固，使得我国高等教育界不仅缺乏通识教育的思维，而且对通识教育的认识和理解也相对狭隘。我国高校离真正的通识教育还有相当的差距。"①

警察工作的特殊性决定警察通识教育的重要性。警察身心健康，具备良好的沟通能力、群众工作能力、法律基本素养等往往是面对复杂情况的制胜关键。大陆学者们也主张警察教育应从"专才"教育转向"专才与通才并重"，并纷纷从优化警察专业课程、加大通识教育课程比重等角度建言。笔者以为：台湾"两校"的"通识教育中心"是与学校各个系所、专业并列的机构，有专门的人力、机构，专业地规划全校的通识课程设置与建设。对于大陆警察教育单位而言，加大通识课程的比重固然必要，但如果没有一个规划、建设全校通识课程的职能机构，加强通识教育的合理性和可行性终究要被质疑。目前大陆警察院校多半均设有"基础部"或"政教部"，将其整合并赋予相应职能，并非殊难之事，关键在于对通识教育在高等教育中的重要性认识，其背后自然还是警察教育的特殊性与独立性，进而更是警察的职业化与专业化认识问题。

三、台湾警察教育的办学层次与培养目标的差异性问题

（一）台湾警察教育办学层次的历史与问题

台湾警察"两校"的设立背后有其办学层次区分的制度逻辑，这种制度逻辑又源于其对警务人才培养目标的差异性选择。始自清末的中国近代警察教育就分为初等和高等警察教育，北洋政府时期基本沿袭清制。南京国民政府期间，实施高等教育、初等教育和长警教育的"三级制"。其时的初等警察教育，是因应当时社会秩序不稳，民众文化素质不佳，警察教育不敷时局应用而设，招生条件与学制水平均较为低劣。② 1954 年，警官学校

① 转引自张兆端：《新时代公安高等教育改革发展的多维思考（上）》，载《公安教育》，2020 年第 3 期。

② 参见韩延龙、苏亦工：《中国近代警察史》，北京：社会科学文献出版社，2000年，第 732—754 页。

在台湾"复校"后，与当时的"台湾警察专科学校"重新形成两个办学层次，其分层次教育架构仍接续前述清末民初的制度。①

观诸欧美，一些国家虽然没有专门的警察院校实施警察学历教育，但其多数警察单位招警的学历要求也是分层次的，以高中学历为主，以高等教育学历为辅。②

台湾警察两校在办学层次上体现出的差异化特点避免了警察教育的同质化，有其合理性。但由于实行办学层次的差异化，"警大"培养的是警官，"警专"培养的是基层"员警"，毕业入警后，"官是官、警是警"，"官警鸿沟"巨大。同在警察单位，"警专"毕业生升迁困难、其职业前途与"警大"毕业生相比确有明显不公之处；"警大"学生因为一毕业即可就职警官岗位，缺乏基层历练等问题也比较突出。

近年台湾"警专"的招生条件和教育水平已不同往日，随着台湾警政专业化、现代化进程与社会平权意识的深入人心，台湾社会对此已有反思，从"警改会""民意代表"，到学术、实务界，将两校合并、在职业发展中打通"官警鸿沟"的呼声至今不绝于耳。

（二）大陆警察教育的办学层次与培养目标

大陆的公安学历教育伴随着改革开放的历程而发展，40余年来，公安教育从中专、高职高专、本科，到硕士研究生、博士研究生，学历层次趋于完整。但2000年前，除了几所部属本科院校外，各省还是以高职高专学历教育为主。2000年至2010年，省属公安高职高专院校大规模升格为本科层次后，整体上形成以部属本科警察院校与省属本科警察院校共同组成的公安高等教育体制。③但两者只是在隶属关系和招生层次上不同，在办学层次和培养目标上并没有实行差异化，都以本科教育层次为主，都以复合型、应用型高级警务人才为培养目标。毕业生统一参加公安部组织的招录考试，

---

① 1901年，清政府在北京创立中国近代第一所警察学校——京师警务学堂后，中国近代警察教育由此滥觞。作为警政的重要内容，中国近代警察教育也是在学习、引进日本警察教育经验的基础上发展起来的，后来又吸纳、借鉴了欧洲大陆和美国的经验。

② 参见王大伟：《中国公安教育的特色与定位：从中西比较的角度考察》，载《中国人民公安大学学报》，2003年第2期；张洪波：《公安高等教育改革的格局及进路》，载《江苏警官学院学报》，第2010年第4期。

③ 目前仅有少数省份未能升格，仍为高职高专院校。

录取后在公安队伍的发展也没有制度性区别。

2011 年 4 月 6 日，公安部政治部发布《关于改进和加强公安院校和训练基地建设工作的指导意见》，将部属与省属本科警察院校区分为"教学研究型高校"与"教学培训型高校"。① 实际上，"教学研究型高校"与"教学培训型高校"的界限较为模糊，近年省属本科警察院校正朝着硕士研究生教育层次迈进，目前已有数所院校获得硕士学位授予单位资格，有的已开始招生。

（三）培养目标的差异性问题探讨

大陆有学人提出部属与省属本科警察院校在办学层次和培养目标上，应当借鉴台湾警察教育的差异化模式。② 笔者认为部属与省属公安本科院校确应办出差异化特色，但未必走台湾的办学层次差异化之路。因为从以上台湾地区差异化办学实践情况看，已显示各有利弊。而且，近年台湾警务学术界反而焦虑于大陆多数省属警察院校均已是本科层次，而台湾实行差异化办学，"警专"毕业生在台湾警察中占比 80% 左右，未来台湾警察总体素质恐怕很难与大陆相提并论。③ 但因为历史原因且有域外范例，在没有系统的警察教育、人事改革方案之前，为免冲击警察政策，造成人事混乱，台湾当局至今未敢轻易变革。④

任何一种社会现象的存在或变迁，在一定的社会历史范畴内一定都有其合理性。大陆警察本科教育普及化是在近年经济快速发展、高等教育大众化的社会背景卜出现的。大陆没有必要为了"差异化"而退回到初等与高等警察教育的分层模式。但是，部属本科院校确实应该探索与省属公安本科院校的"层次"差异问题。吉林警察学院张兆端院长撰文认为"面向

① 《关于加强公安院校和训练基地建设的指导意见》（公政治〔2011〕137 号）提出，"部属本科院校要充分发挥示范和辐射作用，以培养高质量、高水平的人才为目标，努力向教学研究型高校发展"，"省（自治区、直辖市）属本科院校要增强服务本地区公安工作的能力，提高人才培养的实战性、应用性，努力建设成为具有较高水平的教学培训型高校"。

② 参见夏芝绚、于群：《台湾警察教育的差异化发展及启示》，载《公安教育》，2016 第 2 期。

③ 主要依据台湾"两校"近年的招生数量。

④ 参见（台）黄富源：《警察人员教考训用配合之探讨》，载《"国家"精英》，2006 年第 4 期。

全国招生的诸所部属公安院校之间，相对于区域性的省属公安院校而言，更应办出自己的特色"。① 《国家中长期教育改革和发展规划纲要（2010—2020年）》就"高等教育"部分即已提出要克服同质化倾向，在不同层次、不同领域办出特色。②

四、台湾警察"双轨分流"考录制度的探索与经验

（一）台湾警察"双轨分流"的考录制度

台湾警界认为，在警察教育独立性前提下，为避免人才培养与用人需求脱节，必须从招生环节开始统筹。因此，每年"两校"的招生计划由台湾"警政署"组织全台各级警察机关进行人力需求测算，防止"两校"毕业生入警时与警力需求之间出现矛盾，确保警察教育与警察人事融为一体，即"按需招生"。

2002年之前，与大陆"毕业分配"一样，台湾"两校"毕业生也是直接"分派"进入警务部门任职。2002年颁布的"警察人员管理条例"增加："警大"4年制各学系、"警专"正期学员之养成教育毕业生，未经三等、四等警察考试及格者，不予分发任职。也即开始实施考试录用警察人员制度。2006年，面对基层警察人员严重不足问题，台湾地区在面向"两校"录警的同时，也面向社会人员招录警察。此举虽然有利多元吸收社会上的优秀人才，但也给警察队伍的稳定性和职业化建设带来挑战。2009年6月4日，台湾"考试院"通过"警察人员考试制度改进方案"，进一步改革、完善初任警察考录制度，实行内、外"双轨分流"考试制度："内轨"是招录"两校"毕业生，被称为"警察特考"；"外轨"是向"两校"毕业生以外的社会招考，被称为"一般警察特考"。至此，台湾地区"双轨分

---

① 参见张兆端：《新时代公安高等教育改革发展的多维思考（上）》，载《公安教育》，2020年第3期。

② 参见《国家中长期教育改革和发展规划纲要（2010—2020年）》："建立高校分类体系，实行分类管理。发挥政策指导和资源配置的作用，引导高校合理定位，克服同质化倾向，形成各自的办学理念和风格，在不同层次、不同领域办出特色，争创一流。"

流"的警察考录制度即"警察新制考试"就此确立。①

"双轨分流"的警察考录制度从 2011 年开始实行。具体做法是：每年由"警政署"公布可以报考的警察职位，"考试院"命题并组织考试。"内轨"的三等考试，由"警大"毕业生或相当条件者报考，及格后取得警正警察官任用资格；四等考试由"警专"毕业生报考，及格后取得警佐警察官任用资格。"外轨"的三等考试，供一般大学毕业生报考，录取人员应经"警大"1 年 6 个月至 2 年不等的警察专业训练，及格后任用警正职务；四等考试供一般专科学校、高中毕业生报考，录取人员应经"警专"1 年 6 个月至 2 年警察专业训练，及格后任用警佐职务。

台湾地区根据孙中山先生的"五权宪法"思想设置的独立"考试院"是世界上最特殊的制度之一，因此"考试制"是台湾社会管理中非常重要的存在，台湾警察人员中流传的"晋升、调好全凭考"的说法具有一定的普遍性。对于台湾"两校"学生而言，"警察学校入学考""警察学校毕业考""警察特考""警察升等考试"等是警察职业生涯至少必经的"四考"。"双轨分流"考录制的精髓是既充分发挥警察教育的特殊作用，又满足警察人力多元取才以利"警政"现代化发展需求。从制度设计的角度看，内、外轨的录取比例大约在 7∶3 与 8∶2 之间，即以内轨为主，保障将警察养成教育与任用紧密结合，以防止警察教育资源的浪费。通过"警察特考"，"两校"毕业生的 70%—90% 左右可以进入警察单位任职，可谓"入学即入警"，其对警察职业养成、职业忠诚度无疑是非常正面的。

（二）大陆的"公安专业人才招录培养制度改革"

台湾地区"双轨分流"的警察考录制度为大陆的招警制度提供了一定的"台湾经验"。大陆公安高校毕业生入警制度几经探索，2015 年底《关于加强公安机关人民警察招录工作的意见》《关于公安院校公安专业人才招录培养制度改革的意见》的出台让"按需招生""分类招录"的人民警察招录政

---

① 参见（台）黄富源：《警察人员新制考试"双轨分流"的意义与发展》，载《公务人员月刊》，2010 年第 35 期。

策也尘埃落定。[①] 根据该两意见，大陆公安院校从 2016 级开始，公安专业毕业生的 90% 将通过统一考试被公安机关录用，此亦被解读为"招生即招警"。

至此，大陆警察招录培养体制经过多年的曲折，在按需招生、分类招录、统一考试、录警以警察院校毕业生为主等方面与台湾殊途同归。尚有不同之处在于：第一，台湾两校学生就读期间享受不菲的"公费待遇及津贴"，目前大陆实行类似制度的条件尚未成熟。第二，台湾两校毕业生任用时除了"警察特考"成绩，还要参考在校期间的学习、训练、操行等方面的综合考评排名，大陆也曾有所探索，但因为顾虑学生管理部门权限过大可能引发公平问题，仍采用以笔试成绩为主，结合面试、体能测试、心理测试表现等客观性较强的考录制度。

（三）两岸警察考录制度的经验与启示

台湾警察教育沿袭清末民初警察教育制度，也部分吸纳了西方先进的现代教育理念。大陆的警察教育历史虽然短暂，但两岸警察教育在招生、就业方面又殊途同归，其根本原因就在于都体认到警察职业的特殊性与独立性。

当然，台湾地区"双轨分流"的考试制度中还有一个"分等"问题，即不论"内轨""外轨"，均各分为三、四等考试，而大陆仅实行"分类招录"，而没有"分等"，即不论是部属、省属警察本科院校，还是高职高专类警察院校，均参加同一场考试，似乎在合理性与科学性方面也还有改善空间。

台湾地区"双轨分流"的警察考录制度已经实行 10 年，该制度是否百利而无一弊，还有待更长时间的检验。大陆的"公安专业人才招录培养制度改革"刚刚落地，成效也有待于进一步观察，顶层设计还在完善与科学化中。

厦门大学副校长邬大光教授在《车辙里的大学》一书中将大学的历程比喻为车辙。与两岸警察制度差异显著不同，虽然因为历史的原因，两岸警察教育经历了不同的过程，但是大陆公安教育 40 多年探索与改革的"车

---

① 《关于加强公安机关人民警察招录工作的意见》（人社部发〔2015〕97 号）由人力资源社会保障部、公安部、国家公务员局于 2015 年 11 月 19 日颁布；《关于公安院校公安专业人才招录培养制度改革的意见》（人社部发〔2015〕106 号）由中央编办、人力资源社会保障部、公安部、教育部、财政部、国家公务局等"六部门"于 2015 年 12 月 8 日发布。

辙",其走向与台湾何其相似,可谓如出一辙。是故,两岸本是同根,双方的交流与互鉴,对于两岸警察教育的融合发展善莫大焉。

第六节 跨境犯罪与两岸警方司法互助

1987年,两岸开放民间交流和经贸往来后,两岸之间的跨境犯罪和有组织犯罪也逐渐增多。1990年9月12日,两岸红十字组织在金门就遣返"刑事嫌疑犯或刑事犯"与"违反有关规定进入对方地区的居民"问题达成了"金门协议",正式迈出了两岸刑事司法互助的第一步。

2008年,中国国民党再度赢得台湾地区执政权,两岸司法互助迎来新的契机。2009年4月26日,海峡两岸关系协会与台湾海峡交流基金会(分别简称"海协会""海基会",两者统称"两会")在南京签署《海峡两岸共同打击犯罪及司法互助协议》,极大拓展司法互助范围。协议生效后,两岸警方通力合作,在共同打击跨境犯罪、维护两岸民生福祉等方面取得显著成效。

一、两岸跨境犯罪概况

1990年代,两岸刚刚开放交流之初,跨境违法犯罪以私渡、走私、毒品贩运、非法捕捞等海上违法犯罪类型为主。由于没有官方沟通协作机制,台湾军警对待大陆私渡人员,往往采取不人道的"并船遣返"办法。1990年7、8月间,"闽平渔5540号""闽平渔5502号"惨案接连发生,大陆同胞多人死亡,舆论哗然。而海峡上空,令国际航空界为之瞠目的"劫机潮"也发生在这一时期。因此,遣返"刑事嫌疑犯或刑事犯"或"违反有关规定进入对方地区的居民"问题成为当务之急。1990年9月,"金门协议"签署,开通"两马""两门"的海上直接遣返渠道。

2000年前后,随着改革开放的深入,大陆社会经济进一步发展,劫机、偷私渡现象逐年减少,毒品、走私等成为跨海峡犯罪主要类型,同时,网络电话诈骗犯罪在台湾兴起并加速蔓延。

2004年左右,在台湾警方的犯罪预防攻势与强力扫荡下,岛内民众防骗能力提高,网络电话诈骗犯罪分子把目标转向大陆。2009年《海峡两岸共同打击犯罪及司法互助协议》签署之时,电信诈骗已取代毒品犯罪成为两岸跨境犯罪最突出的类型。① 至 2010 年底，跨境电信诈骗犯罪已经波及包括西藏在内的大陆所有省份。作为新型犯罪，网络电话诈骗因为面向不特定人群，隔空实施，犯罪成本低廉，其犯罪涉案金额之巨、被害之众、侦破与追赃难度之大，成为两岸警方需要共同面对的跨境犯罪重点、热点与难点。②

二、两岸警方司法互助概况

早在 1989 年 4 月，大陆公安机关即通过国际刑警组织（ICPO）及其新加坡国家中心局向台湾警方成功移交台籍杀人案犯罪嫌疑人杨明宗，拉开两岸警务合作序幕。

从"金门协议"至《海峡两岸共同打击犯罪及司法互助协议》近 20 年间，两岸之间的警务合作以海上双向遣返为主，共进行 212 次遣返作业，总计 38936 人次。其中大陆向台湾遣返非法入境人员、犯罪嫌疑人和罪犯 366 人，台湾向大陆遣返 38570 人，均为偷私渡人员。

海上遣返是两岸之间开展最早的司法互助事项。根据《海峡两岸共同打击犯罪及司法互助协议》，两岸主管部门建立了常态化的联系机制，两岸警方依托"联系窗口"建立了多层次的沟通渠道，为及时、有效打击跨境犯罪创造了便利条件。同时，《海峡两岸共同打击犯罪及司法互助协议》将两岸刑事司法互助事项扩大到除遣返之外的犯罪情报交换、侦查协助、文书送达、罪赃移交、罪犯移管、人道探视，共 7 项。其中，遣返、犯罪情报交换、侦查协助属警务合作事项，其余 4 项则是警、检、法共同涉及的司法互助事项。

2010 年至 2015 年，针对一度猖獗的跨境网络电话诈骗犯罪，公安部牵头，大陆各地公安机关和台湾警方联手侦破一系列特大跨境诈骗案件。根

---

① 《海峡两岸共同打击犯罪及司法互助协议》签署当日，台"陆委会"对媒体表示："协议签署后，两岸最大宗的犯罪案件，也就是电信诈骗，将难以继续生存，过去无论是以台湾为基地诈骗大陆，或以大陆为基地诈骗台湾的方式，都将因两岸合作，而难以为继。"

② 2016 年 4 月 13 日，台湾《中国时报》报道：两会期间，全国人大代表陈伟才称，"电信诈骗有 90% 是以台湾犯罪分子为头目的犯罪集团实施的跨境诈骗，目前台湾有将近 10 万人，以面向大陆实施改号电话诈骗为生"。

据《海峡两岸共同打击犯罪及司法互助协议》关于两岸遣返协作增加空运直航方式的约定，大陆各省警方通过 29 个城市与台湾 8 个直航城市将台籍诈骗犯罪嫌疑人遣返台湾，经媒体广泛宣传披露，在两岸引发强烈反响。

两岸警方联手，重拳打击跨海峡诈骗犯罪后，诈骗集团转向东南亚、非洲等国，或者利用国际网络平台实施，两岸跨境诈骗犯罪逐渐向世界蔓延，呈现跨境、跨国化的态势，相应地，警方共同打击诈骗犯罪也趋向复杂化与国际化。

三、两岸警方司法互助的实践与探索

自"金门协议"至今，两岸警方积极探索、合作打击跨境犯罪已走过了 30 多年的风雨历程，司法互助领域已经覆盖了《海峡两岸共同打击犯罪及司法互助协议》约定的所有事项，取得了令人瞩目的成果，也积累了弥足珍贵的经验。

（一）遣返合作成果丰硕，意义重大

《海峡两岸共同打击犯罪及司法互助协议》签署至 2013 年 6 月 9 日，仅 3 年间，两岸相互遣返逃犯就达 292 人。[①] 其中，大陆向台湾遣返的代表性案例有：（1）2009 年 4 月 28 日，福建公安机关接受江苏警方移交，将台籍通缉犯邱德棋，从厦门口岸遣返台湾，是《海峡两岸共同打击犯罪及司法互助协议》后首例遣返。（2）2009 年 4 月 30 日，广东警方向台湾警方遣返了在粤服刑期满的重案通缉犯黄上丰，获岛内舆论一致好评。（3）2010 年 3 月 4 日，福建省公安机关抓获台湾贪污犯罪嫌疑人、彰化县前议长白鸿森；3 月 6 日即移交给台湾警方。该案创下台籍通缉犯在大陆落网并被押解回台最快纪录。台"陆委会"表示，遣返白鸿森是两岸"共同完成的一件重大任务"。（4）2010 年 4 月 15 日，江苏警方在南京禄口国际机场将台籍通缉犯吴华龙移交台湾警方，完成了首例"空中直航"遣返。岛内媒体称此举"别具意义""开创了直航遣返模式"；台"刑事警察局"评价该案

---

① 国务院台湾事务办公室新闻发布会，http://www.gwytb.gov.cn/xwfbh/201306/t20130609_4301026.htm，访问日期：2014 年 12 月 10 日。

"象征着两岸治安机关关系良好默契"。① (5) 2010 年 7 月 19 日，浙江警方也以直航方式，向台湾警方移交了通缉犯钱杭萍等。(6) 2010 年台湾"五都"选举前夕，广东警方仅用 10 天时间，即成功缉捕藏匿在珠海的台中"5.28"枪击案主犯黄俊龙，并于 8 月 24 日顺利遣返，及时平息岛内民怨，获两岸媒体高度赞扬。(7) 2010 年 11 月 24 日，珠海市公安局专案组克服"时间紧、线索少、难度大"等困难，连续奋战 28 小时，成功抓获台湾重要通缉犯、屏东县前议长郭廷才，并随即将其遣返台湾。马英九先生为此亲自指示台湾警方召开新闻发布会予以大力宣传。

台湾向大陆遣返的有影响的案例是：(1) 2010 年 11 月 10 日，应福建公安边防总队请求，台湾警方将大陆特大走私毒品案逃犯钱建南遣返大陆，是《海峡两岸共同打击犯罪及司法互助协议》后台湾首次向大陆遣返通缉犯。(2) 2012 年 12 月 17 日，应福建公安机关请求，台湾移民部门将涉嫌在厦门集资诈骗 9.2 亿元人民币后潜逃台湾的叶彦荣、何娣遣返大陆。该案为台湾首次向大陆遣返经济犯罪嫌疑人。

遣返，即区际刑事司法互助中的"逃犯移交"，对应于国际刑事司法互助中的"引渡"。② 遣返合作对两岸刑事司法互助的重要性，类似于引渡在国际刑事司法互助领域的地位。在引渡实践中，各国不仅从法律角度，更从政治角度考量协助案件。两岸遣返合作也并非单纯的司法互助，双方警务部门密切配合、积极回应对方关切，协助缉捕、相互遣返众多逃犯，不仅极大震慑利用海峡阻隔实施的跨境犯罪，而且有力维护了两岸和平发展大局。两岸遣返互助的成效直观反映了特定时期的两岸关系，不失为两岸政治互信的"晴雨表"。

（二）共同侦办刑案，合作逐步深化

《海峡两岸共同打击犯罪及司法互助协议》第 5 条规定，必要时，双方可以合作、共同侦办刑事案件。③ 为遏制跨境电信诈骗犯罪势头，两岸警方

---

① 中国新闻网：《海峡两岸警方首次空中直航遣返台湾通缉犯》，https://www.chinanews.com.cn/gn/news/2010/04-16/2229394.shtml，访问日期：2014 年 12 月 10 日。

② 内地与香港、澳门之间即使用"逃犯移交"一词。"逃犯移交"与引渡之不同在于其发生在一国内部不同法域之间，不涉及国家主权。

③ 《海峡两岸共同打击犯罪及司法互助协议》第 5 条："双方同意交换涉及犯罪有关情资，协助缉捕、遣返刑事犯与刑事嫌疑犯，并于必要时合作协查、侦办。"

积极探索、形成了多种"合作侦办"方式。"合作侦办"突破了传统司法协助形式的单一性限制，不仅可开展诸如确定关系人所在或确认其身份，取得证言及陈述，提供书证、物证及视听资料，勘验、鉴定、检查、访视、调查，搜索及扣押等各种取证活动，还可采取临时拘留、逮捕犯罪嫌疑人、审讯等侦查措施，甚至可使用电子监听和监视等特殊侦查手段。此外，合作侦办还具有直接性，不同于委托取证，参与方可直接就某个具体的侦查事务进行交流和处理。①

从实践看，两岸合作侦办成效非常显著：（1）2009年3月19日，闽台警方展开专案合作，实施同步收网，共抓获22名跨境电信诈骗犯罪嫌疑人（其中台籍20名）。根据公开资料，"3·19"跨境电信诈骗案应为两岸合作侦办首次探索。（2）2009年9月20日至2010年1月13日，粤台警方协同行动，联合侦破"3·08"系列特大跨境走私、贩卖毒品案，查缴氯胺酮55.6公斤、大麻2公斤。该案是两岸警方成功运用"控制下交付"、合作侦办破获的第一宗毒品案，被公安部列为2009年全国十大缉毒精品案。（3）2010年4月29日，闽台警方再次联手，于同日分别在两岸多地缉捕32名跨境电信诈骗犯罪嫌疑人。（4）2010年6月20日，大陆16个省、自治区、直辖市公安机关和台湾警方展开统一查缉行动，将涉案金额超过1亿元的"10·1·1"特大跨境电信诈骗案成功告破，抓获156名犯罪嫌疑人。该案为公安部督办的"全国电信诈骗第一案"，前后历时半年，是两岸警方首次大规模联合作战。（5）2010年8月25日，大陆7个省、自治区、直辖市共派出近3000名警力、台湾11县市动用548名警力，同步展开"8·10"特大跨境电信诈骗案收网行动，捣毁诈骗窝点及地下洗钱场所124处，抓获犯罪嫌疑人451名。（6）2010年12月27日，大陆9个省、自治区、直辖市公安机关联手台湾、菲律宾警方共同摧毁"11·30"特大跨国、跨境电信诈骗团伙，抓获犯罪嫌疑人178名，端掉诈骗窝点41处，冻结赃款1177万元，缴获大批作案工具。（7）2011年6月9日，两岸警方和柬埔寨、印

---

① 《海峡两岸共同打击犯罪及司法互助协议》约定的"合作侦办"类似国际刑事司法协助中的"联合侦查"。联合侦查是指两个或两个以上的国家或地区就某个特定的跨境犯罪案件，共同开展有关侦查和取证活动。关于联合侦查，《联合国打击跨国有组织犯罪公约》和《联合国反腐败公约》均以专条作出规定，欧盟更是把广泛开展这一合作确定为实现其刑事一体化的重要措施。

尼、马来西亚、泰国同仁联手,打掉一个由台湾人组织操控的特大跨国、跨境电信诈骗犯罪集团,抓获犯罪嫌疑人 598 名。(8) 2011 年 9 月 28 日,两岸及东盟 8 国警方同步收网,侦破一起以小额贷款名义和假冒执法机关实施的特大跨国、跨境电信诈骗案,抓获犯罪嫌疑人 828 名,破获案件 1800 余起,涉案金额高达 2.2 亿元。在"9·28"案侦办中,公安部不仅向东盟 8 国派驻工作组,开展境外查证、缉捕工作,而且还专门派员赴台进行工作协调。

在实践中,"合作侦办"可分为"分工负责式"和"联合办公式"合作。前者指合作双方按照商定的分工,分别由各自侦查机关在本地采取相应的侦查手段和措施;后者指由双方组成相对统一的专案组,统一采取行动,步调一致地开展侦查活动。在 2011 年"3·10"特大跨国、跨境电信诈骗案中,两岸成立"联合专案指挥部"、首次向第三地派出联合工作组,标志着两岸侦查合作从"分工负责式"迈向更加紧密的"联合办公式"。"3·10"案成功告破后,公安部相关领导接受海内外媒体采访时表示:"3·10"案件中,共同办案的国家、地区之多,抓获犯罪嫌疑人数量之多,打掉的犯罪窝点之多和两岸警方合作之紧密均"前所未有"。而前述 2011 年"9·28"案的侦破更进一步巩固了两岸和东盟各国警务合作的基础,更加拓展了两岸警务合作的深度和广度。

(三)积极探索,不断拓展司法互助领域

1. 开展被判刑人移管合作

《海峡两岸共同打击犯罪及司法互助协议》第 11 条对"罪犯移管(接返)"做出明确规定:"双方同意基于人道、互惠原则,在请求方、受请求方及被判刑人(受刑事裁判确定人)均同意移交之情形下,移管(接返)被判刑人(受刑事裁判确定人)。"随后,福建司法机关率先尝试向台湾方面移管被判刑人。

2010 年,金门人冯立信因制造、运输、走私、贩卖毒品被厦门市中级人民法院判处无期徒刑。福建警方在将冯立信交付执行时发现其患有重病,为更人道地执行刑罚,经请示公安部,与台湾"法务部"就移管被判刑人冯立信达成一致。当年 4 月 21 日,福建警方在厦门高崎国际机场顺利将冯立信移交台"法务部调查局",迈出了跨海峡区际移管合作第一步。《海峡两岸共同打击犯罪及司法互助协议》签署未满一年,即实现了首例移管合作，台"法务部调查局"专门致电表示感谢，岛内《联合报》等媒体对该案进行了正面报道。2013年6月9日，大陆方面又陆续向台方移管了11名患病的台籍服刑人员。[①]

2. 应用远程视频方式协助取证

常见的电信诈骗、毒品犯罪案件中，其同案犯、证人、被害人往往分隔两岸。由于台湾刑事诉讼实行传闻证据排除规则，大陆警方根据《海峡两岸共同打击犯罪及司法互助协议》约定的"委托取证"方式协查获取的证据，在台湾法院审理过程中经常不被认可，有的犯罪嫌疑人甚至因此逃脱了法律制裁，给两岸警方共同打击犯罪造成不少困扰。

远程视频取证是运用现代科技手段对传统的面对面取证方式的发展及延伸。为解决协查取得的同案犯供述、证人证言、被害人陈述的证据效力问题，两岸警方积极沟通、强化合作，将远程视频取证纳入合作侦查范围。2009年12月27日，台籍医师黄麟杰涉嫌在大陆故意杀人后潜回岛内，台湾"地检署"审理该案时，在大陆有关部门的协助下，即以视频方式跨海询问大陆证人。2010年，宁波市公安局在侦办"10·1·1"特大跨境电信诈骗案中，亦通过台湾警方协助，采用腾讯QQ通讯工具向台湾的证人取证。

作为一种灵活、变通、有效的方式，远程视频取证不仅极大地提高了取证效率，而且还能取得直接取证的效果，对实践的推动意义不容小觑。目前，直观、便捷、又能与程序法律对接的远程视频取证已成为两岸取证互助的常见方式。

3. 运用"控制下交付"侦查手段

控制下交付（controlled Delivery），又称控制交付，指侦查人员在发现违禁品的情况下，为了将犯罪组织或团伙一网打尽，在其监控下将违禁品放行，借此发现犯罪组织者或其他犯罪嫌疑人的一种特殊侦查手段。

2009年，广东公安机关与台湾警方首次联合运用"控制下交付"侦查手段，成功破获"3·08"特大系列跨境走私毒品案。2010年11月22日，

---

① 国务院台湾事务办公室新闻发布会：另据台"法务部"统计，在大陆服刑的台籍被判刑人约1000人，而大陆在台湾服刑的被判刑人50多人。http://www.gwytb.gov.cn/xwfbh/201306/t20130609_4301026.htm，访问日期：2014年10月13日。

福建公安机关与台湾警方同步收网，成功摧毁廖某某特大跨境走私毒品团伙，也巧妙地合作运用了"控制下交付"侦查手段。"控制下交付"是一种"放长线钓大鱼"的有效的侦查措施，需要紧密的情报合作和协同配合，是较高层次的侦查合作。两岸警方联手成功实现"控制下交付"、屡屡破获重特大毒品案件，显示跨海峡警务合作正迈向更高层次。

4. 积极开展罪赃移交探索

电信诈骗案件中，受害民众最关心的莫过于能否追回被骗的钱财，因此该类案件的追赃与赃款移交直接关乎打击犯罪的社会效果。《海峡两岸共同打击犯罪及司法互助协议》第9条约定，"双方同意在不违反己方规定范围内，就犯罪所得移交或变价移交事宜给予协助"，这是两岸首次就罪赃移交合作做出的明确约定。

四、两岸司法互助面临的问题与困难

总体而言，2008年国民党在台湾重新执政和2009年《海峡两岸共同打击犯罪及司法互助协议》签署后，两岸警方沟通顺畅，合作领域不断扩大、共同打击犯罪取得丰硕成果，有力遏制跨境犯罪。但随着实践的深化，问题与困难也逐步显现。

（一）刑事管辖权冲突

尽管两岸刑事管辖权冲突是在一个中国范围内两个不同法域基于各自刑法关于空间效力的规定而形成的法律冲突现象，纯属区际管辖权冲突，但由于两岸关系的特殊性，这种冲突具有浓厚的政治色彩，成为双方司法互助中最为敏感的问题。

从两岸刑事方面的规定看，两岸刑事管辖权极具同质性：不仅都以属地管辖原则为主，属人管辖、保护管辖原则为辅，而且管辖原则的具体规则也非常相似。现实中，跨境犯罪现象形形色色、纷繁复杂，因此导致了刑事管辖权冲突情形的复杂性。

根据实践情况，两岸刑事管辖权冲突大致包括10种情形：（1）台湾居民在大陆犯罪的，或大陆居民在台湾犯罪的。（2）台湾居民在第三地犯罪后逃到大陆的，或大陆居民在第三地犯罪后逃到台湾的。（3）大陆居民在台湾与台湾居民共同犯罪，或台湾居民在大陆与大陆居民共同犯罪。（4）大陆居民在大陆犯罪后潜逃到台湾连续犯罪的，或台湾居民在台湾犯罪后到大陆继续犯罪的。(5)台湾居民在台湾实施犯罪行为而结果发生在大陆或在大陆实施犯罪行为而结果发生在台湾的；大陆居民在台湾实施犯罪行为而结果发生在大陆或在大陆实施犯罪行为而结果发生在台湾的。(6)台湾居民在台湾犯罪后潜逃到大陆或在大陆犯罪后潜回台湾的；大陆居民在大陆犯罪后潜逃到台湾或在台湾犯罪后潜回大陆的。(7)大陆居民与台湾居民共谋在两岸分别进行共同犯罪的。(8)中国公民在中国领域外犯罪，同时触犯两岸刑法规定，两岸都主张刑事管辖权的。(9)外国人在中国领域外针对中国公民犯罪，依照两岸刑法都成立犯罪，两岸按照保护管辖原则均主张保护管辖的。(10)台湾居民在港澳犯罪后进入大陆的。[①]

出现上述情况之一，如果一方主张属地管辖、另一方主张属人管辖或保护管辖；或一方主张犯罪行为地管辖、另一方主张犯罪结果地管辖，则刑事管辖权冲突就产生了。

（二）遣返的"忧"与"困"

其一，从多年的遣返合作看，以大陆警方向台湾遣返的单向遣返为主，被遣返的对象主要是在台犯罪后逃匿大陆的台籍犯罪嫌疑人，少量为在台服刑期间逃至大陆的台籍罪犯。这些被遣返对象在大陆并没有犯罪，根据属地管辖原则，大陆警方并没有管辖权，其遣返之前缉捕、羁押的法律依据何在？尽管台湾方面是通过正式渠道请求大陆协助，但因查缉对象在大陆并未犯罪，大陆公安机关没有立案，对其使用特殊侦查手段或限制人身自由并没有刑事诉讼法的依据。[②]《海峡两岸共同打击犯罪及司法互助协议》约定了遣返互助事宜，但没有约定协助方在遣返前进行缉捕、羁押的程序性要件，大陆公安机关一直面临程序正义的拷问。

其二，国际刑事司法协助中，引渡实践的主要障碍是双重犯罪、政治犯罪是否引渡、死刑犯是否引渡、本国国民是否引渡等原则问题。理论上，区际刑事司法协助在逃犯移交方面的主要争议点亦概莫能外。但两岸遣返的主要障碍仅有"本方居民不遣返"，其他原则问题基本尚未触及。以跨境

---

① 参见赵秉志、黄晓亮编著：《中国区际刑法专题整理》，北京：中国人民公安大学出版社，2009年，第73—74页。

② 虽然新的《公安机关办理刑事案件程序规定》第13章"刑事司法协助和警务合作"对此有专门规定，但《公安机关办理刑事案件程序规定》仅属行政规章。

电信诈骗和跨境毒品犯罪为例，一种情况是：组织、策划等核心人物身在台湾、隔空诈骗大陆居民或者遥控指挥"马仔"在大陆走私、贩卖毒品；另一种情况是：在跨境电信诈骗犯罪中，主谋在大陆招兵买马、搭建诈骗平台或者培训人员，但在案发前即已潜回台湾；在跨境毒品犯罪中，主谋在大陆完成策划、组织行为后在案发前已经离境回台。——两种情况下，台湾均以"本方居民不遣返"为由不予遣返。也即大陆如果没能在犯罪嫌疑人离境之前将其抓获，而是请求台湾方面协助缉捕、遣返，台湾方面虽有可能根据《海峡两岸共同打击犯罪及司法互助协议》启动司法互助程序予以协查或者缉捕，但会以"本方居民不遣返"为由拒绝将其遣返。就前一种情况而言，因犯罪行为具有"跨境"因素，根据属地管辖，两岸均具管辖权，台湾不遣返案犯尚可理解。但在第二种情况下，犯罪行为皆在大陆，根据属地管辖，大陆拥有属地管辖权，台湾并无属地管辖权。根据两岸以属地管辖为首要和主要原则的法律规定和司法互助的对等原则，台湾方面似应将其遣返大陆，但实务中，台湾坚持"本方居民不遣返"。反之，该原则也是大陆恪守的底线，从公安部到地方公安机关亦无可能将犯罪的"本方居民"遣返给台湾侦审。换言之，事实上"本地居民不遣返"得到了严格的遵循，成了不成文的规定，未有一方率先作出让步或者妥协。

（三）罪赃移交困难重重

罪赃移交是刑事司法互助的重要环节，其过程相当复杂，首先需要对罪赃进行追缴，追缴包括追查、扣押、查封、冻结、通过法院的判决进行没收等程序，移交是追缴罪赃后的终端合作环节。

在两岸跨境犯罪中，涉案金额最大、追赃合作最急迫的当数电信诈骗。《海峡两岸共同打击犯罪及司法互助协议》首次约定了罪赃移交合作，但从实践看，不仅罪赃追缴难，而且移交更难。众所周知，电信诈骗犯罪分子能在极短时间内将赃款转移、分散，造成警方查证难、耗时长，以致多数电信诈骗案件虽已破获，犯罪嫌疑人也已被判处刑罚，但赃款早已流失或者被洗白。

在两岸合作侦办的案件中，罪赃移交难客观上还因诈骗团伙利用两岸分隔的现实，相互勾结将赃款化整为零并通过地下钱庄转移出境，而大陆流向台湾的受骗款数额巨大，难以一一查证被害人，台湾法院坚持赃款必须与被害人一一对应才能予以返还，以致罪赃即便收缴也难以返还。因此，两岸的办案机关往往"你缴你的，我缴我的"，相互并不移交。2013 年 6 月，浙江省杭州市中级人民法院在审理魏仲伯电信诈骗案时，通过两岸司法互助渠道及银行直接汇兑途径，向 17 名台湾被害人送达涉案裁判文书并按比例返还被骗财产，跨海峡"罪赃移交"合作才真正迈出第一步。①

（四）证据采信问题影响合作成效

由于两岸法律制度的差异，通过司法互助渠道取得的证据在法庭上的采信问题一直是两岸司法互助亟待破解的法律难题，目前最大的问题主要是台湾的传闻证据排除法则引发的大陆协查证据效力问题。

在台湾，犯罪嫌疑人、被告人以外的人所作的言词证据被称为"被告以外之人之供述"。其"被告以外之人之供述"也就是大陆刑事诉讼证据种类中的证人证言和被害人陈述。根据台湾"刑事诉讼法"第 159 条规定：被告以外之人于审判外之言词或书面陈述，除法律有规定者外，不得作为证据；被告以外之人于审判外向法官所为之陈述，得为证据；被告以外之人于侦查中向检察官所为之陈述，除显有不可信之情况者外，得为证据。据此，大陆警方在侦查阶段协助台方查证，询问证人、被害人后，制作的证人证言、被害人陈述等证据移交台方后，由于证人和被害人不是在审判中陈述并接受诘问，也不是审判外向法官和检察官陈述，因此，台湾法官极有可能将认定其为"传闻证据"而排除采信。尽管台湾"刑事诉讼法"也规定了例外情况，但从其司法判例看，大陆的警方讯问笔录并不在传闻法则的例外之列。②

---

①　2013 年 6 月 3 日，浙江省杭州市中级人民法院在《海峡两岸共同打击犯罪及司法互助协议》框架下，通过最高人民法院与台湾地区法务主管部门联络，成功向 17 名台湾居民被害人返还财产共计人民币 237 万余元（约合新台币 1153 万余元）。台"法务部"称，在"海峡两岸共同打击犯罪及司法互助协议"生效将满 4 周年之际，两岸司法互助在"罪赃返还"方面有了重大进展。http://legal. people. com. cn/n/2013/0613/c42510-21831439.html，访问日期：2015 年 3 月 3 日。

②　台方将大陆移交的言词证据视为"传闻证据"的情况比较普遍，如台湾"最高司法机关"在 2007 年"台上字第 5388 号"判决中言明"被告以外之人于大陆公安调查时所为之陈述经载明于笔录或书面记录，同属传闻证据。"又如 2007 年度"台上字第 1021 号"判决中，即便在法庭上说明"将传票嘱托财团法人海峡交流基金会向大陆之证人送达传票"，台"最高司法机关"仍认为不属符合传闻法则之例外，坚持须传唤大陆证人到庭接受交互诘问，才属合法之调查证据方法。

五、2016 年至今两岸警方司法互助陷入停滞

2016 年 5 月 20 日，民进党在台湾获得执政地位后，拒不承认"九二共识"，两岸官方联系陷入停滞，两岸司法互助、警务合作陷入低谷。

2016 年 4 月，"肯尼亚电信诈骗案"发生后，"险被瘫痪半个金融系统"的肯尼亚政府基于一个中国原则，将数十名涉嫌诈骗的台籍犯罪嫌疑人遣返大陆，引发两岸"司法管辖权"争议。国务院台湾事务办公室举行新闻发布会表示：这些不法分子在境外从事的犯罪行为，受害人全部为大陆居民，大陆当然具有司法管辖权。

早在 2011 年，菲律宾警方破获以台湾人为主犯、针对大陆居民实施的"菲律宾电信诈骗案"。应大陆警方要求，菲律宾警方向大陆遣返 14 名台籍犯罪嫌疑人。经两岸磋商，"为有利于遏制电信诈骗犯罪源头、维护受害人权益"，大陆警方最后将该 14 名嫌犯移交给台湾警方追究刑事责任。

"肯尼亚电信诈骗案"发生在台湾蓝绿双方"5·20 政权交接"前夕，正值两岸关系的敏感期，大陆方面做出了与"菲律宾电信诈骗案"不同的处理，台当局陆委会多次表达"遗憾与不满"。但有意思的是，在台湾，与其政界高层及亲绿媒体不同的是，越来越多的台湾民众则不以为然，表示"独步全球"的台湾诈骗集团已成为"台湾之耻"，呼吁大陆"严刑峻法予以惩治"。

在"菲律宾电信诈骗案"中，大陆基于"遏制电信诈骗犯罪源头、维护受害人权益"目的，将跨国、跨境犯罪案件移管给台湾方面，有充分的法律依据。

由于民进党与大陆没有政治互信和政治协商的渠道，针对"肯尼亚电信诈骗案"，因为被害人全部是大陆居民，根据刑法的属地管辖原则，该案犯罪结果发生在大陆，大陆司法机关当然具有刑事管辖权。2016 年之后，在马来西亚、柬埔寨、亚美尼亚、越南、西班牙等国发生的针对大陆居民实施的跨境、跨国电信诈骗案，大陆均依照"肯尼亚电信诈骗案"处理原则，成功从相关国家将台籍犯罪嫌疑人押解回大陆受审。

参考文献

一、论著

（一）大陆

1. 孙亚夫、李鹏等著：《两岸关系 40 年历程（1979—2019）》，北京：九州出版社，2020 年。

2. 葛剑雄著：《统一与分裂：中国历史的启示》，北京：商务印书馆，2013 年。

3. 李鹏著：《海峡两岸关系析论——以和平发展为主题之研究》，厦门：鹭江出版社，2009 年。

4. 郑宏志著：《过台湾》，厦门：厦门大学出版社，2019 年。

5. 刘国深等著：《台湾政治概论》，北京：九州出版社，2006 年。

6. 刘相平著：《经济全球化与两岸经贸关系》，北京：社会科学文献出版社，2005 年。

7. 王英津著：《分离与统一——变动中的两岸关系》，北京：九州出版社，2018 年。

8. 阎学通著：《美国霸权与中国安全》，天津：天津人民出版社，2000 年。

9. 张万明著：《涉台法律问题总论（第二版）》，北京：法律出版社，2009 年。

10. 周叶中著：《两岸关系的法学思考》，北京：九州出版社，2014 年。

11. 陈孔立主编：《台湾历史纲要》，北京：九州出版社，2006 年。

12. 陈孔立著：《清代台湾移民社会研究》，北京：九州出版社，2006 年。

13. 陈碧笙著：《台湾地方史》，北京：中国社会科学出版社，1982 年。

14. 田珏、傅玉能主编：《台湾史纲要》，福州：海峡出版发行集团、福建人民出版社，2012 年。

15. 李士珍著：《警察行政研究》，北京：商务印书馆，1943 年。

16. 王家俭著：《清末民初我国警察制度现代化研究（1901—1928）》，北京：商务印书馆，1984 年。

17. 陈小冲主编：《台湾历史上的移民与社会研究》，北京：九州出版社，2011 年。

18. 陈小冲著：《日本殖民统治台湾五十年史》，北京：社会科学文献出版社，2005 年。

19. 韩延龙、苏亦工著：《中国近代警察史》，北京：社会科学文献出版社，2000 年。

20. 李理著：《日据时期台湾警察制度研究》，南京：凤凰出版社，2013 年。

21. 褚静涛著：《国民政府收复台湾研究》，北京：中华书局，2013 年。

22. 褚静涛著：《二二八事件研究》，北京：社会科学文献出版社，2012 年。

23. 杨彦杰主编：《光复初期台湾的社会与文化》，福州：福建教育出版社，2011 年。

24. 孙代尧著：《台湾威权体制及其转型研究》，北京：中国社会科学出版社，2003 年。

25. 赵秉志、黄晓亮编著：《中国区际刑法专题整理》，北京：中国人民公安大学出版社，2009 年。

26. （台）许倬云著：《台湾四百年》，杭州：浙江人民出版社，2016 年。

27. （台）骆芬美著：《被误解的台湾》，北京：中信出版社，2014 年。

28. 汪文玑著：《现行违警罚法释义》，北京：商务印书馆，2016 年。

（二）台湾

28. （台）连横著：《台湾通史》，桂林：广西人民出版社，2005 年。

29. （台）朱云汉等著：《台湾民主转型的经验与启示》，北京：社会科学文献出版社，2012 年。

30. （台）邵宗海著：《两岸关系》，台北：五南图书出版股份有限公司，2006 年。

31. （台）赖泽涵主编：《台湾光复初期历史》，台北："中央研究院"中山人文社会科学研究所，1993 年。

32. （台）蔡慧玉访问、吴美慧记录：《光复台湾与战后警政："台湾警察干部训练班"口述访谈纪录》，台北："中央研究院"台湾史研究所，2014年。

33.（台）"内政部警政署""中央警察大学"编撰：《台湾警政发展史》，章光明主编，台北："中央警察大学"出版社，2013年。

34.（台）章光明著：《警察政策》，台北："中央警察大学"出版社，2011年。

35.（台）蔡震荣著：《警察职权行使法概论》，台北：元照出版公司，2004年。

36.（台）李震山著：《警察行政法论：自由与秩序之折冲》，台北：元照出版有限公司，2009年。

37.（台）林明锵著：《警察法学研究》，台北：新学林出版股份有限公司，2011年。

38.（台）陈添寿著：《台湾治安制度史：警察与政治经济的对话》，台北：兰台出版社，2010年。

39.（台）陈添寿著：《台湾治安史研究：警察与政经体制关系的演变》，台北：兰台出版社，2012年。

40.（台）胡福相著：《日本对于殖民地之警察设施》，台北：民主报社承印，1945年。

41.（台）朱金池著：《聚众活动处理的政策管理》，台北：独立作家出版社，2016年。

42.［日］持地六三郎著：《台湾殖民政策》，台北：南天书局，1998年。

43.［日］寺奥德三郎著：《台湾特高警察物语》，台北：文英堂出版社，2000年。

二、档案资料

（一）大陆

1. 福建省档案馆、厦门市档案馆汇编：《闽台关系档案资料》，厦门：鹭江出版社，1993年。

2. 陈鸣钟、陈兴唐主编：《台湾光复和光复后五年省情》，南京：南京出版社，1989年。

3. 张海鹏主编：《台湾省行政长官公署施政与工作报告》（台湾光复史料汇编第六编），重庆：重庆出版集团、重庆出版社，2017年。

4. 中国第二历史档案馆、海峡两岸出版交流中心汇编：《馆藏民国台湾档案汇编（第22册）》，北京：九州出版社，2007年。

5. 中国第二历史档案馆、海峡两岸出版交流中心汇编：《馆藏民国台湾档案汇编（第60册）》，北京：九州出版社，2006年。

6. 海峡两岸出版交流中心、中国第二历史档案馆汇编：《台湾光复档案》，北京：九州出版社，2005年。

（二）台湾地区

7. （台）台湾总督府警务局编印：《领台以后的治安状况》（台湾总督府警察沿革志第二编），蔡伯壎译，台北：台湾历史博物馆，1997年。

8. （台）许俊雅编注：《梁启超与林献堂往来书札》，台北：台湾万卷楼图书股份有限公司，2007年。

9. （台）薛月顺主编：《台湾省政府档案资料汇编：台湾省行政长官公署时期（三）》，台北："国史馆"，1996年。

10. （台）秦孝仪主编：《抗战时期收复台湾之重要言论》，台北：近代中国出版社，1990年。

三、期刊论文

（一）大陆

1. 段锐、刘贝：《中国近代警政史研究综述》，载《江苏警官学院学报》，2013年第1期。

2. 褚静涛：《台籍志士与台湾省制之设计》，载《民国档案》，2005年第4期。

3. 褚静涛：《陈仪对日据下台湾的考察及研究》，载《日据时期台湾殖民地史学术研讨会论文集》，北京：九州出版社，2009年。

4. 褚静涛：《光复初期台湾教育的接收与重建》，载《民国档案》，2013年第1期。

5. 褚静涛：《干部训练与台湾重建：台湾行政干部训练班研究》，载《闽台关系研究》，2020年第3期。

6. 白纯：《简析日据晚期的台湾"皇民奉公会"》，载《台湾研究》，2002年第1期。

7. 白纯：《论"二·二八"事件爆发的社会背景——兼纪念台湾光复

60 周年》，载《台湾研究》，2005 年第 1 期。

8. 白纯：《简析抗战时期的台湾调查委员会》，载《江海学刊》，2005年第 1 期。

9. 白纯：《台湾调查委员会考论（1944.3—1945.10）》，载《台湾建省与抗日战争研究：纪念抗日战争胜利 60 周年暨台湾建省 120 周年学术研讨会论文集》，厦门：鹭江出版社，2005 年。

10. 陈小冲：《1937—1945 年台湾皇民化运动述论》，载《台湾研究集刊》，1987 年第 4 期。

11. 陈小冲：《1943—1945 年台湾光复前后史事述论》，载《台湾建省与抗日战争研究：纪念抗日战争胜利 60 周年暨台湾建省 120 周年学术研讨会论文集》，厦门：鹭江出版社，2005 年。

12. 陈小冲：《1937—1945 年台湾皇民化运动再论——以总督府临时情报部〈部报〉资料为中心》，载《台湾研究集刊》，2007 年第 4 期。

13. 庄国土：《海贸与移民互动：17—18 世纪闽南人移民海外原因分析——以闽南人移民台湾为例》，载《华侨华人历史研究》，2001 年第 1 期。

14. 薛理禹：《清雍正时期保甲制的推广和完善》，载《江西社会科学》，2019 年第 7 期。

15. 朱双一：《日据时期台湾与祖国"现代""文明"程度之比较——以 20 世纪 20 年代及其前后的台湾文学为视角》，载《两岸文化深耕与融合——第五届两岸文化发展论坛文集》，2017 年。

16. 朱双一：《日据时期台湾社会文化运动与孙中山——以〈台湾（新）民报〉为观察中心兼与〈台湾日日新报〉比较》，载《福建论坛（人文社会科学版）》，2020 年第 3 期。

17. 臧运祜：《日本在台湾殖民统治特征述论》，载《中共党史研究》，2019 年第 2 期。

18. 赵铁锁：《日本对台湾的殖民统治简论》，载《南开学报》，1998 年第 2 期。

19. 范忠信：《日据时期台湾法制的殖民属性》，载《法学研究》，2005年第 4 期。

20. 杨选华：《关于日据台湾时期"皇民化运动"若干问题的探讨》，载《福建师范大学学报（哲学社会科学版）》，2008 年第 2 期。

21. 程功群：《台湾殖民记忆：日据时期的同化教育与本土冲突》，载《教育学术月刊》，2018 年第 8 期。

22. 伍俐斌：《〈马关条约〉是否"割让"台湾给日本之考辩》，载《台湾研究》，2013 年第 3 期。

23. 刘锋： 《屈辱与悲哀的 50 年——记日据时期台湾的"治安政策"》，载《统一论坛》，2002 年第 3 期。

24. 范建：《日据时期台湾警察与经济殖民政策之推进》，载《中国经济史研究》，2008 年第 1 期。

25. 筱杨：《日据时期台湾的警察政治》，载《福建党史月刊》，2002 年第 3 期。

26. 李理：《日据台湾时期警察对"原住民"的绥抚与镇压》，载《抗日战争研究》，2010 年 4 期。

27. 杨丽萍：《从废除保甲制度到建立居民委员会——以新中国成立前后的上海为例》，载《党的文献》，2010 年第 5 期。

28. 崔丽霞、柳德军：《从自治到保甲：民国保甲制度复兴之路》，载《求索》，2016 年第 7 期。

29. 曹发军：《民国时期警察与保甲之间的关系研究（1932—1945）——以成都为中心》，载《中州大学学报》，2017 年第 2 期。

30. 周伟亮、郭权：《"台湾警察干部训练班"与光复初期的台湾警政》，载《海峡教育研究》，2016 年第 3 期。

31. 孙代尧：《威权体制下台湾的地方选举与政治变迁》，载《台湾研究》，2002 年第 1 期。

32. 汪毅夫：《台湾光复初期闽台关系的若干史实》，载《中共福建省委党校学报》，2008 年第 10 期。

33. 郝天豪：《重建与顿挫——一个〈申报〉特派记者对光复初期台湾的观察》，载《海洋史研究》，2018 年第 1 期。

34. 陈正卿：《试析台湾"二·二八"起义前的四大经济矛盾》，载《民国档案》，1987 年第 2 期。

35. 曹慧：《终止"动员戡乱时期"及其影响》，载《台湾研究集刊》，1991 年第 3 期。

36. 严峻：《国民党退台后"党国威权体制"的建构》，载《台湾研究集刊》，2019 年第 2 期。

37. 曾宪义、郑定：《台湾现行特别法规及其对发展两岸关系的困扰》，载《法律学习与研究》，1990 年第 1 期。

38. 郑定、季宏：《略析我国台湾地区的 "释宪制度"》，载《金陵法律评论》，2004 年第 2 期。

39. 胡鹰：《台湾戒严制度探略》，载《政法学刊》，1990 年第 2 期。

40. 孟磊：《台湾地区转型正义问题研究》，载《政治法学研究》，2015 年第 2 期。

41. 王天木：《台湾当局的宪法衍进及其宪政危机》，载《法律科学》，1991 年第 2 期。

42. 赵炳霖：《评台湾当局终止 "动员戡乱时期"》，载《政治与法律》，1991 年第 3 期。

43. 李蕾、邹建锋：《 "解严" 后台湾政治转型引论（1986-2002）》，载《福建省社会主义学院学报》，2009 年第 5 期。

44. 邓泽宏：《战后五十年台湾政治行政架构及经济促进功效浅析》，载《江汉论坛》，2007 年第 4 期。

45. 王萍：《1945—1987：台湾威权时代的军政关系考察》，载《军事历史研究》，2009 年第 1 期。

46. 郑振清：《 "本土化" 与当代台湾地区政治转型的动力与进程》，载《政治学研究》，2010 年第 6 期。

47. 吕传彬：《20 世纪 70 年代台湾被美国抛弃始末》，载《档案天地》，2013 年第 7 期。

48. 吴庆荣：《海峡两岸〈国家安全法〉比较研究》，载《福建政法管理干部学院学报》，2003 年第 4 期。

49. 林震：《试论台湾民主化的动因》，载《河海大学学报（哲学社会科学版）》，2005 年第 2 期。

50. 林志达：《试论台湾政治转型的原因》，载《东南学术》，2010 年第 3 期。

51. 高奇琦、李路曲：《台湾政治转型发生原因的制度分析》，载《台湾研究》，2004 年第 3 期。

52. 孙云：《台湾政治转型后政党体制的演变及发展趋势》，载《台湾研究集刊》，2004 年第 4 期。

53. 张建山：《我国台湾地区警政现代化探析》，载《黑龙江省政法管理干部学院学报》，2010 年第 3 期。

54. 顾永中：《试论政治转型中的台湾"法治"》，载《中国法学》，1990 年第 5 期。

55. 王燕飞：《〈台湾警务：威权走向民主〉的西中"双重"审视》，载《犯罪研究》，2016 年第 6 期。

56. 马亚雄、魏佩华：《评台湾警学界对警察含义的研究》，载《中国人民公安大学学报》，1994 年第 6 期。

57. 张小兵：《从"违警罚法"到"社会秩序维护法"——试析我国台湾现行秩序罚法的变化》，载《治安学论丛》，2004 年。

58. 王玉国：《个体记忆与台湾光复接收论述——兼论个体记忆与集体记忆》，载《台湾研究集刊》，2017 年第 4 期。

59. 张朝晖：《台湾地区军事审判制度改革述评——以军事审判权的属性嬗变为视角》，载《台湾研究集刊》，2017 年第 1 期。

60. 姚秀兰、丁红梅：《台湾地区"司法院大法官释宪"制度研究》，载《外国法制史研究》（辑刊），2013 年。

61. 苏永钦：《飘移在两种司法理念间的司法改革——台湾司法改革的社经背景与法制基础》，载《环球法律评论》，2002 年第 1 期。

62. 彭心安：《清初两岸统一对当代解决台湾问题的启示》，载《福建省社会主义学院学报》，2003 年第 2 期。

63. 王世卿：《我国台湾地区警民关系的历史与现状初探》，载《公安教育》，2014 年第 2 期。

64. 谭柏平、郝洁媛：《台湾社会治安管理法律机制探析》，载《广西师范大学学报（哲学社会科学版）》，2014 年第 6 期。

65. 张兆端：《新时代公安高等教育改革发展的多维思考（上）》，载《公安教育》，2020 年第 3 期。

66. 王大伟：《中国公安教育的特色与定位：从中西比较的角度考察》，载《中国人民公安大学学报》，2003 年第 2 期。

67. 张洪波：《公安高等教育改革的格局及进路》，载《江苏警官学院学报》，2010 年第 4 期。

68. 夏芝绚、于群：《台湾警察教育的差异化发展及启示》，载《公安教育》，2016 年第 2 期。

（二）台湾地区

69. （台）凌纯声：《古代闽越人与台湾土著族》，载《台湾文化论集（一）》，台北：中华文化出版事业委员会，1954 年。

70. （台）陈纯莹：《光复后台湾警政的接收与重建》，载《台北警专学报》，1992 年第 5 期。

71. （台）陈纯莹：《战后台湾经济警察之研究（1947—1960）》，载《人文社会学报》，2006 年第 2 期。

72. （台）陈纯莹：《"我国威权体制"建构初期之警政（1949—1958）》，载《人文社会学报》，2007 年第 3 期。

73. （台）姚人多：《政权转移之治理性：战后国民党政权对"日治"时代保甲制度的承袭与转化》，载《台湾社会学》，2008 年第 15 期。

74. （台）蔡慧玉：《"日治"时代台湾保甲书记初探》，载"中央研究院"《台湾史研究》，1994 年第 2 期。

75. （台）郑善印：《两岸警察法制之比较》，载《月旦刑事法评论》，2018 年第 10 期。

76. （台）傅美惠：《海峡两岸治安管理处罚法制之比较与借镜思维》，载《海峡法学》，2014 年第 6 期。

77. （台）刘文仕：《警察人员对政治中立原则认知之研究》，载《警察法学》，2005 年第 4 期。

78. （台）林丽珊：《台湾"警察大学"通识教育刍议》，载《通识在线》，2011 年第 35 期。

79. （台）黄富源：《警察人员教考训用配合之探讨》，载《"国家"精英》，2006 年第 4 期。

80. （台）黄富源：《警察人员新制考试"双轨分流"的意义与发展》，载《公务人员月刊》，2010 年第 35 期。

（三）日本、韩国

81. ［日］盐见俊二：《日据时代台湾之警察与经济》，载《台湾经济史初集》（台湾研究丛刊第 25 种），台北：台湾银行经济研究室，1954 年。

82. ［韩国］文明基：《从警察制度之比较研究看台湾与朝鲜"殖民现

代性"之差距》，载《台湾历史研究》（辑刊），2016 年。

四、学位论文

（一）大陆

1. 何妍：《光复初期的台湾警察训练：以"台湾警察干部训练班"为中心》，厦门大学硕士学位论文，2017 年。

2. 庄林丽：《清代台湾道、台湾道台与台湾社会研究》，福建师范大学博士学位论文，2013 年。

3. 杨韩：《康熙时期台湾番汉关系与社会治理研究》，辽宁师范大学硕士学位论文，2017 年。

4. 陈文高：《"中华民国宪法"在中国台湾地区的发展以及其威权政体的政治转型研究》，复旦大学硕士学位论文，2009 年。

5. 张萌：《后藤新平与台湾警保体制的建立述论（1898—1906）》，南京大学硕士学位论文，2014 年。

6. 陈雷：《日本对伪满和台湾殖民统制政策比较研究》，延边大学硕士学位论文，2015 年。

7. 焦萍：《"治警事件"——日据时期首例"政治案件"之研究》，厦门大学硕士学位论文，2002 年。

8. 曾子鸣：《解严前夕台湾政治与社会变革趋势研究（1978—1987）》，福建师范大学硕士学位论文，2012 年。

9. 张超：《蒋经国"执政"时期台湾政治改革研究》，河南大学硕士学位论文，2013 年。

10. 高艳芳：《台湾地区政治转型下的社会运动分析》，华东师范大学硕士学位论文，2015 年。

11. 陈秀荣：《台湾地区"大法官解释"中的"违宪审查"实证研究》，福建师范大学硕士学位论文，2016 年。

12. 杨若澜：《台湾地区申请"释宪"程序研究》，厦门大学硕士学位论文，2017 年。

（二）台湾地区

13.（台）陈纯莹：《台湾光复初期之警政（1945—1953）》，台湾师范大学博士学位论文，1994 年。

14. （台）陈纯莹：《走过大时代的身影：台湾警政史上的"台干班"（1945—1995）》，台湾科技大学硕士学位论文，2012 年。

15. （台）陈宜安：《"我国国家体制"与警政发展（1950—1987 年）》，台湾中国文化大学博士学位论文，2003 年。

16. （台）王丰荣：《从我国社区警政之发展探讨嘉义市警政之实施》，台湾南华大学硕士学位论文，2002 年。

17. （台）林淑女：《警察机关协勤民力的工作价值观、工作满意度与组织承诺之研究——以云林县守望相助队为例》，台湾南华大学硕士学位论文，2011 年。

18. （台）阮祥龙：《社区警政导向的警察机关组织变革——以台东、屏东两县警察局及台北市士林分局经验为例》，台湾世新大学硕士学位论文，2012 年。

19. （台）洪诚佑：《警察运用社区民力协勤之研究——以宜兰县社区守望相助巡守工作为例》，佛光大学硕士学位论文，2013 年。

20. （台）李鑫锴：《警民协力伙伴与治安风险分担之探讨——以台中县东市分局花莲县玉里分局为例》，"中央警察大学"硕士学位论文，2006 年。

21. （台）黄启贞：《警民协力对治安维护之研究——以花莲县守望相助队为例》，台湾东华大学硕士学位论文，2011 年。

22. （台）黄英田：《两岸警察制度之比较研究》，台湾东华大学硕士学位论文，2010 年。

23. （台）黄宗贤：《花莲县推动社区警政之成效探讨》，台湾东华大学硕士学位论文，2005 年。

24. （台）徐少聪：《地方名义代表参与对守望相助队运作之影响——以台北市士林区为例》，台湾台北大学硕士学位论文，2009 年。

25. （台）葛振敏：《两岸推展社区警政比较研究——从学者观点探讨》，台湾铭传大学硕士学位论文，2006 年。

26. （台）蔡志和：《"问题导向"警察执勤模式及其可行性之研究——以国道公路警察为例》，台湾台北大学硕士学位论文，2005 年。

27. （台）傅町盛：《彰化县警察局分驻派出所所长工作满足感研究》，台湾逢甲大学硕士学位论文，2005 年。

五、网站资料

1. 国务院台湾事务办公室网站，http：//www. gwytb. gov. cn/。

2. 全国台湾研究会网站，http：//tyh. chinataiwan. org/。

3. 厦门大学台湾研究院网站，http：//twri. xmu. edu. cn/。

4. 中国新闻网，https：//www. chinanews. com. cn/。

5. 中国台湾网，http：//www. chinataiwan. org/。

6. 华夏经纬网，http：//www. huaxia. com/。

7. 人民网海峡两岸，http：//w. people com. cn/GB/index. html。

8. 新华网台湾频道，http：//www. xinhuanet. com/tw/。

9. 央视网海峡两岸，http：//www. cctv. com/taiwan/specia/hxla/hxlasy/index。

10. （台湾）"行政院大陆委员会"，https：//www. mac. gov. tw/。

11. （台湾）"司法院"，http：//www. judicial. gov. tw/。

12. （台湾）"内政部"，https：//www. moi. gov. tw/。

13. （台湾）"内政部警政署"，http：//www. npa. gov. tw/。

14. （台湾）"中央警察大学"，http：//www. cpu. edu. tw/。

15. （台湾）台湾警察专科学校，http：//www. tpa. edu. tw/。

16. 维基百科，https：//zh. m. wikipedia. org/。

后 记

忙碌的日子总是过得很快。匆匆三年，本书终于完稿并将付样。

回想这三年，家事国事天下事、风声雨声读书声；多少政治纷争，多少家国情怀，多少让人感动的人与事，此刻不禁涌上心头，令我感慨不已。

本书的完成首先得益于我所在学校历届领导的重视与支持。他们或是务实的理想主义者，或怀抱深厚的家国情怀，卓有成效地推动学校涉台研究与交流工作，为我们营造了专心从事这项研究事业的优良的学术环境与氛围。他们对于涉台研究的重视、对我校基于地缘优势在中央对台工作中的担当意识一直深刻地影响着我、鞭策着我。我们的前校长熊一新教授，在任期间即勤力推动我校的涉台研究与交流工作，退休后依然心系学校发展，不遗余力支持学校的涉台研究工作。他们既是领导、前辈，对我而言更是良师益友。

其次，我要表达谢意的是厦门大学台湾研究院院长李鹏教授和他带领的台湾研究院。2019 年 8 月，我校与该院正式建立交流合作关系以后，厦门大学台湾研究院"大手拉小手"，与我们共研课题，邀请我们参加他们主办的涉台学术会议或共赴各类涉台高端论坛，派出教授、专家来校讲学指导，使我们有幸站在更高的平台和更宽广的领域审视并坚守我们的研究特色与优势。还有上海东亚研究所王海良所长、中国人民大学两岸关系研究中心主任王英津教授都以各自的方式持续地关心、支持我校的涉台研究与交流工作。

两岸一家亲，闽台亲上亲。地处海峡西岸，福建是中央对台工作的先行先试区，近年正积极探索海峡两岸融合发展新路，加快建设两岸融合发展示范区。我校的涉台交流与学术研究始于 2001 年，至今已有 20 余年的历史，是最早开展涉台研究工作的公安院校，目前也是唯一专门设立从事台湾警政司法制度与社会治安治理研究机构的高等院校。我本人从法学研究领域转向涉台法学、司法互助、台湾警察与司法制度研究也已有 10 余年之久，但由于我们的研究似乎囿于"小众"等原因，取得的成绩还不为外界所知。2020 年 12 月，在一次学术研讨会上，海峡两岸关系协会副会长孙亚夫发现了我们，高度肯定了我们研究的现实意义，随后还亲临学校指导，对学校的涉台研究给予进一步支持。这次，看了书稿后，孙亚夫副会长欣然应允为本书做序，让我喜出望外之余，也深深感受到那份厚实的责任与他对我们的期望！

2019 年，在学校的支持下，成立于 2014 年的两岸警务合作研究中心更名为如今的台湾警政研究中心。作为台湾警政研究中心的负责人，本人能够在短暂的三年内查阅浩繁的史料与文献、梳理台湾百多年警政发展的历史与现实，离不开我所在的治安系领导的支持，他们使我避免了繁杂的事务性工作，能够全力投入研究与写作工作。此外，我要特别感谢的是我们台湾警政研究中心科研团队，研究中心执行主任郑艳芳副教授一直与我并肩作战，默默承担了很多研究中心的工作，使我能够倾注更多精力埋首书稿。本科生黄新景、徐宇键、梁翰奇、魏浦琦、林桂槟协助检索、整理资料、校对书稿等，为本书出版做了许多不可或缺的幕后工作，多有辛劳。最后也衷心感谢所有支持我完成本书撰写、出版但未能提到的前辈、同事、朋友、家人！

成书之际，感念两岸诸多历史、政治学者和岛内警政专家，因为有你们的披荆斩棘、皓首穷经，我们才能站在前人的肩膀上，向前再望一望。警察是最重要的执法机关，是国家安定繁荣、社会进步发展的重要力量，警察史（警政史）是社会历史、政治的重要部分，因此可以毫不夸张地说，警察史（警政史）也是社会史与政治史，更是名副其实的法律史。台湾史是中国史的一部分，但因其"历史发展过程中的中断性"而有其特殊性，本书主要内容是回顾、剖析台湾百年警政历史背景与发展历程，收尾之处撷取当下台湾警政主要方面和重点予以铺陈，此种逻辑安排基于我本人以史为鉴，知兴替、策未来的写作构思。笔者出身法学，对历史学、政治学和台湾问题抱持敬畏之心，以有限学养，尝试、挑战这样一个跨年代、跨学科的主题，不免惶恐，书中定有不少谬误与不足之处，尚祈专家学者批评、指正！

张淑平

2023 年 3 月于福州